费孝通（1910—2005），江苏吴江人。20世纪中国享有国际声誉的卓越学者。中国社会学、人类学和民族学的重要奠基人之一。曾担任民盟中央主席、全国政协副主席、全国人大常委会副委员长等职。

1930年入燕京大学社会学系，获学士学位。1933年入清华大学社会学及人类学系，获硕士学位。1936年秋入英国伦敦经济学院攻读社会人类学，获哲学博士学位。1938年秋回国。曾先后在云南大学、西南联大、清华大学、中央民族学院、中国社会科学院、北京大学等从事教学与研究。

一生以书生自任，笔耕不辍，著作等身，代表作有《江村经济》《禄村农田》《乡土中国》《生育制度》《行行重行行》《中华民族的多元一体格局》等。

费孝通作品精选

生育制度

费孝通 著

生活·讀書·新知 三联书店

Copyright © 2021 by SDX Joint Publishing Company.
All Rights Reserved.
本作品版权由生活・读书・新知三联书店所有。
未经许可，不得翻印。

图书在版编目（CIP）数据

生育制度 / 费孝通著 . —北京：生活・读书・新知三联书店，
2021.1 （2022.4 重印）
（费孝通作品精选）
ISBN 978 – 7 – 108 – 06803 – 3

Ⅰ . ①生… Ⅱ . ①费… Ⅲ . ①家庭社会学－研究
Ⅳ . ① C913.11

中国版本图书馆 CIP 数据核字（2020）第 174154 号

责任编辑	唐明星
封面设计	宁成春
版式设计	薛　宇
责任校对	张　睿
责任印制	董　欢
出版发行	生活・讀書・新知 三联书店
	（北京市东城区美术馆东街 22 号 100010）
网　　址	www.sdxjpc.com
经　　销	新华书店
印　　刷	河北鹏润印刷有限公司
版　　次	2021 年 1 月北京第 1 版
	2022 年 4 月北京第 2 次印刷
开　　本	880 毫米 ×1092 毫米　1/32　印张 11
字　　数	218 千字
印　　数	5,001 – 8,000 册
定　　价	68.00 元

（印装查询：01064002715；邮购查询：01084010542）

费孝通作品精选

出版前言

费孝通(1910—2005),20世纪中国享有国际声誉的卓越学者。他不仅是中国社会学、人类学、民族学的重要奠基人之一,而且学以致用、知行合一,一生致力于探寻适合中国文化与社会传统的现代化之路。

在其"第一次学术生命"阶段,从最初的大瑶山到江村,再到后来的"魁阁"工作站,费孝通致力于社会生活的实地研究,继之以社会的结构特征考察,提出诸如"差序格局""家核心三角""社会继替""绅士"及"乡土损蚀"等概念和表述,代表作有《花蓝瑶社会组织》《江村经济》《禄村农田》《乡土中国》《乡土重建》《生育制度》等。在其学术求索中,费孝通与西方学术有关传统与现代的理论构成了广泛对话,而他的现实目标可归结为"乡土重建",其学术思考围绕如何理解中国社会、如何推动中国社会现代化转型的问题展开。

20世纪50年代,费孝通在共和国民族政策与民族工作的建言与商讨中发挥了重要作用,也亲身参与"民族访问团"和民族识别调查工作。此间,他得以将其在"第一次学术生命"阶段提出的部分见解付诸实践,也得以在大瑶山调查之后,再次有机会深入民族地区,对边疆社会的组织结构和变迁过程进行广泛研究。在其参加"民族访问团"期间参与写作的调查报告,及后来所写的追思吴文藻、史禄国、潘光旦、顾颉刚等先生的文章中,费孝通记录了他在这个阶段的经历。

1978年,费孝通在二十余年学术生命中断之后获得了"第二次学术生命"。在这个阶段中,费孝通提出了"中华民族多元一体格局"这一有弹性的论述,引领了社会学学科的恢复重建工作,以"志在富民"为内在职志,努力探索中国自己因应世界变局的发展战略。从80年代初期开始,费孝通"行行重行行",接续了他的"乡土重建"事业,走遍中国的大江南北,致力于小城镇建设及城乡、东西部区域协同发展的调查研究。与此同时,他也深感全球化问题的压力,指出我们正处在一个"三级两跳"的时代关口,在尚未完成从乡土社会到工业社会的转型过程之时,又面临着"跳进"信息社会的时代要求,由此急需处理技术的跃迁速度远远超出人类已有的社会组织对技术的需求这一重要问题。在费孝通看来,这不只是一个经济制度问题,同时它也含有社会心态方面的巨大挑战。

20世纪80年代末期,费孝通开始思考世界性的文化关系问题。到90年代,这些思考落实为"文化自觉"的十六字表述:各美其美,美人之美,美美与共,天下大同。在全球社会前所未有地紧密接触、相互依赖的情况下,"三级两

费孝通作品精选

（12种）

《茧》 费孝通20世纪30年代末用英文写作的中篇小说，存放于作者曾经就读的伦敦经济学院图书馆的"弗思档案"中，2016年被国内学者发现。这是该作品首次被翻译成中文。

小说叙写了上个世纪30年代苏南乡村一家新兴制丝企业的种种遭际。这家制丝企业通过实验乡村工业的现代转型，希望实现改善民生、实业救国的社会理想，但在内外交困中举步维艰。作者以文学的方式来思考正在发生现代化变迁的乡村、城镇与城市，其中乡土中国的价值观念、社会结构与经济模式都在经历激烈而艰难的转型，而充满社会改革理想的知识分子及其启蒙对象——农民，有的经历了个人的蜕变与成长，有的则迷失在历史的巨变中。

《江村经济》 原稿出自费孝通1938年向英国伦敦经济学院人类学系提交的博士论文，著名人类学家马林诺夫斯基在为本书撰写的序文中预言，该书"将被认为是人类学实地调查和理论工作发展中的一个里程碑"。1981年，英国皇家人类学会亦因此书在学术上的成就授予费孝通"赫胥黎奖章"。

本书围绕社区组织、"土地的利用"和"农户家庭中再生产的过程"等，描述了中国农民的消费、生产、分配和交易等生活和经济体系；同时着重介绍了费达生的乡土工业改革实验。费孝通后来多次重访江村，积累了一系列关于江村的书写。江村作为他在汉人社会研究方面最成熟的个案，为他的理论思考如差序格局、村落共同体、绅权与皇权等提供了主要的经验来源。

《禄村农田》 作为《江村经济》的姊妹篇，《禄村农田》是费孝通"魁阁"时期的学术代表作，作者将研究焦点由东南沿海转移到云南内地乡村，探寻在现代工商业发展的过程中，农村土地制度和社会结构所发生的变迁。

作者用类型比较方法，将江村与禄村分别作为深受现代工商业影响和基本以农业为主的不同农村社区的代表，考察农民如何以土地为生，分析其土地所有权、传统手工业和社会结构的异同与变迁，目的是想论证，农村的经济问题不能只当作农村问题来处理；农村经济问题症结在于土地，而土地问题的最终解决与中国的工业化紧密联系在一起。这一探寻中国乡村现代化转型的理想与实践贯穿了费孝通一生。

《生育制度》 费孝通1946年根据他在西南联大和云南大学任教时的讲义整理而成，围绕"家庭三角"这一核心议题，讨论了中国乡土社会组织的基本原则及其拓展，其中描述社会新陈代谢的"社会继替""世代参差"等概念影响深远。本书是费孝通的早期代表作，也是他一生最为看重的著作之一。

《乡土中国・乡土重建》 20世纪40年代中后期，费孝通的学术工作由实地的"社区研究"转向探索中国社会结构的整体形态。他认为自己对"差序格局"和"乡土中国"的论述，是这一时期的主要成就。

《乡土中国》尝试回答的问题是:"作为中国基层社会的乡土社会究竟是个什么样的社会。"它不是对具体社会的描写,而是从中提炼一些"理想型"概念,如"差序格局""礼治秩序""长老统治"等,以期构建长期影响、支配着中国乡土社会的独特运转体系,并由此来理解具体的乡土社会。

《乡土重建》则以"差序格局"和"皇权与绅权"的关系为中国社会的基本结构原则,在此基础上分析现实中国基层社会的问题与困境,探寻乡土工业的新形式和以乡土重建进行现代社会转型的可能。这一系列的写作代表了费孝通 40 年代后期对中国历史、传统和当代现实的整体性关照,是其学术生命第一阶段最重要的思考成果。

《中国士绅》 由七篇专论组成,集中体现了费孝通 40 年代中后期对中国社会结构及其运作机制的深刻洞察,尤其聚焦于士绅阶层在中国传统社会的地位与功能,及其在现代化进程中逐渐走向解体的过程,与《乡土中国》《乡土重建》等作品在思想上一脉相承。他实际上借助这个机会将自己关于中国乡村的基本权力结构、城乡关系、"双轨政治""社会损蚀"等思考介绍给英语世界。

《留英记》 费孝通关于英国的札记和随笔选编,时间跨度从 20 世纪 40 年代到 80 年代。作为留英归来的学者,费孝通学术思想和人生经历有很重要的一部分与英国密切相关。

这些札记和随笔广泛记录了一个非西方的知识分子对英国社会、人情、风物、政治的观察,其中不乏人类学比较的眼光。比如 1946 年底,费孝通应邀去英国讲学,其间,以"重返英伦"为名写下系列文章,开头的一句话"这是痛苦的,麻痹了的躯体里活着个骄傲的灵魂",浓缩了他对二战后英帝国瓦解时刻的体察与速写。作者以有英国"essay"之风的随笔形式观察大英帝国的历史命运、英国工党的社会主义实验、工业组织的式微、英国人民精神的坚韧、乡村重建希望的萌芽,以及君主立宪、议会政治和文官制度等,尤其敏锐地洞察了英美两大帝国的世纪轮替和"美国世纪"的诞生,今日读来,尤让人叹服作者的宏阔视野和历史预见力。

《美国与美国人》 20 世纪 40 年代中后期,费孝通写作了大量有关美国的系列文章,这些文章以游记、杂感、政论等形式比较美国和欧洲,美国与中国。其中,《美国人的性格》被费孝通称为《乡土中国》的姊妹篇,作者透过一般性的社会文化现象,洞察到美国的科学和民主之间的紧张,认为科学迫使人服从于大工业的合作,而民主要求个体主义,二者必然产生冲突;并进一步认为基督教是同时培养个体主义和"自我牺牲信念"的温床,是美国社会生活以及民主和科学特有的根源。美国二战以来在全球政治经济格局中越来越突出的霸权地位,实际是费孝通关注美国的一个重要背景。他晚年有关全球化问题的思考,与他对美国、英国等西方社会的系列观察密不可分。

《行行重行行:1983—1996》(合编本) 20 世纪 80 年代到 90 年代中期,费孝通接续其早年对城—镇—乡结构关系的思考和"乡土重建"的理想,走遍祖国的大江南北,对乡镇企业、小城镇建设、城乡和东西部区域协同发展进行实地考察和调研,先后提出了苏南模式、温州模式和珠江模式等不同的乡镇发展类型,以及长跳"意味着不同文明状态和类型的社会被迫面对面相处，这必然引起如何构建一种合理的世界秩序的问题。"文化自觉"既包含了文明反躬内省、自我认同的独特观念，有中国文化"和而不同"理想的气质，同时亦是一套有特色的社会科学方法论，含有针对自然/文化、普遍/特殊、一致/差异等一系列二元对立观的不同见解。值得指出的是，这一晚年的思想洞见其实渊源有自，早在其青年时代，人类学与跨文化比较就一直是费孝通内在的视野和方法，这使他从来没有局限于从中国看中国，具体的社区研究也不只是"民族志"，因此他20世纪50年代前写作的大量有关英国和美国的文章，都是以杂感和时论的形式创造性地书写西方，并由此反观中国的历史与现实，加深他对中国社会总体结构的原则性理解，也正是在这个意义上，他才会把《美国人的性格》一书称为《乡土中国》的姊妹篇。

* * *

费孝通一生以书生自任，笔耕不辍，著作等身，"费孝通作品精选"即从他七百余万字的著述中精选最有代表性的作品，凡12种，三百余万字，涉及农村农民问题、边区民族问题、文明文化问题、世界观察、学术反思等多个层面。其中，《江村经济》《禄村农田》《乡土中国》《生育制度》《美国与美国人》《行行重行行》等，均在作者生前单行出版过；《留英记》《中华民族的多元一体格局》《学术自述与反思》《孔林片思：论文化自觉》，则是根据主题重新编选；

《中国士绅》1953年出版英文版,2009年三联书店推出中译本;《茧》是近期发现的作者1936年用英文写作的中篇小说,为首次翻译出版,对于理解费孝通早期的学术思想与时代思潮的关系提供了难得的新维度。

除首次刊印的个别作品外,均以《费孝通全集》(内蒙古人民出版社,2009年)为底本,并参照作者生前的单行定本进行编校。因作者写作的时间跨度长,文字、句式和标点的用法不尽相同,为了尊重著作原貌和不同时期的行文风格,我们一仍其旧,不强行用现在的出版规范进行统一。

此次编辑出版,得到了作者家属张荣华、张喆先生的支持,也得到了学界友人甘阳、王铭铭、渠敬东、杨清媚诸君的大力帮助,在此谨致谢忱。

生活·讀書·新知 三联书店
2020年9月

目 录

派与汇（代序） 潘光旦 _ 1

第一章　种族绵续的保障 _ 49

第二章　双系抚育 _ 70

第三章　婚姻的确立 _ 81

第四章　内婚和外婚 _ 91

第五章　夫妇的配合 _ 106

第六章　社会结构中的基本三角 _ 122

第七章　居处的聚散 _ 137

第八章　父母的权力 _ 156

第九章　世代间的隔膜 _ 172

第十章　社会性的断乳 _ 184

第十一章　社会继替 _ 198

第十二章　世代参差 _ 212

第十三章　单系偏重 _ 219

第十四章　以多继少 _ 227

第十五章　续　绝 _ 239

第十六章　亲属扩展 _ 250

附　录 _ 271

亲迎婚俗之研究 _ 273

近代亲迎婚俗地理分布图所根据之材料 _ 312

出版后记 _ 339

派与汇（代序）

潘光旦

一 代序的话

对于孝通的作品，借了作序之名，我又取得一次先睹为快的机会。

这是孝通六七年来在西南联合大学与云南大学开授的一个学程，就叫做"生育制度"。其实所论的不止是生育，凡属因种族绵延的需要而引申或孝通所称"派生"出来的一切足以满足此基本需要、卫护此重大功能的事物，都讨论到了。它实在是一门"家庭制度"，不过以生育制度为名，特别从孝通所讲求的学派的立场来看，确更有点睛一笔之妙。这也是他关于此学程的全部讲稿，历年以来，不断地补充修正，才告完成；只有最后的一两章是最近补写的，因为刚从西南避地归来，旅途困顿，行止不常，又值天气闷热，与西南的大相悬殊，文思汗汗，同其挥洒，极感不能畅所欲言的苦痛，孝通自己颇有因此而将全稿搁置的意思，后来还是经我的劝告，才决定姑先付印。人生几见玉无瑕，何况瑕之所在是很有几分主观的呢？又何况此瑕不比彼瑕，前途是尽有补正的机会的呢？

将近二十年前，我对于家庭问题也曾写过一本书稿[1]，自此迄今，也曾不断地有所论列。我们先后的尝试有一点是相同的，就是都从生育的功能出发。不过有一点是很不同的，我所注意的是问题，不是制度本身；问题需要解决，所以我的用意是在提供一些改革的意见与方案，属于下文所谓社会理想的一路；我的眼光是直截了当的优生学的，属于下文所叙到的生物学派。孝通的则不然。他所注意的是制度本身，用意是在就种族绵延的起点和制度完成的终点之间那一大段社会的与教化的文章，加以推敲分析；他的目的是在研究；他的尝试是学术性的，而属于下文所称社会思想的一路；他的眼光则属于下文将略有说明的所谓功能学派，是社会学派或文化学派的一个。好比造房子，孝通所关心的是，从居住的需要开始，到建筑的完成为止，一面要看房子是怎样构造起的，一面也招呼到和居住直接间接有关的种种需要，和此类需要的未尝不因房子的构成而获得满足；我的却仅仅表示了一个有好房子住的希望，提出了一个好房子的图样来，究属好不好，也还是另一问题。两者相较，无疑他的尝试要比我的更为基本，更为脚踏实地。也无疑的，他这一番工作应该先做，我的则失诸过早。

我对于功能学派一向没有深究过，近年和孝通不时接触，始取得更进一步的认识；这认识是不是已够清楚，下文所作一部分的交代是不是已够明白，还希望孝通和其他同学

---

[1] 《中国之家庭问题》，1927年新月书店初版。

派的朋友指点出来。我对于这比较新颖的学派是相当欣赏的，倒不是因为它新颖，乃是因为它于推陈出新之中能比较的综合，比其他社会学派或文化学派为更有题目中所用的汇字的意趣，下文亦将有说明。不过有一点我希望孝通和其他用功能论的眼光来研究社会与文化现象的朋友们要注意提防，就是下文所论的一般的"我执"心理，特别是此种心理所养成的"一切我自家来"的倾向。功能论既已很有汇的趣味，洵如下文所论，它所称自家之家，门户自不致太狭，派头自不致太小，事实上它和别人所已发生的"通家之好"已经是很显著；但大门墙可以出小气派，表面的通好可能是实际的敷衍，还是不能不在在提防的。例如即就孝通所论列的生育制度而言，功能论者是充分地承认到所谓种族绵延的生物需要的，这表示和生物学已经有了通家之好，但舍此而外，一切构成生育制度的材料与力量，一切其他的条件，好像全是社会自家的了，文化自家的了。这是事实么？我以为不是。鸟类构巢，蜂蚁之类造窝，若论居住的基本需要，它们是和人类一般无二，即同是天赋的要求，是生物学的；但鸟类蜂蚁没有文化，所恃的全属于心理学所称的本能，即一种生物的自然倾向，何独一到人类，全部的居住制度或任何满足一种基本需要的制度，便除了基本需要的最起码的一点而外，都算作社会与文化之赐而和自然的倾向完全绝缘了呢？鸟类蜂蚁是完全本能的，人类则除了起码的一点而外，全是文化的，在事理上总有一些讲不大通。我看问题还是出在"我自家来"的身上，能自家来总是自家来，能不仰仗别人就不仰仗别人,如果把这种精神用在一个人的自尊与独立的发展上,用在教育事业里,原是极好的,但若用在学术的领域里,我们所能得到的,充其极,可能是表面上很完整、内部也很玲珑精致的一大个归根是演绎逻辑的结构,而和现象的比较通体的解释或洞彻的认识不大相干。这就陷进一切学派的泥淖了,学派的主张既成为不可动摇的大前提,于是一切探讨的工夫,名为自果推因,实同自因寻果。

孝通在这本稿子里,大体上并没有表示一切都要自家来,因为他的准备比一般社会学者或人类学者为广博,包括多年的生物学的训练在内。不过提防还是需要的。学者总希望自成一家言,自成一家当然比人云亦云、东拉西扯、随缘拼凑、一无主张的前代的笔记家和当代普通的教科书作家要高出不知多少筹,但如求之太极,则一切自家来的结果或不免把最后通达之门堵上。孝通在本书里有若干处是有些微嫌疑的。在不察者可能认为一家之言,必须如此说出,否则不足以为一家之言。但在博洽明达的读者便不免以"自画"二字目之了。有一两处最后已经孝通自己加以改正。至于本书条理的畅达轩豁,剖析的鞭辟入里,万变而不离功能论的立场,章法井然,一气贯串,则也未始不是一家言的精神的充分表示,在学殖荒落、思想杂沓的今日,也正复有它的贡献,初不因我的期勉的话而有丝毫逊色。不过我深知对于孝通的作品,外间欣赏以至于恭维的反应决不怕太少,陈义较高而互相勖勉的话还得让老朋友来说。

大概孝通是要我说这一类的话的,所以要我写这篇序;

我也乐于接受这差使,因为我比较能说的也就是这一类的话。我说过,我对功能论没有深切的研读,我不能用同一学派的立场,就孝通的议论,或加以推挽,或寻求罅漏,而写成一篇就书论书的序;我只能就一个更广泛的立场,更超脱的展望,抱着对孝通一个更通达远大的期待,写成了一篇代序;好在在这样一个立场、展望与期待之中,功能论还是有它的不可磨灭的地位。

二 释派与汇

天下凡属有发展的过程的事物似乎都取一个梭子形的公式,起初单纯,中段复杂,末了又归于一种新的单纯;或起初笼统,中段分化,末了又归于一种新的笼统,我们叫它做综合。如果延展下去,这笼统或综合可能是又一节新分化的准备,而终于再来一个梭子似的过程。自然现象界一切有循环性的东西都可以说是采用了这样一个公式的,因为我们知道,所谓循环也者决不是一个单纯的循环,好比一根铁丝做成的圈子似的,乃是一度循环之中,必有一个比较分化而复杂的段落,而循环的起点与终点也并不衔接,即可能是弹簧式的。植物化学家所盛称的育气的循环(the nitrogencycle)就是如此。水的循环,大之如液体与气体的更迭变化,小之如江河湖海的流转分布,也都循着这个公式。生物滋长与嬗递世代,由种子发展为个体,由个体归结到种子，走的也是这条路。而个体由单纯的幼冲时代，经过成熟而繁变的壮年之后，以归于衰老，也有相似的情形，因为衰老也是比较单纯的；以人而论，文学家如莎翁就称之为"第二个童年"；一个人经过了所谓不惑、知命、耳顺的年龄之后，总是比较的饱经风露，炉火纯青，看得开，放得下，换言之，他的生活必然的要比壮年人简单得多了。

文化、学术、思想的演变也似乎未能外此。把人类文化当一个总集体看，如此，把民族文化或文化的各方面分开来看，也复如此；不过如果分开了看，有的民族或方面所已经历的可能不止是一个梭子罢了。就思想一方面论，以中国为例，春秋战国以前，是单纯的一个时期，春秋战国那一段，百家争鸣，莫衷一是，是分化而复杂的，而秦汉以降，儒家蔚为主流，又复比较的归于综合单纯，以迄于最近，好像又正在酝酿着一个分化而复杂的新时期。以西洋为例，也有相似的形势，荷马所代表的希腊时代的思想说不上复杂两个字，从希腊全盛到灭亡的时期，好比我们的春秋战国，是变化多端的，而自基督教的传播以迄于三四百年前，显然又归宿到一个虽不融通但也还单纯的段落；三四百年以来，文艺复兴、宗教改革、科学兴起、工业革命等等，一面是思想日趋复杂的因，一面也未尝不是思想日趋繁变的果；目前西洋的思想还是在这第二度分化与夹杂的段落之中，短期内是否会有一个新的综合，虽不可必，但端倪已经有了一些，下文当续有讨论。

时人喜欢把思想比做水，例如说"思潮"。水是动的，绝对的止水或死水是不能想象的；思想也是动的，自身的发展是动，与生活的相互影响也是动，绝对不动的思想也是一样的不能想象。所以在相当限度以内，这比喻的用法是有它的方便的。我在本文题目里也用到形容水的两个字，派与汇，派指思想的分歧，汇指思想的会聚，派是分析，汇是综合，派是家数，汇是集成。学派的说法是一向有的。汇的说法也是明说暗说的都有；《百川学海》一类的书名是暗说的，"文汇阁"、《文汇报》一类的名称就明说了。春秋战国时代的诸子百家，每一子每一家都是一个学派。到孔子被人称为"集大成"，就有汇的意思了；是否真集大成，真汇，固然是另一问题。孟子说孔子，提到"河海之于行潦"，那汇的意思更是显然；又提到"盈科而后进"，那盈科二字也有汇的意思；至于后代的学术思想究属进了没有，那也是另一个问题。

三　社会思想与汇

上文说到西洋的思想三四百年来始终是分化而繁变的，这自然是一个大体与纲要的说法。若论其目，则大分化之中也未尝没有小综合，大纷纭之中未尝没有单纯化的企求，流派的大奔放之中未尝没有汇合的尝试。19世纪就是这样一个企求与尝试的时期。就社会思想一方面来说，我们很容易联想到几个尝试的人，孔德、达尔文、斯宾塞、马克思、弗洛伊德等，不过弗洛伊德已经跨到20世纪的初年了。这几个人中间，孔德是相当成功的；达尔文所注意的事实虽若限于生物方面，但他所提出的汇合的原则——演化论，经由斯宾塞、赫胥黎，以及大批的所谓社会进化论者的引申推广之后，确乎发生过不少融会贯通的力量。马克思和弗洛伊德都有一番"汇"的苦心，但因其专门注重生命的真实的某一两个方面，有如饮食男女，其结果，至少就思想一方面说，适促成了派别的加强的发展，比较通盘的汇合的影响无由见到。如果生命的真实，推本穷源，只限于饮食与男女两件大欲，则马、弗两人虽没有一人得窥全豹，至少还能平分春色或平分秋色（究竟是春色秋色，要看读者的襟怀，在此无须确定），而事实上生命的真实所包含的似乎决不止此。

说到孔德的尝试相当成功，我们又很容易地会联想到他的"科学的级层说"，后来演化论发达之后，又有人叫做"现象的演程说"；正唯各类现象的演出有先后迟早，斯各门科学的地位才有本末高下；无论级层说也罢，演程说也罢，从此以后，我们对万殊的物象，算是有了一个综合的看法，如果宇宙有如一挂大网，自有其脉络可循，从此也就纲举而目张，通体可以概见了。也无论用的是哪一个说法，以至于其他大同小异的说法，有如斯宾塞的无机、有机、超有机的三界说，我们总承认，宇宙肇基于化学、物理的种种活动，进而发生生物、生理、心理的种种现象，再进而产生社会，形成文化。中间的小层次不论，这下、中、上的三层与层层相因的原则是确立了。这最上层的社会与文化，尽管气象万千，变化莫测，决不是无端发生的，决不是单独创出的，也决不是独立的、隔离的，而与理化生物的境界全不相干的；尽管花明柳暗，别有洞天，却并不在天上，而依然以寻常的天时地理、山川陵谷做基础，也始终和洞天以外的天时地理、山川陵谷毗连衔接，可以出入交通。这一点小小的综合，在目前看来，虽若老生常谈，卑不足道，在立说的当初，却自有其开拓襟怀、网罗万有的意义，令人油然起宇宙一家、万物一体的感想，而使纷纭杂沓的思想学说得收衷于一是的效果。

达尔文的贡献也就是在这条路线上。不过有广狭的两部分。广的就是适用于一切现象的一般的演化原则，可以归入上节的话里，无须重说。狭的部分是所谓有机演化论，就是就三界中的中间一界特殊的作一番原委的推寻与因素的剖析。这推寻与剖析的过程大体上有如下述。起点是马尔萨斯在他的《人口论》中所已发挥的繁殖与其限制的普遍事实。第二步是变异与遗传现象的发见与观察。第三步，由于变异与遗传的事实，进而推论并注视到物类间的竞争（事实上未尝不包括物类之间的互助现象在内）。第四步，终于到达一个适者生存的结论，所谓淘汰或选择者是；而所谓适，指的当然是变异或遗传品性与环境的两相调适，而选择的结果便是各个物种的形成了。繁殖、变异、遗传、竞争、选择或淘汰、调适或位育，与最后物种的形成，一边是生物学家所观察到的现象，一边也就成为演化论者的几个基本概念，其中一大部分也时常被称为演化的成因。我叙到这些概念，因为它们对于前途社会思想的继续发展大都有很密切的关系,说见下文。

四 社会思想与派

不错的,孔德与达尔文所做的都不能不说是一番集成与总汇的工作。不过学术思想是动的,是要继续发展的,大概不会因有人加以总汇而从此停顿,从此安于一个盈科而不进的局面;在两千多年前的中国思想界固然发生过这种情形,在求知特别迫切、竞争特别剧烈、而科学方法已趋于成熟的近代西洋是决不会的。一向天下大势,分久必合,合久必分,而近代的天下大势,分虽可久,而合则未必持久,于是从19世纪下半叶以迄于今,于一度总汇之后,紧接着一个新的分派的局面,而"派"的种子原早就寄寓在"汇"的中间。这话就又回到孔德与达尔文了。

现象的演程或科学的级层就替分派的趋向种下一个根苗,每一个"程"或"层"逐渐引申、扩展,而独立自主起来,终于成为一个学派。上文简括地只说了三个级层,其实还不止此。化学与物理可以分做两层;而心理可以从生理里划分出来;后来心理学日趋发达,骎骎乎自成一层,社会与文化,不用说,也大可以分成两层。这样一来,派别就已经多得可观了。还不止此。每一层次本身就并不简单。物理中有数理,其他级层的现象中也未尝没有数理,数理是经,一切科学是纬，从笛卡尔以来，要成一门科学而不讲数量的分析，是大家公认为不可能的；于是社会思想的学派，可能又添上一个数理派，单独存在，或作为理化派的一个支派，而事实上确乎有。它如力学、重学等也都演成若干支派，所以物理学派也往往叫做机械学派。循了层次上推，接着是一些地理学派，我说一些，因为其中也不止一二家数，有的注重天象天气，有的着意地形地势，有的关心居家区位，产物作业，这样已经是好几家了。以上都属于所谓无机的级层。

再上是生物派了。这一派的分支之多更要在机械与地理两学派之上。生物体和机械体不同，是所谓有机的，即部分之间有一种活的功能上的紧密的联系。社会思想家中有人认为社会就是这样一个活的物体，于是就有了有机论的一个支派。在生物学界里，这有机体的概念是在演化论发展之前早就有的，不过过此以后我们就要想到达尔文了。繁殖的概念产生了人口论或人口数量论的支派；人口论不是人口学，人口学是研究人口本身的，人口论是想以人口的繁殖作为社会现象与社会变迁的一个解释的。变异、遗传、选择三个概念是分不开的，因此也有人引为根据，构成一派解释社会的理论，认为社会的治乱、文化的盛衰、民族的兴替，可以用变异的多寡、遗传的良窳、选择的正负来说明；所谓优生论或民族品质论的成为一个支派，就是这样来的。竞争的概念则演而为一派战争论，有的认为社会进步非仰仗战争不可，有的认为初期虽然如此，社会文化进展到相当程度，暴力之争势必减少而归于消灭，所以这派的内容也并不单纯。物种的概念也没有落空，所谓种族论，或种族武断论，认为种族有高下优劣，一成而不易变，愈以为不变，则其为武断也愈甚。这些支派之间，不用说，有的是比较独立的，有的不免彼此纠缠，例如选择论之于种族论，有些不大武断的种族论者大都是接受了选择论的。演化理论里一大堆概念中唯一没有演成一个社会思想的支派的似乎只有"调适"或"位育"的概念，可能是因为它比较的最富有综合性，最有"汇"的意味；大凡讲调适就不能不讲关系，每个物体本身内部的关系，物体与物体之间的关系，物体与所处境地的关系，都得讲求到家，因此就不容易分而成派，不特不容易从有机的级层分出来，抑且不容易和无机及超有机的各级层完全绝缘，独行其是。不过至20世纪初叶以后，特别是最近的一二十年，上面这一段话又见得不甚适用，位育的概念终于帮同推演了一个新的学派出来，说见下文。

心理学是比较后起的一门科学，孔德在他的级层说里根本来不及提到它，后人虽有意把它补进那级层的祖庙里去，但昭穆的地位很难确定，有的人，即心理学家自己以及对心理学特别阿好的人，主张设位应在生物学之上，社会学之下，意思是，心理现象虽须溯源生物现象，它自身则是社会现象的生命赋予者；另有一部分人却以为没有群居生活的交相感应，则根本就不会有我们所了解的心理生活，我们的心理生活和动物心理不同，动物心理可以老老实实地归入生物学与生理学，而我们的不能，我们的心理是团体的、社会的，所以位应在社会科学之上，也就是在社会科学之后。这一笔官司现在还并没有打完,我们留待下文再论。不过心理学者一面对外打这官司,对内却也有阋墙之争,就是,也有派别分化,例如本能论、行为论与情欲兴趣论。本能论与情欲论和生物学派的遗传论很近,承认一切社会行为有先天的倾向以至于先天的命定;行为论则和生理学有密切的关系,不过研究的人但就行为的表见下手,但就看得见的事物刺激与动作反应着眼,生理的内幕他是不管的。大概地说,三个支派之中,本能论和情欲论与生物的级层为近,而行为论则不得不倾向于社会的级层,因为刺激的来源与反应的对象多少总有好几分社会的意义。

  社会与文化的级层不妨并在一起叙述。孔氏的科学级层里原先没有列出文化,大概认为科学而外的一般文化可以纳入社会的级层中,不须另列。到演程说出,始明白把它列入,位在社会之上之后。换言之,如果级层与演程可以比做一座塔的话,这些是塔顶上的一二层了。欲穷千里目,更上一层楼,行百里者半九十,这一二层的地位虽极崇高,其所经历的风云变幻也较其他层次为多而亲切,但总须以在前在下的各级层做基础,一个虚悬的塔尖,或一座浮空的临春结绮一类的高阁的建筑,是不能想象的。上文所叙述的许多学派的所以存在、所以发展,目的可以说就在教这塔尖不落虚空。这些学派中人各把解释社会与文化的理论,一套一套地抬出来,倒不完全因为他们都是好事之徒,想巴结社会,讨好文化,也不完全因为他们有些中国人脾气,想以卖老或自居长辈的方法,来占人家便宜,还是因为各级现象之间是存在着一种不容抹杀的本末先后与前因后果的关系，社会与文化既属后起，尽管挺秀有加，令人生畏，在追寻种种成因的时候，自不宜完全数典忘祖，饮水忘源。可能因为这种态度发展得过分了些，也可能因为祖宗太多，各说各的，历久莫衷一是，也可能因为有的理论所从出的级层毕竟是太远了些，中间跳过了好几个其他的级层，说出话来总有几分不着边际，隔靴搔痒——这一类的原因终于激出了一个反应，就是从事于社会与文化研究的人被激而就其自己所属的级层中寻求解释，而形成了若干理论的套数。这便是社会学派与文化学派的一大部分的由来了。社会与文化级层中的部分特别多，关系也特别复杂，所以自谋解释的努力本来就可以收几分效果；但学派中人到此，不免更强调这"自谋"与"自家来"的原则，求人不如求己的原则，并且进一步地认为理应如此，认为别级层中的学者的拦入社会与文化的领域是越俎代谋，是舍己耘人，是一个错误。这态度一来，其所以成为一两个单独的学派，就更见得壁垒森严了。

社会学派的支流自也是不一而足。其分化的根据是一些概念上的不同与着重点的互异。我们不妨先把这些概念比较拉杂的胪列一下，事实上也很难避免拉杂，一则这些概念本身就不够清楚，再则它们中间也不免有掩叠与重复之处。每一概念自必有其对待，例如：形式对待内容；纯理对待事实与问题；人伦关系对待人的自身；集体的表象对待个人的行为；意识环境的外铄对待人的固有；动态对待静态；常经对待畸变；一般的结构功能对待零星局部的分析；等等。每一对概念的上面一个是社会学派的支派们所特别注意以至于认为非从此着眼便不成其为社会之学的,至于对方所包括的种切,则虽在社会之内,虽未尝不是社会现象的一部分,却不是社会研究的道地的对象,而应该交给生物学、心理学,以及其他的社会科学如政治学经济学之类,归它们去推敲。这样了解的社会学与社会思想,因此有人就称它们为道地社会学与道地社会学派,好比道地药材一样,也有人称此派社会思想为唯社会论,好比唯心论唯物论一般。

文化学派,也有人把它叫做心理社会学派,从某一种方面看,可以和社会学派划分得相当清楚,就是它比社会学派要具体。"不求人"的精神,上文说过,是一样的。比较具体之所在是它能运用文化的多方面或某一方面来解释文化,解释者虽仅仅是文化的一二方面,而被解释者当然是文化与社会的全部了。到目前为止,用文化的一方面来解释社会文化全部的努力自然也不止一家,其中历史比较最久、面也最有些效果的是经济与生产技术,就是马克思的一派,其次是宗教与伦理,再其次也许是法律;尝试的人都不算少。其他如教育、艺术、语言文字、风俗习惯、舆论清议、科学、哲学,零星提出的也颇不乏人。即就三四十年来中国的救国论调与改革论调而言,已经可以看出此种情形来,发为议论的人虽未必都成派别,但信念既笃,主张又很绝对,行动又很积极,可知成派的趋向,始终存在,所缺的是一些成套的理论工夫而已。读者如不厌啰嗦,我们不妨极简单地数说一下。在经济一方面,民生主义、共产主义、社会主义、计划经济一类的议论，我们应有尽有，是最不惮烦言的。基督教的"中华归主"运动、其他宗教的有组织的努力、孔教会或孔学会一类的团体活动、政府对于心理建设的号召、新生活运动的提倡、一般人对于世风与人心不古的烦言，则都假定如果宗教与道德上了轨道，全部的社会生活便得所安定，诸般的社会问题便自然解决。从清末维新以至今日，全部法治的主张，全部教育的努力，自各有其一些社会思想的背景。检字方法，索引方法，以及文字本身的改革方案，三四十年来，也多至不胜枚举，目的也无非是想经此途径推广教育，革新文化，而达成社会的改造。艺术一方面，比较荦荦大者我们至少可以提出蔡孑民先生的美育运动和王光祈先生的音乐救国论，在提倡的人一定认为如果广大的民众不懂得审美，如果音乐不普遍发达，中国的社会与文化便始终不会走上健全的路。

　　上文两节话的用意端在表示在社会思想的不算太大的领域里，思想之流，即在最近百年以内，如何由派分而汇合，更由汇合而派分的一些迹象。这分合聚散的过程，事实上当然比我们在这里所说到的要复杂得多。从机械学派到文化学派中间一大串的大小派别，当然决不会完全由孔、达两氏的一二番汇合的努力里很单纯地推演而出；它们自分别的还有别的来源，哲学的、科学的、宗教的、艺术的，种种思潮，对于这些派别的构成，自也有它们的贡献，例如18世纪物理科学的发达之于机械学派，哲学中唯物一元论之于经济学派，基督教传统之于宗教学派，都是极明显的。

五 社会思想与社会理想

社会思想,根据它的立场或观察的据点看,可以分做上文所叙的大小派别,如果根据用意或目的来看,它又可被划分为两种或三种。第一种是比较严格的社会思想。第二种应该叫做社会理想。第三种是社会玄想或社会冥想。一般谈论社会思想的人是不这样分的,但这分法实际上是相当的重要,百年来社会理论界的纠纷混乱,一半虽由于派别之多,一半也未始不由于这样一个分法的未经大家公认。为讨论的方便起见,我们不妨先列一个表:

	对象	目的	运用的心理方面	理论方法
社会思想	已往及目前的社会	了解,说明,解释	理智的体认与分析为多	因果的推寻,关系与关联的发见;归纳逻辑为多
社会理想	未来的社会	改造至于革命	意志,情绪,信仰为多	演绎逻辑为多,强作综合或至于武断
社会冥想	未来以至于莫须有的社会	憧憬,慰藉,逃遁	情绪的依恋,至于感伤主义;幻觉,白日梦,至于错觉	可根本不问方法,不用逻辑

上表四个栏目里,目的一栏自是最关重要,因目的不同,其他节目就势必不能一样。严格的社会思想既志在解释,则势不能没有具体的物象,而此种物象正可取给予已往与当前的社会。反转来说,已往与当前的种种社会现象

原是需要了解的，它们的来龙去脉以及相互的关系也需要弄一个清楚，正好比自然界的一切现象一样。社会现象也需要一番观察、整理、分类、量断，才可以让我们充分地了解，才成为一门或几门科学；在构成科学之前与之际，也必有其种种假设，种种理论上的探索，这就是社会思想了。社会思想提出的问题是，社会曾经是什么，现在是什么，以前的"曾经是"和目前的"是"中间，又有些什么渊源；对于将来可能是什么，社会思想家或许愿意鉴往知来地作一番推测，但这不是他的主要的任务；至于未来的社会应该是什么，如何而可以尽善尽美，他是搁过不问的，若问，他是暂时放弃了社会思想家的地位而采用了理想家的身份，才问的。

社会理想的用意是在改造社会，改造的工夫势不能用之于过去的社会，即用之于已经在某一种趋势中的当前的社会，也不免徒劳无功，于是就不能不以未来的社会做对象了。反转来说，未来的社会也确乎是需要我们措意的。人是有希冀的一种动物；他的生活的很大的一部分是寄托在过去的留恋与未来的指望之中。宗教家觉得最引人入胜而足以支持他的生命的东西，是前途的那个乐园或任何理想的世界。不过理想的社会大概不会自己来到的，它需要人力的招致，于是，第一步，我们必须建立一些鹄的，认定一些路线，制成一些计划。这鹄的、路线、计划一类的东西我们统称之曰理想，不是思想。第二步，我们对此理想，必须培植一番情绪，养成一番信念，务使此理想得因多人的拳拳服膺而长久维持；这也就是宣传组织的一步。第三步，不用说，是企图实现这理想的种种努力了。社会理想所运用的心理生活的方面，显然的与社会思想所运用的不同，它要的是更坚强的意志、更热烈的情绪，在求其实现的时候，又需要活泼的动作。理智的分析当然不会没有，因为它多少总须利用一些历史的经验和学术的结论，来支持它自己，来为自己张目，不过这些终究不是主要的心理成分。又因为理想是不轻易改动的东西，它是一切的准绳、一切的大前提，这一部分理智的活动极容易走上自因推果或演绎的一路，以至于趋于武断抹杀，武断其与自己符合的部分，而抹杀其与自己冲突的部分。这并不是说社会思想家就不会武断抹杀，不，他也一样的有这种趋势，特别是在他暂时放弃思想家的身份的时候，不过一经踱出思想家的岗位，他就容易被人指摘，因而不能不多自检点；一向是理想家的人就不然了，人们对理想家的武断抹杀，取的也往往是一个容忍以至于拥护的态度，容忍的是一般不认真的人，拥护的是认真而同具此种理想的心理倾向的人。

思想、理想以及第三种的冥想，是不能绝对划分的。理想家多少得利用一些思想，而思想家也随时可以踱出而成理想家。理想家的理想，如果完全不理会经验与现实，但凭一己的爱憎臆断，而形成一套或一些不大成套的看法，认为社会必须如此这般，他才踌躇满志，不枉此一生，他就进入了冥想的境界了。冥想虽无疑的牵涉到社会，一种如意算盘的社会，实际上可以说是没有社会的目的的，它既不想解释社会，又不想改造社会；冥想家总觉得当前的社会太不像样子，他认识不来，也不求认识，社会也不认识他，他对此社会，也丝毫动摇不了，社会也休想影响到他，社会与他，可以说是绝了缘的。但他又并不甘心，因为人总是需要社会的；事实上的好社会不可得，至少想象上的好社会他是可以有的，因为人是富有想象能力的一种动物。于是，他在他的脑海或心田里就建立起这样一个社会来，并且在他看来是一个尽善尽美的社会。外国的象牙之塔与中国的空中楼阁一类的建筑物，就是这样来的。这决不是三年建筑不成的道旁之室，而是信手拈来都成的妙谛。一部分宗教徒所憧憬的天国或极乐世界也就是这东西；我说一部分，因为其余应当归入理想家的范畴。冥想的唯一的社会意义，可能是给现实社会一个对照，一些讽刺，给那些太满意于现实的人一些刺激，太困顿于现实之中的人一些慰藉，好比诗歌文艺的慰藉一样，此外便没有了。如果冥想中真有一些新的意境，足供未来推进社会的参考，足以激发此种推进的努力，那就又该归入理想的范围，而不完全是冥想了。冥想的意义终究是个人的，而不是社会的；始于心理上的安慰，终于生活上的逃遁，或始于单纯的幻觉以进入复杂的幻觉而成白日梦。而终于单纯的错觉以进于有组织的错觉而成疯狂，始终是个人的。一个人出家，我们喜欢用"遁入空门"一类的语气来形容他，是再恰当没有的。不过我们必须了解，从社会的立场看，那门虽是空的，从个人心理的立场看，它是绝对的不空，它是由冥想得来的一个极复杂的世界，一个光怪陆离的社会的代用品。

在本文的讨论里,我们除了指出冥想之多而且杂,可能成为目前社会理论界所以扰攘纷纭不可究诘的一种因缘之外,我们在这方面不准备再说更多的话。社会上总有一部分人,倾向于以幻觉为真知,以梦境为实境,至少认为它们可能成为真知实境;上自主持风教而握有权力的大佬,下至不满意于现实而亟切于改革的青年,胸怀冥想之体,而意图收思想与理想之用的,正是大有人在。社会的情况愈紊乱,则此种分子势必愈多。他们该是空门中的人物,但目前既没有空门可作归宿,他们也决没有作此归宿的企求,于是冥想终于造成了一种满天飞和到处沾惹与纠缠的势态。关于这种势态,我们是应该郑重的注意,而于虚实之间,作一番明白的申辩的。我们下文的讨论还是集中在思想与理想的两个范围,并且认为二者各有其重要的社会意义,界限虽须划清,轻重难分轩轾。

六　社会思想与哲学概念

上文叙述各学派的时候,我们始终称它们为社会思想,其实根据刚才的讨论,可知任何思想的派别一离开了解释的岗位,而自觉的想以解释所得,来影响未来的社会生活时,它就成为一个理想的派别;而事实上大部分的派别,在解释的工作自以为大体完成,羽毛大致丰满的时候,都有一种超现实与超空间的企求，第一步的表现是来一个历史哲学，来个所谓"史观"，第二步就是过问到未来的社会了。

不过这并不是说除了上文所已叙述的派别而外，社会理想便没有别的派别，或别的派别的分法。这当然是有的。如果上面的分法是从科学与科学的级层产生出来，则另一个分法可能推溯到哲学方面，而以若干主要而相对的哲学概念做出发点，例如，唯心论对待唯物论，机械的宇宙观或原子的宇宙观对待有机的宇宙观，理性主义对待经验主义，神召对待人为，命定论对待自由意志论，全体对待部分，或社会主义对待个人主义，渐进的历史观对待革命的历史观，法治对待人治，竞争对待合作，平等对待差等，保守对待进取，道义对待功利，文质的对待，体用的对待，等等。有的概念当然不属于纯粹的哲学，而属于专派的哲学，例如历史哲学、生物哲学，以至于社会哲学自身，但其为一些基本的哲学概念，有非科学所能盘诘的，则一。根据了这些来讲社会理想的派别，有的比较清楚，例如个人主义之于社会主义，大部分却不容易划分，甚至于不可能划分，因为概念上的掩叠太多，每一对对待的概念固然彼此不相混淆，但每两对概念之间却不是彼此互相摈斥，例如同一服膺社会主义，有人主张渐进，而有人主张急进。不过根据了这些概念而产生的理想上的特征与形成的派别之间的更进若干步的分化，终于演出了许许多多的支流，是一个重要的事实，值得我们注意的。

话到这里，好像又在说回去了。社会思想的汇与派，上文是叙述过的了。根据科学级层而来的社会理想的汇与派，因此也算有过一些交代。从哲学概念引申出来的社会理想又怎样呢？受过哲学概念的影响的社会理想又怎样呢？上文约略提到过一些此种概念的"派"，它们的"汇"又如何呢？这问题就大了，大到社会理论的圈子之外，严格地说，是不在本文范围以内的。不过既有牵连，我也不妨约略提到我私人的一些看法来。思想，哲学思想，在西洋的历史里，只有两个很短的时期中有过汇的尝试，一是希腊文艺全盛的时代，二是文艺复兴的时代；但两次都没有成功，尤其是第二次。此外可以说全部是派别擅场的时期，至多，在表面上，因为甲派压倒了乙派，给读史者一个汇合的印象而已。试思上文所胪列的若干成对的概念，两两对峙，各走极端，有如神召之与人为，唯心之与唯物，社会之与个人……如何才得以汇合起来。绝对的二元论始终只是二元论，是一元不起来的；至多，它只能造成两种局势：一是分期的互为消长的局势；二是同床而各梦的局势，或换一个比喻，有如泾清渭浊，初则同一河床而清浊分明，终则分道扬镳而各行其是。西洋的神学家努力了两千年，始终没有能把善恶的原则统一于上帝；近代的科学家也忙碌了三四百年，想把唯心论分解成唯物论，想把精神的现象化为物质的现象，也始终没有成功，始终只好把它搁在一边，或加以根本否认，或认为别具境界，不可思议；都是这一路上的例子。即使成功了，所得的结果也不过是一个兼并的局面，而不是一个汇合的局面。

总之，社会理论或社会学说，就其中比较严格的思想的一部分来看，在近代是先有过一番汇的努力，然后又分成许多的家数；就其中理想的一部分来看，因为牵涉到更大的哲学以至于形而上学的领域，受到它们种种对峙而冲突的概念的影响，至少就近代而论，截至目前，汇合的努力可以说等于没有，而对峙与冲突对于社会理想的分化的影响却是很显然。我们不容易把现有的社会理想，像社会思想一般，分成若干界限分明的派别，但上文已经说过，每一派的社会思想都有踱出而成为社会理想的企求，当其踱出的时候，便是这些对峙而冲突的概念取得用武之地的机会了。因此，同一思想的学派，当其引申为理想时，势必进一步以致进若干步地分化成若干支流，多少成为一分二、二分四……的格局。到此，我们看到，社会思想与理想的派别之分可能有三种的由来：一是依据科学级层的，流派之多，我们在上文已经大致看到；二是从一些哲学概念引申出来的，这一类的学派不容易独立存在，但也还有；三是两者之和的结果，就是由于哲学概念影响到了依据级层的流派，从而产生的更零星的分化，这当然又是很多的。近代社会学说的繁复，社会理论的纷扰，学派之间的分工合作，固亦有之，彼此的排挤攻评究属是一个更普遍的现象，解决问题的努力，固亦有之，而所引起的新问题，所酿成的一般的动荡不安，可能是更多更大，推源溯本，这显然是因素的一个了。所以接着我们不能不把分派的利弊问题作为进一步的讨论的对象。

七　社会思想分派的利弊

社会思想的分派虽属人为，亦自有其趋势。造成这趋势的因素很多：生活环境是多方面的，并且随时可能发生变化，一也；人的智能情性是不一律的，对多方面环境的反应不会一样，二也；群居生活因此有分工合作的倾向与需要，三也；文化演变，学术随方面而累积，而一经累积，亦自有其趋势，四也；学术与思想是智识的两个层次，比较具体而固定者为学术，比较抽象而动荡者为思想，两者互为因果，彼此推挽，更不免增益此种自动分化的趋势，五也；思想分化既自有其趋势，我们对于学派的发展的一个基本态度，不应该是，因有利而欲其多，因有弊而欲其少，而是，网罗各学派的种种长处，而祛除其短处。

不过利弊的问题是存在的。在这里，我们又得把社会思想与社会理想分开了说。大抵思想分派的利弊参半，而理想分派则弊多于利，其何以有此分别，留待下文说明。思想分派之利在一个专字，唯其专，故精到、细密、彻底。社会生活的底蕴是多方面而极错综复杂的，一人之身，在短短的几十年的生命里，很难希望取得一个全盘通彻的了解，凡属有志于了解的人，只能作一些局部的尝试，即，各就其兴趣与专门学术的准备所及，集中精力在此种底蕴的某一方面，作一番贯彻的分析与推论。一人如此，多人如此，一方面如此，各方面如此，则分工合作的结果，对于后学，对于对社会只能作些一般观察之人，可以供给一个差强人意的通盘的认识。我说差强人意，一则此种认识势必还是零碎片段，去完整的境界极远，再则它究属是一个拼凑起来的东西，中间的褶缝针缕是再也磨灭不了的，分工愈细，碎块愈多，则褶缝和针缕愈繁密；它可能是一顶瓜皮帽子，是一件百衲袈裟，却不是天孙织的锦衣。不过这已经是够好的了，这表示大家真能分工，真能分层负责，真能恪守本分，也真能合作，真能彼此尊重，相互了解，才产生了这样一顶瓜皮帽子，或一件百衲袈裟。约言之，专精的结果可以不妨碍通体的认识，也正唯其不大妨碍，专精的努力才取得了应有的意义。说思想分派有利，这便是利之所在了。

思想分派之弊也就在一个专字，唯其擅专，故褊狭、武断、抹杀。凡属学派中人多少总有一个倾向，就是初则自立门户，继则以自己的门户为最高大，终则设法教人只走这个门户，认为唯有此门才四通八达，无远弗届，唯有此门才是真正的入德之门；总因为这门是我开的，大有此山是我开，此树是我栽的一种气概。症结无疑的是在一个"我"字；问题当前，需要解决，其意若曰，你们都不行，我来！及其既来，则又曰，有了我，你们都可以不必了。所以此种专擅与独断的心理倾向我们总称之曰"我执"。以前的宗教家、道学家，近代的科学家，尽管教人无我，但"我执"始终是一个最普遍的心理现象，在一般生活里如此，在学术思想界几乎是同样的活跃，有时候反而见得更牢不可破，因为当事人总觉得把握住唯一真理的是他，而不是别人。

一样的不免于我执，程度上的分别还是看得出来的。谨严的科学范围里要少一些，特别是各门的自然科学。这显然的有两个原因。自然科学家所研究的对象确乎是更适用客观或物观的应付方法，它们可以被假定为超然于人的心理生活与社会生活之外，固然绝对的超然也还是不可能，因为研究它们的终究是浸淫在此种生活之中的人。此是原因之一。科学上所称的解释，事实上等于运用分解方式的一种说明，就是把复杂些的现象分解开来，成为更单纯而基本的现象，一般叫做因素或成因；此种分解的工夫，最初只限于本门科学的范围以内，例如生物学家解释个体的构造，始则自全体分解成若干结构的系统，更自系统而器官，自器官而体素，终于分解到了最小单位的细胞；把细胞的构造弄清楚以后，如果要再进一步，就得闯入别的科学以至于级层的防地，至少也必须企求别门科学中人或级层中人出头帮忙，特别是物理、化学的级层，否则分解的工夫便须戛然而止，达不到生物学所能认为满意的一个究竟。此种逾越的行动是有益的，它代表着科学或级层间的应有的合作，而合作便是专擅与武断的反面。此是原因之二。

但一离开自然科学的级层而攀登心理与社会文化的级层时，我们就发见两三种比较不很寻常的我执。我说不很寻常，因为寻常的我执是到处有的，各自然科学的内部也一样的有，例如：生物学的领域里，环境派对遗传派；遗传学里，精质独立论对后天习得性遗传论；遗传方法论里，孟特尔派对戈尔登派；彼此争论的时候，都表示过很顽强的我执。这一种的我执我们搁过不谈。所谓不寻常的两三种,第一种可以叫做包揽垄断;第二种,说得好听些,是自求多福,说得不好听些,是刚愎自用;第三种我无以名之,姑名之曰滕薛争长。第一种最普通,大凡用了下级层的科学结论来解释上级层的现象时,最容易犯这毛病。如果级层分明,此解释与彼解释的级层又属彼此接壤,则根据上文解释即等于分解之论,原是理有固然,势所必至;不幸的是解释者一方面总喜欢把被解释者一把抓住,不容别人染指,别人的解释,在他看来,不是错误,便是多事。社会与文化的级层既在最上,下面的级层既属最多,就最容易变成一根骨头,受群犬的拖扯攘夺,实际上是被宰割得支离破碎,把社会与文化原有的完整的形态反而弄到看不出来。这在社会思想的研究里我们叫做"以偏概全",想以局部来包揽全部,结果总是一个捉襟见肘,不能自圆。其级层地位距离较远的更不免隔靴搔腿,不着痒处;例如把人解释做一座机器,不错,人多少是一座机器,但人之所以为人,人之所以别于它种机器者何在,我们并没有因此种解释,而取得进一步的了解,即使解释了也等于没有解释。此种来自距离较远的级层的解释,一面想包揽,一面又包揽不住,又往往容易陷进所谓比论的泥淖,即任意用些比喻来替代解释,例如有机论者硬把社会当有机体来解释,竟有人认为社会组织自亦有其阴阳两性,国家是阳性,教会是阴性,信如此说,则中国社会的保守陈腐不倒有了一个解释,不是单性生殖,便是独阳不长么?机械学派把社会解释做一座机器,也全用这比论的方法,也一样地无裨于解释的实际。

第二种的我执是自求多福或刚愎自用。它显然是别人包揽得太多的一个反响。好比打麻雀牌的人，老不和牌，于是故意地不吃不碰，硬要打一副"不求人"，"和"给别人看看，对于这一类从事于思想与解释的人，我总有一个感觉，就是其志可嘉，不过若不求人而还是不和牌，或虽和而只是小牌，我又觉得甚表可悯了。宇宙万象原是相通的，事物的演出，当其初虽有先后之分，科学为研究方便起见，虽亦不能不作级层门类之别，但现象之间，决不因人为的强分畛域而未减其息息相关的程度，然则对某一部分现象不作解释则已，否则势须旁搜远绍，觅取一切可能作解释之用的其他现象，属于同一部分的可，属于其他部分的亦自轻易不容舍弃；别的部分出头帮解释的忙，包揽固属不可，亦决不会成功，但如在相当分际以内，此种帮忙决不能看作好事，更不能看作越俎代谋，又何劳一定要拒之于千里之外呢？一面摈斥别人，一面硁硁自守，自以为智慧俱足，办法尽够，岂不也是一种我执？这种我执，上文已经提过，在自然科学的级层里是找不到的，不过到了上层，在心理学派里则有所谓假行为论（pseudo-behaviorism）的一支，一面对其他级层则拒绝心理遗传与本能固有之论，对同一级层则否认内省观察之法，结果只是看到了一些行为的皮相，于行为的成因，既多所未解，于行为的意义价值，更所未喻；这就是我在上文所说的其情可悯了。社会学派与文化学派，上文说过，也可以叫做唯社会论与唯文化论，不唯则已，唯则在解释的工夫中，其他更较基本的科学门类便很少置喙的余地，其中的支派愈是道地，则此种余地便愈是绝无仅有。即大师如法国的涂开姆（Durkheim），他的亲炙的门徒如蒲格雷（Bougle）也终于不免批评他，认为他对于生物的因素实在是过于不加理会了。

第三种的我执我们叫做滕薛争长。这也可以说是第二种我执的很自然的一个引申，而也是发生在心理与社会两个级层之间。一个三四岁光景的小孩子，在自我的意识发展到相当程度以后，便不欢迎别人管他或替他做事，总说"小弟弟（或小妹妹）自家来"；再后，羽毛更加丰满，就要管起别人来了。心理学派总以为心理的现象演出在前，是先进，社会现象演出较迟，是后起，并且两者之间有前因后果的关系，换言之，在科学级层里它是更属基本，若没有它，也就没有社会现象了。社会学派却反过来说，心理根本是一个社会现象，若没有群居生活，没有人与人间的交相感应，我们所了解的心理作用，特别是最关重要的思考那一部分是不会产生的；所以如果心理现象也要占一个级层的话，它应该追随在社会级层之后，才不致本末倒置，反果为因。这一番鸡生蛋蛋生鸡的争辩闹了许多年，到如今还没有结果，怕是永远不会有结果的。不过虽无结果，双方还是要争，则其所争者无非是一种资格所给予的面子，好比中国人争辈分，作客或其他场面上争坐首席，又因为先后之外又有因果的关系，所以又好像中国人最不雅的骂人方法，暗示着骂者是被骂者的祖父、父亲，最起码也是一个姐夫，表示自己即使做不到对方的生命的赋予者，至少总要叨长一些！此种心理未始不是我执的一种，自不待言。这虽说是人类的一大弱点，而推本寻源，创造级层之说的孔德也不能不负一二分责任，谁教他眼光不够远大，当初没有把昭穆的次序确切地规定下来，弄得后代子孙非争嫡争长不可？

好像老子说过这样的一句话，小智自私，贱彼贵我；一切社会思想的学派，无论所犯的是哪一种或哪几种我执，都给老子一语道着了。换今日的口语来说，一切学派都是不够科学的，一切都不够客观；一些学派中人也都是不够民主的，谁都想专制，谁都想独裁。学术与思想犹且如此，又遑论政治呢。（参见拙文：《一种精神两般适用》，《客观图刊》，第十二期。）

八 社会理想分派的利弊

上文说社会思想分派的利弊参半，我们看了我执的一番讨论以后，可知这还是客气的说法，因为所谓利，多少是假定的，即假定学派之间真能分工合作，而我执之弊、各是其是各非其非的风气、门户之际的喧嚣攘夺，却是实在的。假定的利当然抵销不过实在的弊，所以事实上还是弊多于利，不过比起社会理想的弊多于利来，这还是小巫之见大巫。老子的话，和我们添上的既不科学又不民主的评语，对社会理想分派的结果实际上是尤其适用，也应该是尤其适用，为的是如下的若干原因。社会理想的目的既在改革社会，而且往往求之甚亟，则从事的人势必不免心切于求而目眩于视，推重力行而忽略认识，而所谓力行也者，或因从事者实力有所未逮，或因环境确有重大窒碍，同时又正因为理想本身原就偏颇，去通达的程度甚远，以至于推行的结果无非是一阵动乱、一阵骚扰，得不到丝毫真实的进展，于是不得不退而求其次，就是以言词作为行动，以宣传算做工作，以多言权充力行了。宣传这样东西，如果用得太多，似乎只有一个效果，就是，一面各是其是，一面又勉强别人，于不断地接受提示与暗示之后，亦从而是其是，其为一种我执，总以垄断或淆乱视听，足以为精神与思想生活上的一种紧箍咒，是不言而喻的。理想分派之弊尤在思想分派之上，此其一。

一种理想的服膺与推行，其心理上的先决条件是坚强的意志与热烈的情绪，理智的质疑分析自居次要的地位，以至于没有多少地位。这种心理上的准备，事实上和接受一种宗教的心理上的准备是完全一样的。近代有若干派别的社会理想反对宗教、反对神道的信仰，从社会学的立场看，这种反对是没有多大意义的，因为关键所在，决不在一套理想的有没有神道做牌号，而在理想所唤起的一番心理的底蕴。这底蕴才是真正重要的，因为它的活动好歹总要影响到社会生活。好比煎中国草药，药终究是主体，至于水，尽管医师故弄玄虚，非井水、河水或天落水不可，究属不关宏旨。"换汤不换药"一句话就是这样来的。而前代的宗教与近代社理想之间，就其心理底蕴而言，也确乎有此种"汤换渣留"的现象；近代意大利社会思想家柏瑞笃（Pareto）把这一类的底蕴就叫做"渣"（residues），可见是不为无因的了；他用到这渣字，倒也并不含有什么恶意，不过暗示着，水可以倒掉，渣则不容易倒掉，而事实则此种心理上的基层的功能是根本取消不了的。这一番话也就顺便替近代西方宗教的一蹶而不能复振，找到了一部分的解释。信仰的倾向原是人类行为的底蕴的一部分，是经常存在的，是经常有表见为行为的企求的，内在的一方面既有此企求，而外缘的一方面又有种种足以满足此企求的社会理想，里应外合，于是社会理想愈发展，各式改革社会的主义愈扬溢，宗教的信仰便愈趋落寞。理想的兴起可能是宗教衰微的果，而也可能是因。实际上怕是互为因果的，无论如何，信仰的心理始终有它的着落，有它的寄托，总是一大事实。我们这一番话，一般的人是不承认的，他们认为理想的信仰与宗教的信仰根本是两回事，前者是科学的，不迷信的，而后者则否，所以也有人认为，即使是一件事，也足证文明是进步了！对于这样的人，我们的话是很难说明白的，不过我们应该指给他们看，在理想家的心目中，一套理想的神圣不可侵犯，有百是而无一非，只应拥护，不许批评，往往要远在乡下佬心目中的菩萨之上，为的是理想家的我执要比乡下佬的为坚强，乡下佬信菩萨，目的只在一人一家的平安，他的却在改造社会，而他自己是一个有使命的人。我们的话也许要扯得太远了。要紧的是，我们要指出来，社会思想的学派和社会理想的学派，在精神上是很不相同的，而其区别怕不止是程度的，而是品类的；一到理想的领域里，我们所接触的事实上不是若干学派，而是若干宗门；宗门之间的入主出奴，是丹非素，以自己为正统真传，视别人为旁门外道，其所发动的肝火，其所引起的争执，势必比学派之间的要添上若干倍数。理想分派之弊要在思想分派之上，此其二。

理想往往有和政治取得联系的趋势，中国如此，西洋也如此。前代如此，当代也未尝不如此，并且更见得显然。西洋史里对此种联系的状态有过"政教合一"的说法，其实这是不确的，联系并不等于合一。合一是打成一片，而政教的打成一片是近代一个显明的史实，严格地说，是第一次世界大战前后才发生的，并且目前还正在方兴未艾的过程中。这指的是成套的改良主义或革命主义和实际政治的因缘固结。人们不满意于现实政治而产生一些政治理想，当然是极古老的事实，根据了一些理想来从事于政治的活动，来促成政治的局部改善，以至于全部的鼎革，也不自当代始，英、美、法的有血无血革命都是先例。不过这些所用的理想只是屈指可数的几个原则，和从原则中提取而来的几个更单纯的口号，有如自由、平等、博爱、幸福的追求之类，而学者解释这些原则，可以言人人殊，不求其衷于一是；换言之，它们不构成一个套数，并没有经过特殊的规定与颁布，不具备教条的形式与精神。只是一些理想影响了实际政治，或实际政治采用了一些理想，或多少有些理想做指归：问题是比较简单的。改革或革命主义和实际政治打成一片以后的情形便与此不同。主义是成套数的，是多少先经过一番规定的，是有一定的解释而发生疑义需要重新解释时又须诉诸一定的权威的，是具备了近乎教条的形式与精神、只许信仰而不容怀疑评论的。第一次大战以来，马列主义之于苏联，第二次世界大战结束以前，泛系主义之于意大利，纳粹主义之于德意志，二十年来三民主义之于中国，都有这种情形。主义有好坏的不同，执行主义的人有为公为私的区别，所收的实际效用因此也大相径庭，不可同日而语，是不错的；但这是另一个问题，是主义信仰者的问题，是实际政治家的问题，我们从社会学与心理学的立场来分析评议，是有把它们相提并论的权利的。

在这些改造主义与实际政治打成一片的实例里，我们不妨提出一个来，作一个比较详细的分析，以示一两个思想学派，或至少以思想姿态出现的派别，如何引申为改革的理想，更如何在野心家手里构成一种主义，作为政争的良好工具，而终于和实际政治取得了表里体用不可分离的关系。这例子是纳粹主义。分析起纳粹主义的思想因素来，我们很容易联想到生物学派，特别是此派中的三个支派：一是社会有机体论；二是战争论；三是种族武断论。上文都叙到过。这三个支派，在德国原是发展得最早而最热闹的，而且从俾斯麦的时代开始，爱国的学者与野心的政客多少已经把它们适用到社会、文化、民族，以至于政治生活，作为改革与扩张的张本，就是以思想之所得，派作理想的用途。这番适用也收了不少的效果，1870年德国的统一与统一以后的百废俱兴，使其蔚为列强之一，不能说和此种理想没有因果的关系。最显然的是从战争论引申出来的军国主义。其次，集体与极权主义的明显的倾向是从有机论出发的；政府和领袖是神经中枢，民众是细胞，必须打成一片，完全受命于中枢，便是一个十足的有机论的看法。犹太人在欧洲是普遍受压迫的，而以在德国为甚；在德国是一向受压迫的，而尤以19世纪末叶以至最近为甚；这又很清楚地得力于种族武断主义的"学理"上的启发。希特勒对于这些的发展，在思想与理论方面，并没有什么贡献，他的贡献是一颗夸大而狂妄的野心、一个肆无忌惮不惜毁灭人性的畸形人格、一番狂热的组织与推动的魄力，把这些原是零星孤立的理想，混合在一起，揉做一团，成一个整套的信仰，又把战败后散漫而颓丧的人民心理，在这整套的信仰之上，重新收拾、团结与振奋起来；结果是谁都身受一些而知道的——奴役、战争与死亡，开始在德国，而终于拖下了整个的世界。理想分派的殃祸竟可以到这样一个终极，拿前代的宗教所引起的同类的社会病态来比，更显然的有大小巫之分。侈谈与醉心于文明进步的人应该就这一类的大事实，且多多地沉思一番，然后再下结论。就目下的形势来说，苏联的集体主义和英美的个人主义也许正酝酿着一次更新奇广大的奴役、战争与死亡来，亦未可知。理想分派之弊，特别是经过宗教化与政治化之后，要远在思想分派之上，这是解释之三了。

九　治标的祛弊论

　　文明的人类如果想继续下去，且不论文明的进一步的发扬光大，目前这局面是需要收拾的，而收拾的方向之一，就是如何可以充分使社会收取思想与理想之利，而尽量地祛除其弊。有两条途径是可以走得的。第一条是治标的，我在上文已经说到一些。第二条是治本的。而无论治标治本，关键均在一个汇字，治标的路是莫忘旧汇，治本的路是寻求新汇。上文说过，社会思想尽管分派不厌其多，只要一面分，一面不忘合作，一面发展自己，一面尊重别人的立场，顾全别人的努力，采纳别人的结论，则无缝的天衣虽不可得，一顶瓜皮小帽似的整体总可能保全。这就等于说，孔德、达尔文一类前辈的一番汇的努力，科学级层论与自然演化论，还是值得我们不断地参考；事物现象是有本末先后因果的，在社会与文化的境界呈现以后，事物现象又往往互为本末先后因果，而没有一件事物始终占先，始终处本的地位，始终是其他事物的造因或其他事物的初元首创。希特勒喜欢做元首，德国人也许喜欢捧他做元首，在专制极权的政治场合里容有短期的可能，在学术与思想的场合里却为事理所不许。明乎此，则我执的心理虽无法完全消除，已不难大量末减，而分工合作之效，便是不问收获的收获了。即就思想家的情绪一方面讲，这条不忘旧汇的路也正复有它的补益，派由一汇，等于流出同源，其豆既属同根，相煎无庸太急，思想家各能如此宅心，则门户畛域之见，争嫡争长之风，也就可以大杀了。

刚才关于思想派别的话,对于理想的派别也未尝不适用,不过是更较困难罢了,困难的原因上文已经从详说过。不过还有一重为思想派别所没有的困难,就是有的理想派别不导源于孔、达两氏的综合学说,而导源于若干始终矛盾的哲学概念。在哲学界未能解除此种矛盾之先,我从一个纯粹的社会学的立场,曾经提出过一个看法来,也多少可以作为治标之用,就是我在别处已经再三提出过的两纲六目的看法,为本文的完整设想,不能不再简略地说一说。人以下的动物里,大多数的物种有个体而没有群体,或虽有而分工合作之迹不显;蜂蚁之伦则有分工合作的灿然可观的群体,而个体等于抹杀;在这些动物里,个体与群体,无论倚重在那一方面,全都由于本能,而不邀情理的自觉的认可。到了人类,个体与群体同样的存在,同样的邀自觉的认可,而几千年的生活经验,更证明两者是同样的需要,很难贱彼贵此。一个健全的社会,一种革新社会的尝试,在理论上应当承认个群两体的不分轩轾的存在。这就是两纲的说法了。个体,或每一个人的性格,并不单纯,它至少有三个方面,一是同于别人的通性,二是异于别人的个性,三是非男即女的性别。群体,或社会生活,也至少有三个方面,一是秩序的维持,二是文化的进展,三是族类的绵延。这就是六目了,一纲各三目。任何三目之间,和两纲之间一样,也似乎很难作轻重高下、后先缓急之分。而个人的三目和社会的三目又自有其联络与互为因果的关系,秩序基于通性之同,进步基于个性之异，而绵延则系于两性的分工合作；反之，如果秩序有亏缺，文化缺乏进步的需求，或族类对于绵延的欲望不够强大，则通性、个性与性别的发展也就分别地受到限制以至于抹杀。这就是我所提出的看法的全部了。

有此看法，我们对于已往的民族社会或民族文化，何以有的变化虽多，而昙花一现，有如希腊；有的寿命延长，而进步极少，有如中国，诸如此类的不同的经验，便可以求诸于各民族中若干通行的理想或一般的见地，而得到一个更清楚的了解。反过来，我们也可以根据这看法，而推论当代各个民族社会的前途，例如，美国过分注意个人的自由，苏联过于着重集体的管制，前途可能各有各的吃亏，并且有的已经开始在吃亏。泛系、纳粹的国家，只知国家的集体，抹杀个人的自由，亏是已经吃定了的，表面上好像此种亏是外力教他们吃的，有些强制，有些早熟，但终究是理想的偏颇与不健全所招致的，终究是自作之孽。我们也可以用这看法来估量目前流行的各种学说、主张和运动。例如理工教育、职业教育、专才教育一类的主张，在两纲的六目之内，只顾到了个性与文化进展的两目，显而易见的是偏枯，若谓目的只在矫枉一时，固犹可说，若认为是一种经常的主张，就错了。又如百余年来的妇女运动，就女子个人人格的发展而言，虽若一面把以往抹杀女子的通性与个性的错误给纠正了，一面却又把女子的性别搁过一边，视同乌有，又何尝不是一个很重大的缺陷？近代婚姻之道之所以失，夫妇之道之所以苦，此种运动何能不负一部分的责任？总之，一般志在革新的人，无论是听取别人的主张，或自己有主张提出，如果都能接受这一类的看法，则前者可以知所取舍，或接受而知所保留补缀，而后者可不致过于轻率，过于褊狭，至少在尝试之前，可以有一番比较圆通的考虑。约言之，这一类的看法同时可以减少妄作主张的人与随声附和的人，这对于社会生活应当有一些澄清与宁息的功效。近年以来，一半因情势的要求，一半也由于见解之所及，一部分人的主张与行为里，也已经表示这一类兼筹并顾的看法，例如，就个人主义的自由经济与集体主义的计划经济（牵涉到上文的两纲）的一层而论，美国的罗斯福、华莱士，英国的拉斯基、孟汉姆都是这一路的人物，而在中国的政论家中间，这种人也渐露头角。

十　论新汇的可能

不过求乎其上，仅得其中，我们自勉的目的还应该是一件无缝的天衣。我们要求一个新的综合、新的汇。只有在一个新的汇的浸润之下，一切理想思想、科学艺术，才有发皆中节的希望，初不仅社会一部分的理论学说为然。我们在篇首已经提到过，在前途短期内，一个新的汇合虽未必可能，但端倪已经有了一些。我们现在就要寻这些端倪说话，如果局势真有一些贞下起元、穷极思变的要求，而同时人的自觉的努力还有几分中用，而不完全受环境历史支配的话，则由头绪而线索，由线索而脉络，由脉络而纲领，而终于能把纲领提挈起来，我们的追求就不至于完全徒劳了。

所说端倪也并不单纯，好比一根线，这其间我认为至少有五个头绪，一个是很古老的，两个是近代的，又两个是当代的。每一个头绪也不单纯，名为头绪，事实上代表着不少的人多方面的经验，和若干年的经验的累积，多少当然因迟早而有不同，约言之，每一个头绪本身就已经有些综合的意味，而在比较最古老的那一个，当初并且已经发生过一度汇的作用。我们顺了时代把它们约略地叙一下。第一个是中西文化传统中的人文思想。中国在先秦，西洋在希腊，这部分的思想已经有长足的发展。大意可以分做两层：第一层是，一切从人出发，向人归宿；第二层是，遇有二事以上发生冲突时，一切折中于人，即由人来斟酌损益，讲求应有的分寸，使不致畸轻畸重，因为，过犹不及，都是病源。所谓中庸之道表面上好像指的只是第二层，其实是两层都赅括的，中西人文思想都有近乎三才的说法，三才天地人，人居天地之间，不以天地为出发点与归宿点，而以人，也未尝不是一个中庸的看法。至于中庸也包括第二层是无须多说的。不过有一点，就是所谓折中并不等于折半，那中之所在是活动的，所以必须斟酌，所以才有分寸的话。人文思想在中国是始终保全了的，但两千年来，不进则退，大体变成暗晦，而部分被人误解，也是一个事实，在西洋则可以说全部被人遗忘了，文艺复兴时代一番提醒的努力并没有成功，到最近三四十年才又有人郑重地再行提出。这是头绪之一，是五个之中最基本的。

上文叙述到生物学派的各支派，几乎是全部导源于演化论的若干概念。我们就发见一个唯一没有构成支派的概念，就是调适或位育。我们当时也提出了一个所以没有的理由，说它在各个概念之中最富有综合与汇的意味，因为既求位育与调适，就不能不注意一事一物一人所处的场合情境，不能不讲求部分与全部的关系，于原委之外，更不能不推寻归宿，于事实之外，更不能不研求意义价值。这就牵扯得多了，牵扯一多，就不容易自立门户；而归宿、意义、价值之类又有些玄虚，涉及哲学范围，所以从事于科学的社会研究的人名义上有些不屑为，实际上亦不能为，于是这一个大好的概念就被束诸高阁，落寞了七八十年，其间虽也未尝没有人引作思想的总参考点，例如美国的勃里士笃（Bristol），但不太成功，因而始终没有构成什么学派。不过人弃我取，而人家所以舍弃它的原因恰好就是我们所以选取它的原因。这就是头绪之二了。这个头绪与上面头绪之一有些关联，我们也应当在此指出。说这头绪是近代，乃是因为它的发展之功，属于近代演化论者为多，其实位育一概念的由来很远，其在中国，并且一向是人文思想的一部分，所谓"中和位育"者是，唯有经由中和的过程，才能到达位育的归宿。至于"位育"一词何以能与调适一词互训，则我以前在别处曾屡作说明，不再费辞。

第三个头绪发展在19世纪末叶与20世纪前叶，大部分是美国学者的贡献，就是比亚士（Peirce）、詹姆士（Wm.

James）的实验论和杜威（Dewey）的工具论。这一路哲学里的两层基本思想和我们的追求都有极密切的关系。第一层辨一个真字，认为凡属行得通而发生效用的便是真实，所谓发生效用，当然是对人发生了。第二层更进一步地认为一切环境事物，文教意识，全是工具，谁的工具，当然是人的工具了。这在西洋好像是很新鲜的，其实也还是导源于人文思想，至少在中国的人文思想里，这两层的根苗是再清楚没有的。人文思想的经籍里没有真字，差近真字的意义的字有情伪之情，诚中形外之诚，都是从人出发的字，和道字升真之真，近代科学之真，大异其趋。《易经》的时代说到"圣人以神道设教"，孟子的时代说到"变置社稷"，荀子的时代说到雩祭、卜筮、鼓日月蚀，皆所"以文之"，《礼记》的时代说到"鬼神以为徒，故事有守"，一贯的表示工具论的无远弗届；神道由人创设，社稷由人变置，俗信（我对民间信仰，向不用迷信字样，因迷者究属例外，其数字当远较近代迷信理想之人为小）供人点缀，鬼神作人门丁，然则天下虽大，事物虽多，还有哪一样不应作人的工具看呢？事物既全是工具，包括思想、理想、信仰、主义在内，而非目的，便不会取得绝对的地位，便不走极端，也便不至于喧宾夺主，转而把创设它们的人作为倾轧排挤、颐指气使、生杀予夺的对象，而这对于我们的汇的努力，是大有裨益的。

我们讲的是社会思想与理想的派与汇，如今在社会学自身的范围里我们倒也找到正在发展中而可以帮我们的忙的一个学派。我们在上文列叙思想学派时并没有叙到它，只暗示到了一两句，为的是它最后起，还在发展之中，也为的是它已有几分汇的意趣，和其他派别的精神不同，最好保留到这个段落再论。这就是所谓功能学派，可以说完全是20世纪初年的产物，而创立之功最大的学者，马林诺夫斯基（Malinowski），不久以前才去世。功能学派的学者喜欢研究社会制度。从他们对于社会制度的界说里我们便不难看出功能两个字的意义来。马林诺夫斯基说：社会制度"是人类活动的有组织的体系。任何社会制度都针对一种基本需要；在一合作的事务上，和永久团集着的一群人中，有它特具的一套规律及技术；任何社会制度也都是建筑在一套物质的基础上，包括环境的一部分及种种文化的设备"。基本需要的满足，要针对了行事才能满足，便已充分表示功能的意思。要完成这功能，自不能不运用多方面的能力、资料、技术，即每一个生活的角落都得搜罗到家，集中一起，充分利用，才有达成的把握，把角落译成现象演程或科学级层来说，界说中的"环境"与"物质基础"属于最下的几个级层，包括化学、物理、气象、地理等，"基本需要"是生物生理的，"群""永久团集""合作"是心理的与社会的，而"永久团集"一点也牵连到地理。至于"规律""技术""设备"自属于文化的级层了。自孔德创为级层之说以来，子孙繁衍，流派绵长，而其真能饮水不忘源、数典不忘祖的，似乎只有这一个支派，其余都自立门户，各奔前程，独营生理，争名夺利去了。功能学派大有汇的意趣，这是说法之一。功能学派又未尝不得力于达尔文的演化论，特别是此论中的位育或调适的一个概念。不讲功能则已，否则不能不注意场合、情境、格局，不能不检讨部分与全部的关联，不能不留心目的与归宿，不能不研考意义与价值，约言之，不能不讲求时间空间的全般调适，通体位育。而上文讨论到位育论的时候，所提到的也无非是这些东西，根本上没有分别。此派之所以有汇的意味，而值得我们采择，这是说法之二了。上文说到演化论里的"位育或调适"是当初没有演成学派的唯一的概念，也说到后来是有的，这就是一个交代了。至于这学派是不是自觉到这渊源，承认到这渊源，我没有加以深究，不得而知，但这是不关紧要的，要紧的是这渊源的分明的存在。追求新汇的努力中所应借重的第四个头绪便是这个。

最后一个头绪可以叫做人的科学，说已详上面《说童子操刀》一文（见《政学罪言》，观察社，1948年4月——编者注），这里无庸多赘。不过人的科学和本文的关系是应当说明的。三百年科学的作风是一贯的、分析的、流衍的、支蔓的，结果是愈分愈细，愈流愈远，已经到一个野草不可图的局面。这对于人以外的现象事物，问题还比较简单，因为它表面上好像并不妨碍我们对于物理的了解，并且正因其劈肌分理，表面上好像了解得特别清楚仔细，我说表面上，因为实际上所贵乎了解者，贵其全而不贵其偏，至少迟早能偏全并举，如果始终只是一番管窥蠡测，则豹之所以为大为美，海之所以为广为深，我们还是无从了解。不过事物了解的偏全问题还属单纯，复杂的在事物的控制。了解不能全，则控制也不能全，而偏特的控制或畸形的控制终必归宿于无法控制而后已。大凡人对事物的控制，由于人力者半，由于事物自身的环境或其他事物的连锁与牵制者亦半，所云人力，当然也可以看做全部连锁与牵制机构的一部分，但至多不过是一部分而已；如今把某件事物提取出来，使脱离其原有的连锁与牵制的情境，而思但凭人力加以单独的控制，则势必畸形于先，而技穷于后。生物界有所谓自然的平衡（balance of nature）也者，亦称生命的网络（web of life），就是一个自然区域内各种生物之间相生相克的现象的总和。我们如果但凭一知半解，把甲网络里的一两种生物介绍到乙网络里去，使发生我们所期望的生克作用，最好的结果大约是一波虽平，一波继起，而继起的问题往往是更棘手，而终于教我们束手。农学界里此类曲突徙薪、焦头烂额之事已经是数见不鲜。

上文说的只是近代科学对于物的了解与物的控制。说到人，就更怜了。无生之物，分割了还可以了解，有生之物就已经大有困难了；到了人，更似乎是分割之后再也拼凑不成一个整体。即部分的了解尽管细到，合并起来，绝对不等于全部的了解，甚至于可以说，人的了解必须是囫囵的，不囫囵不足以为了解。到现在为止，所有关于人的科学，包括所谓人类学在内，全都是支离破碎的，算不得了解。既不了解，控制自更无从说起。三百年努力的结果，好像是已经把宇宙万象，了解得很清楚，把声、光、电、化，以至于原子的力量，控制得很得心应手，独独有一种物象没有能力了解到、控制到，那就是人自己。用卡瑞尔（Alexis Carrel）

的说法，人到现在还是一个未知数。用我们一句老话来说，人对于自己的生活，还是不出"盲人瞎马、夜半深池"所描写的光景。以未知数来推寻表面上的已知数，用夜半深池边瞎马上的盲人来驾驭这世界，原是不能想象的，而居然不断地在那里推寻驾驭，则结果之卤莽灭裂，自可想而知，事实上也用不着想，因为展开在眼前的就是。

真正的所谓人的科学也滥觞于詹姆士一路的哲学家，可是荏苒了三四十年，一直要经历了两次的世界大战以后，科学家才注意到这个问题。第一次大战后所出现的所谓完形心理学是多少搔着了一些痒处的。第二次世界大战发生以后，这方面的论议就逐渐地增多起来，到最近一两年，比较郑重的作品也将次问世。这门科学的方法论虽尚待发展，细节目的研求更有待于方法比较完善之后，但有两点已经邀到公认，一是属于看法或信念的，即，如果我们不了解人自己，就休想了解社会、了解世界。如果我们不能控制人自己，就根本不能控制社会、控制世界。第二点已经牵涉到方法，就是研究必须有囫囵的对象、囫囵的人，以至于人所处的在某一个时空段落里的囫囵的情境。也许用不着再加指出，这种人的科学的新发展和本文全部的见地是完全属于同一趋势的，就是由派分而求汇合，唯有从汇合中求得的知是真知，从而发生的力是实力。

前途的演变是不容易预测的，不过，履霜冰至，这五个头绪，彼此之间既很有一些渊源，或一些殊途同归的缘分，迟早是会融会在一起，而成为一个簇新的汇合的。这新的汇总得有一个名字，我们姑且名之曰，新人文思想。根据上面的讨论，我们又不妨提出如下的一个梭子形的系图来，作为结束：

民国三十五年九月，潘光旦，时寓苏州濂溪寄庐

第一章

种族绵续的保障

当前的世界上,我们到处可以看见男女们互相结合成夫妇,生出孩子来,共同把孩子抚育成人。这一套活动我将称之为生育制度。生育制度是个新名词,因之我得先说明一下这名词的意思。

先说什么叫社会制度。社会制度一词在社会学书本里用得很多,意义却很不一致。❶ 我并不想在这里把这许多不同的意义列举出来加以批评,我只想说明我在本书中用这名词时所有的意义罢了。我在这里将接受 B. 马林诺夫斯基在《文化论》一书中给社会制度的定义。他说:社会制度"是人类活动有组织的体系。任何社会制度都针对一种基本需要;在一合作的事务上和永久团集着的一群人中,有它特具的一套规律及技术;任何社会制度都建筑在一套物质的基础上,包括环境的一部分及种种文化的设备"❷。

---

❶ 吴文藻:《论社会制度的性质和范围》,《社会科学学报》,第一卷,1941年,云南大学。
❷ B. 马林诺夫斯基:《文化论》,费孝通译,商务印书馆,1940年,第17页。译文稍改。

和异性结合成夫妇,生孩子,把孩子领大——这是一套社会活动的体系,可是这套活动是否能满足特定的需要呢?

生育制度的功能

要回答上述的问题,让我们先看一看人类生活有些什么基本的需要。马林诺夫斯基回答说:人类的需要可以分为三大类:第一类是生物性的基本需要,譬如:营养、生殖、安全等。人们并不是直接地和个别地在自然环境里得到这些基本需要的满足,他们要用工具,和别人合作;于是发生了第二类手段性的需要,譬如:生产技术、社会组织等。生产技术须有知识的累积和传布,社会组织须有道德和宗教的维持,于是发生第三类综合性的需要。❶ 生育制度所满足的需要属于哪一类呢?

有人认为我们在这里所要讲的生育制度是满足人类基本的性的需要的。马林诺夫斯基在他那本称作《原始人的性生活》的名著里不是描写着大洋洲特罗布里恩德群岛岛民的求偶、婚姻等活动么?这书的副题不是写着"从人类学的角度论述英属新几内亚特罗布里恩德群岛土著居民中之求偶、婚姻和家庭生活"吗?这不就是说这种种都是可以归入

---

❶ B. 马林诺夫斯基:《原始人的性生活》,1932年,第36页,"第三版专序"。

性生活里的节目么？换一句话说，它们的功能不是在满足性欲么？

生育制度——包括求偶、结婚、抚育——和性的关系可以有两种说法：一是说生育制度是用来满足人类性的需要；一是说人类性的需要是在生育制度中得到满足的。性自然是人类的一个基本的生物需要。马林诺夫斯基在上述书中主要是在考察特罗布里恩德岛民如何在他们的文化中东曲西弯地得到性的满足，因之他得描写这地方的求偶习俗、婚姻关系、家庭组织等，可是这并不是说这种种是为了要满足性欲而形成的。我们承认人类生物基本需要是须在社会结构中得到满足，而且我们也可以说一切社会组织都是为了要使人类能得到更大的和更可靠的生物上的满足，但是我们不能因为某种行为和某种生物满足有关而就说这种行为的目的是在满足这种生物需要。种田、烧饭等活动确是为了我们营养的需要；可是在聚餐时有吃饭的行为，这吃饭的行为是仪式性的，可能是为了要增加团体的团结力，引起同仇敌忾的心情，加强这团体对外的抵抗，所满足的需要不是营养而是安全。生育制度之于性的关系亦属于这种性质。人类性欲的满足即使没有求偶、婚姻和家庭，同样是可以得到的。事实上，这种种正是限制人得到性的满足的方法。我们不能因为人类把性生活限制到了夫妇关系之间，或是人类不经过婚姻就不能得到社会认可的性生活，而说婚姻的功能是在满足性欲，或是说为了要满足人类第一类的基本需要而在文化中发生婚姻。相反的，生育制度既然是限制人类的性生活，我们就应当从为什么要限制性生活这一问题上着手去思索，限制性的满足的原因决不能是为了要满足性生活。

马林诺夫斯基说得很明白：家庭不是生物团体的单位，婚姻不是单纯的两性结合，亲子关系亦决不是单纯的生物关系。❶ 又说："生殖作用在人类社会中已成为一种文化体系。种族的需要绵续并不是靠单纯的生理行动及生理作用而满足的，而是一套传统的规则和一套相关的物质文化的设备活动的结果。这种生殖作用的文化体系是由各种制度组织成的，如标准化的求偶活动，婚姻，亲子关系及氏族组织。"❷

"种族需要绵续"是发生生育制度的基础。但是这句话却把种族当作了一个有意志的实体。个人需要生存，种族需要绵续——说来虽觉顺口，实在却是不通的。我们只能说个人需要种族的绵续，而不能说种族本身需要绵续，因为我们若这样说，我们就得承认文化发生的根源不限于个人的生活了。从个人生活之外去找文化的根源，我们是不愿意接受的。因之，我们还得在个人需要生存的基础上找到种族必须绵续的理由。本章就要回答：人类为什么要绵续他们的种族？只有回答了这个问题，我们才能说明生育制度的功能是什么。

---

❶ B.马林诺夫斯基：《文化论》，商务印书馆，1940年，第25—26、26—27页。
❷ 同上。

从性爱到生殖

我在上节提出了"人类为什么要绵续他们的种族？"这个问题，读者初听来也许会觉得有一些唐突，因为这似乎是不成问题的。所谓不成问题，就是说找不出理由来的。这是一个素白的生物事实；一切生物都有生有死，成熟了自然会生殖，生殖的结果把种族绵续了。个体生存和种族绵续同是生物机能的表现。可是我觉得并不如此，这个问题还得问一问。

在单细胞生物中，种族绵续的确可以说是生物机能的直接表现。以变形虫为例：它得到营养之后，体积逐渐增大，可是它所得营养的多寡，呼吸的方便，新陈代谢机构的活动，却决定于它和外界接触的体形面积。体积增加，面积却依比例而减少，到一个程度，常态的生理无法进行。这时，它就得把身体分成两个，以增加体形面积。细胞分裂是它的生殖作用。所以我们可以说它的生殖作用是出于机体的生理要求。个体生存和种族绵续，在这个例子中，有生理的联系。

两性生殖的生物就不能这样说了。它们生殖细胞的发生和成熟固然是生物机能的表现，可是从雌雄两性生殖的结合上说，就不能完全说是生物机能的表现了。两性生殖的植物，生殖细胞的结合常要第三者来作媒介。我们若要说雄性花粉非得跑到雌性花蕊上去，否则植物的生理活动就会不能维持，那就未免太牵强了。事实上，的确有很多很多雄性细胞找不到雌性花蕊，冤屈浪费而死的。

在动物中情形又不同一些。生理学家可以告诉我们，生殖细胞成熟时有一种内分泌发生，刺激机体，使它们接近异性，生殖细胞因之得到结合的机会。这就是普通所谓青春期的性爱。可是性爱的满足并不在生殖细胞的结合上，而是在两性接近的行为上。生殖细胞的结合——受孕——乃是满足两性接近——性交——的可能结果，两者并不是一回事。

退一步以常识而论，生殖细胞的成熟，性爱的冲动，雌雄交配，生殖细胞的结合，新个体产生——这一串在较高级的生物中是共有的现象，既属生物就无所逃于这一连串注定的连环，虽则我们还不太明白这连环是靠了什么这样配合着的。种族绵续是这连环所造成的结果，所以可以说是一件素白的生物事实。

我还有什么理由可以追问：人类为什么要绵续他们的种族呢？若是人类也是在这一连串的生物机能的连环中翻来翻去，我这个问题问得也就没有多大意义了。我觉得我还可以发生这问题的原因是在我认为这个注定的连环固然锁住了别的生物，但并没有锁住人类。从性爱到生殖的环节中，人类有跳出这圈子的能力。若是他可以跳而不跳，我们就可以问：为什么他不跳了？

我们可以承认人和其他生物一样，生殖细胞成熟之后，对于异性会有一种要求接近，发生性行为的生物机能，虽则即在这环节上，我们的确已看见有人把性爱遏制到寂灭和升华的境地；即使我们承认性爱是普通人都有的生物机能，可是人类性爱的满足却并不一定引起雌雄生殖细胞的结合。我上面说动物并不一定要"受孕"才能满足性的需要，性爱和生殖虽则相联，但并非一事；这句话在人类里更容易看得清。人类并不一定要等山额夫人提倡了生育节制才觉悟性爱和生殖可以划开；避妊的知识和避妊的事实，虽不能说任何地方都有，却决不限于现代都市居民。这种知识并不深奥，更不神秘，除了人们因为其他原因把它推出知识范围之外。雷蒙德·弗思在提科皮亚岛调查时，据说出乎他意料之外地发现是在这种被认为文化水准很低的人民里，居然通行着性交中断（CoitusInterruptus）的方法。❶ 我想若是人类学者对于各地土人的性生活知道得多一些时，也许会使他们对于这种事实的发现不致引以为奇了。性交中断法本就不应被视作文明人所独有的秘密知识。

　　当然，不但那些被认为文化水准较低的土人，就是文明的都市居民，的确还是有很多没有人工避妊的知识；可是没有避妊的知识却不一定没有避妊的事实。有许多关于性的禁忌，譬如在某些时间不准同房；有许多习俗，好像哺乳期不必要地拖长；有许多宗教上的观念，好像清教徒的厌恶性感；虽则实行的理由并不在避妊，可是以我们现有的知识来说，都能减少受孕的机会。这类避妊的事实若加以调查，它的普遍性可能较避妊知识更大。

　　我们还得承认，我们对于性的知识还是很幼稚。很可

---

❶ 雷·弗思：《我们提科皮亚人》，第490页。

能有不少可以发生避妊事实的行为没有被我们所注意。以特罗布里恩德岛上的土人为例：他们男女在婚前两性接触的机会极多，但是因而受孕的却极少。这事曾为难过马林诺夫斯基。据他说，这地方的土人是不相信性交和受孕有生理上的关系，所以没有实行性交中断法的。他又不相信当地白人关于土人有避妊方法的传说。结果，他只能说这或者是因为女子性生活开始得太早，所以不易受孕。这自然只是他的猜想罢了，并没有生理学上的证据。❶ 我在这里提到这件事是想借以指出我们自己对于性知识还不够来确说任何地方绝对没有避妊的事实。

避妊的事实也许有地方没有，这些地方的人民的确还在上述的生物机能的连环里打圈，生殖细胞从成熟到新个体的产生的过程，他们固然没有加以阻碍，可是新个体的产生是否就能说是种族得到了绵续了呢？这还是问题。

从生殖到抚育

种族绵续是指在这世界上继续不断的有该种生物存在，生物个体都有一定的寿命，不管是朝菌，蟪蛄；或是冥灵，彭祖；寿命的长短尽可以相差很大，但是它们总有一死，那是一定的。因之，种族要在这世界上绵续下去，不能不继续

---

❶ B. 马林诺夫斯基：《原始人的性生活》，第168页。

不断地有新个体产生出来代替旧个体的位置，有如接力赛跑一般。这样，所以种族绵续不能不靠生殖机能。可是我们一定得明白，生殖机能所能做到的是从旧个体中产生新个体而已；新个体产生之后，是否能在这世界上生存，是否能在未死之前再生新个体，都不是生殖机能分内之事了。

生物界中的确有很多种类，子体一旦得到生命就能独立生长，在这世界上占一地位，不必需母体在授予生命之外，再做其他的事。可是生物界中同样有不少种类，子体得到生命之后，它们的生活还得靠母亲来维持，母体对于子体还得担负一个时期生活的责任。不能独立生活的子体得从母体得到他所需的营养和保护。我们说这是母体给子体的抚育。

从概念上，我们可以把生殖和抚育分得很清楚。生殖是新生命的造成，抚育是生活的供养。在事实上，只有在用分裂法来生殖的单细胞生物中，这两件事的分界可以划得出来。在其他稍稍高等的生物中，两性生殖细胞结合之后，新生命虽已造成，但是这胚胎要能长成一个个体还得靠外来的营养和保护，所以多多少少是要一段抚育时期。

子体得到母体抚育的方式很多。有些是预先储藏了一些食料和胚胎一同排出于母体体外，有些是一直把胚胎留在母体体内，不断地给予日常的营养，等胚胎成熟后才排出母体体外。这是体内的抚育。有些动物在生理上已和母体脱离了关系之后，还是要靠母体的乳汁维持生活。人类就属于这种动物，人类的婴儿所需的哺乳期特别长，而能独立直接利

第一章 种族绵续的保障

用别种食料来营养的时期又特别晚。即在断乳之后，生理上虽则可以说已经长成独立的个体，但是还须要一个更长的时期去学习在社会中生活所需的一套行为方式。这是人类所特具的需要。社会知识的传递对于个人的生活是极其重要的，因为人不能个别地向自然去争取生存，而得在人群里谋生活。一个没有学得这一套行为方式的人，和生理上有欠缺一样，不能得到健全的生活；他也就没有能为人类种族绵续尽力的机会。把这套行为方式传授给孩子们的工作可以称为社会性的抚育。社会性的抚育在对于孩子的长成，新的社会分子的培养，以及种族的绵续上，和生理性的抚育有同样的重要性。

可是，社会性的抚育岂是和生理性的抚育同样是生物机能的表现么？根据什么生物特性，人类不但要生孩子，而且还要把孩子领大、抚育成人呢？若是我们不能说人类的抚育作用是母体的生物机能，那么我们也就不能在生物基础上找到人类种族绵续的保障了。

有人说人类抚育作用是出于母爱的本能。所谓本能，不管它的意义的伸缩性有多大，总是指不学而能，由生理结构所决定的行为，只要看梁间的燕子，双双衔泥筑巢，孵出了小雏，一来一往地觅食喂它们，等小燕子羽毛长成，眼看着它们纷飞四方。小燕子长大了，并没有跟老燕子学，也不管白忙了一阵的教训，照样演出这一套。这种抚育作用显然是不学而能的，是本能的。当然，我们不很明白为什么燕子们非这样办不成；不衔泥、不筑巢、不觅食来抚育小雏燕，有什么生理上难过之处。关于这一点，本能论者可以说，在人类里可以找到一些答案的线索。小孩吸乳一方面固然是得到营养的手段，也是抚育作用的基本工作；另一方面，正是上帝的巧妙，却也是解决母体乳胀的办法。产妇乳汁充塞，引起胀痛，是一种生理现象，从这生理上的压迫可以引起喂乳给孩子的行为；且不提心理分析学者所注重的母体在喂乳中所得性的满足。抚育作用是本能的，是出于生物机能。

这种说法固然指出了抚育作用有它的生理基础，这一点并没有人否认，一切文化都是如此，都可归根到生理的满足。可是从这一点生理的出发点要推演出长期的、复杂的又相当麻烦的社会抚育作用，却还需要比较更详尽的生理分析，当然这项分析现在还没有多大成绩可说。在这里我们不妨退一步承认在生物机能的连环中尚有抚育作用这一节。可是我们同样一定可以看得到这一节连环比了上一节更脆弱多了，更容易中断。若是我们要找从生殖到抚育这个环节中断的可能，例子很多。以特罗布里恩德岛上的土人说，马林诺夫斯基可以很坚决地断言，他们并没有人工避妊的行为，可是关于堕胎一事就不敢说半句肯定的话了。❶在我早年所调查过的广西花蓝瑶里，一个不知道堕胎方法的女人竟被称为"笨老婆"。要等小孩子生了出来才想法解决，自然是自讨麻烦了。归有光母亲所吃的螺蛳，江村妇女所吃的鱼鸟蛋一类的东西，我相信是极普通的。也许因为这太普通了，所以在

---

❶ B. 马林诺夫斯基：《原始人的性生活》，第168页。

把堕胎看作不道德的地方，当医生的得起誓不做这种生意；可是这种誓约并没有比其他誓约更有效力。不但城市里，连乡下，时常可以找到把这事作专业的人。这誓约反而使这可能有危险的工作，因为正当的医生不愿接受，而落入江湖术士手里，造下人间的罪恶。

堕胎若不经医生的手术，可以说是很危险的，因之，在不把杀婴作为犯罪的地方，这也成了对付不受欢迎的孩子们的普通手段。若是杀婴不便故意，疏忽也可以提高婴孩的死亡率。当我在写这一节的时候，我隔壁那家太太会在孩子高温重病时，撒手入城，把孩子交给不太懂事的小丫头去招呼。若是这孩子死了，我除了把他归入被杀的孩子一类之外，实在没有其他更恰当的说法。在禄村调查时，我就知道我的房东太太有一个刚能单独行走的孩子，因为没有人看管，溺死在水沟里。像这类的事，乡村里是司空见惯的。我现在寄居的地方，一年前还下令禁止把死婴挂在树上。把死婴挂在树上据说是为了要避免死鬼再来讨债。这说明了这地方死鬼缠绕的频繁。孩子不住出生，不住死去。假如新西兰的孩子是没有冤死的，则正常的婴孩死亡率不过是39‰左右，而我们中国，依不太正确的字数说，却高到275‰[1]，每年有1/4的婴孩要死去，得不到抚育。

堕胎，杀婴，和疏忽致死，使新个体得到生命之后还是不能生长。我们的生理结构中并没有一个特别的器官能给

---

[1] 陈达：《人口问题》，上海：商务印书馆，1934年，第163—164页。

孩子们一定能得到抚育的保障。人类种族的绵续很难说是生物机能的作用了。

损己利人的生育

我在上文中已经说明，在我看来，性的需要和种族绵续的需要是两回事，虽则相联，但是可以分得开的。我在本书中所要分析的生育制度是从种族绵续的需要上所发生的活动体系。可是在说到种族绵续是要用文化手段来保障之前，我得先说明种族绵续并不是满足性欲的副产品，因为我在以上两节中已经讨论过，人类有能力跳出从性爱到生殖，从生殖到抚育之间的生物机能的连环。若没有了社会制裁，人类既然能够脱离生物机能的连环，他们种族的绵续也就失去了自然的保障。若是种族绵续是人类个体生存所必需的条件，为维持个体生存计，必得另外设法保障种族的绵续了。于是我们看见有不少文化手段在这上边发生出来，总称之作生育制度。生育制度是人类种族绵续的人为保障。

我时常这样想：文化是人类用以来满足需要的人为工具，若是有一种需要可以由我们机体天赋的生物机能来满足，我们在满足这种需要时也就不必再加上人为的工具，换一句话说，不必再有什么文化了。譬如我们有呼吸空气的需要，我们有天赋的呼吸机能足以应付，就不必再发生文化设备，直到有用毒气来作战时，口罩才成了呼吸所需的工具。

同样理由,我认为若是种族绵续真如一辈本能论者所谓是我们生物机能的表现,我想在人类社会中也就不必有生育制度来规定人们怎样求偶、怎样结婚、怎样生孩子、怎样做父母等等一大套麻烦的规则了。我们从没有听见过有地方有规定人走路得用两条腿来移动身体的规则,正因为用腿走路是生物机能。在已有的生物机能上加一条社会规则是毫无意义的。反过来说,我们在昆明每条大路上都有"行人向左边走"(后来又改作"车子靠右边走,行人靠旁边走")的牌子,正表明不但行人有在右边走的可能,而且有发生交通事故的事实。我们看见社会生活中有生育制度也就可以知道人结婚而不生孩子,生了孩子不认账,不但可能,而且确有这种对社会不利的事实。这些决不是生物机能所能保证的人类行为的通例。生育制度的内容也决不能是一些人类本能的行为了。

到这里为止,我只从消极方面入手说明种族绵续是人们所要达到的一个目的,为了要达到这个目的,所以发生种种活动,形成我在这里想提出来分析的生育制度;可是我还没有说明为什么种族绵续是个人生存所必需的条件。接着我就得讨论这个问题了。

种族绵续之成为个体生存的条件,不但不很显然,而且在生物基层上,种族绵续和个体生存实在可以说是相矛盾的。即在人类里,若忘记了人是靠社会得到生活的,单从一个人的私利上打算,这矛盾性是很清楚的。两者矛盾是因为种族绵续是从牺牲个体生存上得来的。营养和生殖处于相克的地位。有些生物学家把前者作为自私行为,后者作为爱他行为❶，因为在生物基层上说，营养是损人利己的，而生殖是损己利人的。

动物的营养显然是损人利己的。它们不能靠无机物来营养，因之，我们可以说，它们的生命是以毁灭其他生命来培养的。可是生殖却刚刚相反。新生命的产生没有不靠母体的消耗和亏损。做父母的尽管把孩子看得如何着肉，但毕竟不是自己的肉；孩子对父母尽管觉得怎样体己，但毕竟不是自己。孩子的生活既须父母供养，在父母说来总是自己的牺牲。且不说单细胞生物，在生殖过程中，母体一分裂就失去它的存在，也不必提那种蜘蛛在性交之后，雄的照例要丧失生命，即以我们人类来说，孕妇的痛苦，临盆的危险，哺乳的麻烦，自是无法掩饰的事。

彻底为自己利益打算的，就得设法避免生殖。我想厌恶生殖的苦修和禁欲主义多少是在想解脱这种自我牺牲的根源。维持得住自我的完整和自由的该是一种无性生活。梁漱溟先生曾说："一个人的生命究竟还是完全无所不足的。此意甚深。高明的宗教，其所以持禁欲态度之真根据，即在此。他是有见于生命的完全无所不足而发挥之，在别人谓之禁欲，在他则不看是如此。他之所以反对男女之事，乃是反对自己忘记自己的完全，失掉自己的完全。人在生理上虽然好像不完全，其实不然；每一男性在心理上生理上都有女性，每一女性在心理上生理上亦都有男性，只是都偏一

---

❶ H.E.沃特：《脊椎动物生物学》，第3页。

点——都有一点偏胜。"❶ 两性的分化，使个人成了一个不完全不自足的部分，确是人生种种矛盾的起源。社会和个人的对立，灵肉的对立，天上人间的对立——根本上不还是这营养和生殖的对立吗？梁漱溟先生把生命的完整寄托在个体，使他想在排除性别，归元于无性，以达到完全无所缺的境界。他的企图里同时也消除了时间的因素。若是个体的完整能超出于时间的巨流，此种打算自可成立。但是常暂的问题一发生，生物免不了死亡，个体的完整只是暂时的，死亡也成了这种完整的威胁了，求得了还得失去。

弗洛伊德却看到生物基性里就有生的冲动和死的冲动。在初层上，生死是相克的，但是死的冲动也有它积极的性质，那就是性的行为，生殖的结果。他的意思似乎是说到了个体的死的冲动正是种族的生的冲动，以个体的死来成全种族的绵续，以两性的分化来成全社会的完整。在时间里，初层的矛盾不见了，只有成全。

在没有意识的生物中，人己的成全只能说是上帝的巧妙安排，从性爱到抚育——用了生物机能加以连锁住。在为己的行为中轻轻地插入一项性欲，生物们一贪片刻的欢娱，造下了三生的孽债，将错就错地把种族绵续了。种族绵续决不能说是个体所要求的，而是性的满足中不经意的生理结果，这巧妙的安排在人类中，如我在上文所说，很有失去效力的可能。绵续种族假如是造物的主意，他还得另用一项

---

❶ 梁漱溟：《朝话》，山东：邹平乡村书店，1937年，第108页。

法宝来使人类就范。这项法宝,在我看来,是在把人们结成社会,使每个人不但是个生物的个体,而且是一个社会的分子;每个个人的生存不能单独解决,他得依靠社会的完整。社会完整是个人健全生活的条件,而社会的完整必须人口稳定,稳定人口有赖于社会分子的新陈代谢,因之引起了种族绵续的结果。——让我把以上几句简单的话从长申述一下。

社会完整和新陈代谢

我们不妨先假定个人的基本需要是生存。单为生存,人也许可以像低级动物一样,一切靠个体去经营。若这是可能的,人类的生活也一定简单得和低级的动物差不多。可是我们尽管还不满意目前的享受,和低级的动物比一比,总可以踌躇满志了。什么使我们的生活高出于其他动物这样远的呢?最直截的回答是人类大大地利用了分工合作的经济原则。换一句话说,人类组成社会,社会给了人类现有的生活程度。

人不能单独谋生活已是一句极普通的话了。可是这里所谓单独并不只是数目上的形容词,因为单是人数的增加,并不能使人得到生活上的便利。一个人不能谋生,多几个不能谋生的人在一起,还是不能谋生。俗话说:"一个和尚挑水吃,两个和尚抬水吃,三个和尚没有水吃。"这说明了个人生活所依靠的不是任何别的个人,而是各个人之间互相配合别人行动的分工体系。这体系使各个人的力量不是抵消，而是相成相加。

配合各人的行为以实现分工合作的利益，说来是很容易，事实上却有很多困难。甲乙两人若要合做一件事，他们一定得互相了解对方所要的是什么，将要怎样做，希望自己做什么。简单说来，他们得互相会意。人和人要能相互了解、相互会意却十分不易。这里有一条生理机能上的鸿沟。每一个人是一个自足的生理单位，他的神经系总是及肤而止；他能感觉得到的只是这个单位，对于别人是痛痒不关的。一个人永远不能直接感觉到别人的痛痒，了解会意又从何说起？因之，社会生活的真正开始是在人类发明了共同象征的时候。语言是一种最重要的象征体系。我们在相同的象征中约制我们的反应，使我们能从这些象征推己及人，用自己的感觉来推测别人的感觉。

即使我们已有了会意的机构，行为有了互相配合的可能，可是如果每个人都得临时和别人配合行为来达到满足欲望的目的时，我们的生活又不知要变成怎样简单了。因之，在基本生活上，我们总得预先定下个分工合作的结构，每人依他所处的地位，按着指定要做的事去做，哭笑都不能错。有了这被生活相关的人共同接受而且遵守的结构，我们每个个人才可以整天做着一件特殊的工作，不愁全部生活不能获得满足。大家的生活能健全进行就靠了社会规定下分工合作的结构，所以我说这个结构是个人生存的必要条件。

社会分工合作结构的式样，各个社区可以不同，但是这结构却必须是完整的，必须能答复每个人全部必须依赖于别人来满足的生活需要。譬如，每个人都要吃饭，若是有人可以不必自己种田，自己煮饭，那就必须有人替他种田煮饭，而他所做的工作也必须就是能满足种田煮饭的人的需要，而且可以因为他做了之后，自己可以不必动手的。不论一社区的分工合作结构怎样复杂，各项工作不但要能加得起来，而且须等于全社区每个人生活的总和。各项工作所需的人员也依着全社区生活需要的总和而规定的。举一个例说：一个社会里有多少人自己不煮饭的，也就必须要有多少代别人煮饭的人（数目的规定得看煮饭的技术）。在一个都市里，有多少饭馆，就决定于这地方有多少人是不煮饭的。这并不是出于某种权力的统治，而是由于经济原则的活动结果。假如一个地方只有一百个人自己不煮饭，天天都得上饭馆的，每个饭馆能招呼二十个顾客，则这地方可以有五个饭馆。现在若有人另外又添了五个饭馆，每个饭馆只能有十个顾客，每个顾客所担负的费用却增加了，因为他们要养活加倍的煮饭的人数。人是有经济打算的，这些顾客会集中到五个饭馆里去，付出较低的价钱，得到同样的伙食。其余的五个饭馆不能不停办了。我举这个例子是想说明社会的分工合作结构是受经济原则的支配，从事于某项工作的人数，在一定的技术下，是有一定的。

　　分工合作结构，包括各种职业的分配，在纸面上是一个空架子，并不是个实体。实体是在这结构里工作的人。一个个人把这结构充实了才成一个生活的单位、一个社区。我们可以用戏剧来作譬喻：《霸王别姬》中有虞姬这个角色，若是没有了梅兰芳或其他演员把这角色扮演出来，这出戏是无法上演的。戏文还可以清唱，实际的生活却不能清唱。社会职务必须有人坐实了才能发生作用。因之，让我再说得更确切一些，个人生活所依赖的不是社会分工合作结构的空架子，而是按着这结构活动的一辈人。社会结构既然要完整才能发生常态的作用，则每一个社区的结构总得包含最低限度的人数。于是人口在这里就有了它的重要性了。

社会分工结构靠着人发生作用，可人是不能永远生存的。他不久就要死去。当然，从个人的立场看，他一死之后，正可以不必管天下兴亡了，正是"吹皱一池春水，干卿底事"。他死后社会结构会发生什么困难，他大可不必过问。可是在他未死之前，若是别人一批一批地死去，社会分工合作结构的完整性不能维持时，他的生活也就会发生困难。这些活着的人却不能不关心别人的死亡，他们要维持自己的生活，就必须保持社会的完整性；他们既不能强人不死，或是约定在同一社区里生活的人一齐死，就不能不把死亡给予社会完整的威胁加以免除。这里才发生生育制度。

和个人生活攸关的是社会结构的完整，在这生死参差的人间谋社会的完整，就得维持最低限度的人口，于是社会一定得有一个新陈代谢的机构，使死者尽管死，自有新人物出世来填补他们的遗缺。新人物的供给，依我在上文的分析，在人类里并不能完全靠自然的保障，所以得添上人为的保障了。这个人为的保障就是生育制度。

供给新的社会分子是生育制度的任务。社会分子这一词是指一个能在社会分工合作结构里担负一定职务的人。这能力并不是天生的。一个孩子要长成一个社会分子须有长期的教育。生育制度中就包括着生和育的两部分。生殖本是一种生物现象,但是为了要使每个出世的孩子都能有被育的机会,在人类里,这基本的生物现象——生殖,也受到了文化的干涉。我在以下的几章里就要说明人类怎样用文化手段去控制这生殖作用,使这生物现象成为社会的新陈代谢作用。

第二章

双系抚育

　　人为了个人生活的健全必须维持社会结构的完整。人是生物,不免于死,死亡威胁着社会结构的完整,因之也威胁着未死者的健全生活。因之任何社区都得预备下一个新陈代谢的机构,以维持人口的安定。这机构并不是自然的而是人为的,因为生物的机能并不能完全保证人类种族的绵续。人类要用社会的制裁力使婴孩不断出生,并且使出生的婴孩有机会长大成人,以备继替衰老和死亡的人物。婴孩要有机会长大成人,不但要得到适当的营养,还要得到适当的教育。这件重要的工作一定要有人负责。我们若观察任何地方孩子的生活,总能见到他周围有不少人向他负责的,并且这些人各有各的责任,不紊乱,也不常逾越。在这些人中,最主要的人物是这孩子的父母。我这样说,至少在我们现在所观察得到的范围里是正确的。父母是抚育孩子的中心人物。可是我并不是说这是永久和普遍的方式。一切制度的形式是人在一定的环境之内造下的,不变的并不是它的形式,而是人用它来满足的根本需要,和满足时的效力原则。这是手段,同一目的在不同的环境里可以用不同的手段来达到。以父母来抚育孩子是一种生育制度的形式。这种形式在现有的环境里是有效的,可是我们并不能说这形式在一切环境里都是有效的。我们也不必费心思去幻想各种可能的环境。再推论出生育制度可能的其他形式来。当然,我们也有理由去预言说,人类总会有一天,不必用自然方法去怀孕和抚育胎儿,这终究是一种痛苦的事,人类有这责任去为妇女免除这痛苦,以人工的方法使生殖细胞结合,在机器里把胎儿养大。这时候,无疑的,我们现有的生育制度的形式会完全改观。但是到现在为止,这并不是事实,所以我们也可以不必去深究。我在以后也要提到抚育作用已经逐渐由家庭责任转变到社会责任。这种趋势是应当加以注意的,但是以父母为中心生育制度的形式,到现在还是最普遍的事实。我们的分析也只有从这种形式出发。

生理抚育的单系性

我说社会制度的形式是人为的,是人类为了要满足某种需要,用社会的制裁力加以制定的。以父母为中心的生育制度的形式也不是例外。要使父母担负这个抚育孩子的责任,以完成社会新陈代谢的作用,人们确曾费过一番苦心。我们初看来由父母分担抚育孩子的双系结构好像是很习惯很自然,其实,我们若加以分析就不然了。

抚育的双系结构是怎样发生的呢?

关于这问题有一种很普通的误解，把生殖的两性和抚育的双系混为一谈，因而认为抚育的双系是直接由生物本性所决定的。生物事实所告诉我们的刚好与此相反。在两性生殖的动物，子体生理上的抚育却总是由母体单独担负的。雌雄生殖细胞的重要区别之一就在前者带有给子体的营养原料，而后者不带。细小的雄性生殖细胞连维持自身需要的养料都不足，它要是碰不着对手的雌性生殖细胞，在短期间就死亡了。要是运气好碰着了对手，结合成了子体，它对于子体的贡献不过是细胞里的基因或其他某些东西，但决不是养料；它固然给子体以生命，可是并没有帮助子体得到生活。而且，在哺乳类动物中，子体得到生命后，还要有相当时间留在母体的体内，生理上的抚育在这个时期，完全是由母体负责。父体即使有心分任这件工作，也没有这机会。雄性生殖细胞在和雌性生殖细胞结合之前，已经与父体脱离了生理上的联系，生死痛痒业已无关。从生物层上说，抚育作用是以单系开始的。

子体的抚育，在人类里，如何由单系的生理给养，转变成双系的社会教养，成了我们研究人类生育制度时一个重要问题。假定社会性的抚育作用是从生理性的抚育作用延长出来的，则我们所得到的将是单系的母体抚育了。这在家畜里看得很明白。小猫是不认得父猫的。人类是怎样把父亲拉进这抚育工作中去的呢？

理论上最偷懒的办法是说人生来自然是这样的，或者说得书卷气一些，这是出于人类的本能。做父亲的对于他自己所生的孩子有爱护的本能。这本能使他自然地担负起这抚育的责任。事实若果真如此简单，我们要分析生育制度时也就容易得多了。可是这理论上的捷径，在事实上却不一定是条通路。苟其父爱是出于本能，则具有这种本能的动物不应有撒野种、不肯认账的混蛋。在人类中，更不必立下种种规范和手段来确立父子的关系了。

在我们自己的文化里，父亲对于子女的责任心的确是时常用血统的观念来维持，——这是我自己的骨肉，怎能忍心不管呢？生物联系成了感情联系和社会联系的基础了。不幸的是父子间的生物联系并不像母子间的那样明显。在人类中，从受孕到分娩有一段很长的时间，性交又不一定受孕。性交在生殖作用中的功能又并不是一件容易得到的知识。传说古代的人民"知其母而不知其父"，这里父母两字若是指其生物的意义讲，那是很可能的。即使在现在还有些地方的人不肯承认性交是生殖作用的必要步骤，从他们看来，男子和生孩子这件事是没有关系的。马林诺夫斯基所调查过的特罗布里恩德岛民就是一个实例。❶ 以后我们还有机会详述这地方的人的观念，这里可以不必细讲；可是我想借此指出：负起抚育责任来的父亲（特罗布里恩德岛民还是有父亲的），并不一定是因为觉得儿女和自己有生物上的联系。生物联系、感情联系和社会联系本是三，不是一；它们可以相合也可以相离。

---

❶ B. 马林诺夫斯基：《原始人的性生活》，第 153—158 页。

父子间并没有生物联系的例子,我想,没有地方可以说绝对没有的;反之,有些地方这种例子可以特别多。以托达人(Todas)讲,一个男子和一个女子结了婚,这男子的弟弟们和朋友们,即可和她发生性的关系,享受丈夫的权利,可是她所生的孩子却只属于那个举行过弓箭仪式的"丈夫"。❶这样说来,父子关系和生物联系相差的机会可以极多的了。在这种地方父子间既无生物联系,父爱本能又从何说起?若是说,父爱本能是指一个男子对于被认为是他儿女的人,不论生物上有没有联系,总之是会发生出本性的感情,那似乎还说得过去;可是这样说来,父爱是在决定了父子关系之后发生的,并不能用以解释为什么他一定要去认个孩子来表现他的父爱本能,换句话说,这并不能解释抚育的关系。

既然直接用父爱本能来解释抚育的双系不易被人接受,要从心理基础来解释社会制度的人就得在理论上绕一个圈子。他们以为亲子关系是从两性的爱悦里演化出来的。一个男子在感情上和社会上和儿女发生密切联系是因为他爱悦他的女性伴侣,愿意分任抚育她所生子女的责任。这种说法固然可以避免我在上面所提出的责难,可是把人们长期的两性结合归源到富于流动的感情上已经有些困难,何况还要把社会上重要的抚育作用以爱屋及乌的眷恋来维持,真不免把儿女私情看得太认真了。离婚法稍稍宽了一些,夫妇间感情联

---

❶ W. H. R. 里弗斯:《托达人》;见雷蒙德·弗思:《人文类型》,费孝通译,重庆:商务印书馆,1944年,第83页。

系的本相，表露得就不太好看。而且，我们知道有些地方，好像我所调查过的坳瑶，男女各在夫妇外另找感情寄托的情人，有似法国早年的沙龙制度，并不受社会的非议，也不破坏夫妇关系，而他们对于儿女的抚育还是十分负责。当然，我绝不是说，夫妇间可以不必用感情来维持他们的共同生活；快乐的家庭和健全的人生自不能把眼中钉作为最亲密的人。可是，我以后还要提到，没有感情联系，相敬如宾，一天话也说不上三句的男女，同样是能维持他们共同抚育儿女的责任。我们若要把儿女的抚育归到夫妇间的感情上，这个基础是并不稳固的。

在讨论社会制度时，我常认为我们应当把人类的感情看成社会所培养出来的结果，不能看成社会制度的基础。我们可以用社会生活的需要去解释人们感情所寄托的对象和发泄的方式；而不能以感情来解释社会制度的方式。这一点也许就是 A.孔德在排列科学级层时，心理学一门应否放在社会学之上还是之下的老问题。其实，在我看来，在社会现象的底子里有着生理性的心理现象。我可以承认爱、恨、喜、怒，是多种生理性的心理现象，从生物基础上发展出来的。但是爱谁、爱什么、怎样爱法，这些具体表示人类感情的对象和方式却是受着文化的规定，和其他行为一样的，所以应当列在社会学之上的。

我们与其说：因为两性的爱好，所以愿意共同抚育儿女，倒不如说：因为要共同抚育儿女，两性间需要有能持久的感情关联。

两性分工与合作

双系抚育虽不能直接用两性生殖来解释,可是双系的发生还是根据于男女之别的事实。以上我所驳斥的说法把男女之别只看成了生物性的差别,而忽略了社会性的分别。我们在母亲之外不能不去认一个父亲是因为我们生活所依赖的社会结构是以性别来作为分工基础的。在以性别分工来结构成的社会里,生活单位必须由男女合作组成。只有这种单位才能负起全部抚育的责任,因之抚育成为双系。让我把这一段话再从长申述一下。

社会的形成是靠分工,若每个人都做相同的事,各个人对付各个人的生活,就不会有社会了。分工发生差别,可是也得根据已有的差别。若是人人都是一模一样的,工作就不容易分。为什么甲做这件事,而乙却不做这件事,而去做那件事呢?分配工作必须有个能说服被分者的理由。这理由多少要根据甲和乙原本有些不同。分工所根据的差别有时是和所分的工作有关的,有时可以没有多大关系的。我们若注意各社会分工的体系,不免会有一种印象:人们好像是任何差别都能利用来作分工基础的:年龄、性别、皮肤的颜色、鼻子的高度,甚至各种病态,都可利用。性别可说是用得最普遍的差别了。到现在为止,人类还没有造出过一个社会结构不是把男女的性别作为社会分工的基础的。

两性差别是生物事实,男女细胞结构的不同的确引起了不少显著的生理和心理上的差别。可是我们要注意的是两性分工只是社会利用两性差别所安排出来的分工体系，并不完全是男女生理和心理上的差别而引起他们所能做的工作的不同。洛伊（Lowie）曾说："分工的方式大部分是传统习惯规定下来的，这就是说，并不相关于两性的生理特质；我们若对照不同的，甚至相邻的部落中不同的规律，就可以证明这种说法了。在南巴都（Southern Batu）极力排除女子于畜牧的事务，而霍登托(Hottentot)的女子却每天在那里挤牛乳。"❶

男女分工虽则并不一定根据他们生理上的特质，有时却可以分得很严，甚至于互不相犯。我们乡下就有一种谚语说："男做女工，一世无功。"分工的用处并不只视为经济上的利益，而时常用以表示社会的尊卑，甚至还带一些宗教的意味。就是那些不必要特别训练的工作。好像扫地、生火、洗衣、煮菜，若是社会上认为是男子不该动手的。没有人替他们做时，他们甚至会认为挨饿倒可以，要他们操作却不成。

像这样的分工体系确立之后，健全的生活非由一男一女合作不成。读者也许会误会我的意思，以为我是在想从男女分工的结构来说明男女结合的需要，然后以抚育子女为男女结合的产物。男女结合是前提，结合之后就不免生孩子，生了孩子不免得加以抚育，将错就错地形成了家庭。我并不想接受这种说法。在我看来，男女分工的体系固然规定了男

---

❶ R. H. 洛伊：《初民社会》，吕叔湘译，上海：商务印书馆，1935年，第88—89页。

女结合了才能维护日常生活,但是这并不规定什么关系的男女相合作,更不保证男女长久的结合,我是想反过来说,在男女分工体系中,一个完整的抚育团体必须包括两性的合作。两性分工和抚育作用加起来才发生长期性的男女结合,配成夫妇,组成家庭。

抚育作用所以能使男女长期结合成夫妇是出于人类抚育作用的两个特性:一是孩子需要全盘的生活教育;二是这教育过程相当的长。孩子所依赖于父母的,并不是生活的一部分,而是全部。若人和猫狗相同,子体只在哺乳期需要母体的乳汁,平时可以依靠主人得到每天的食粮,它们非但不必去认个父亲,连母亲也很快就可以不认了。在人类社会里一个健全的分子所需的资格很多。一个孩子要获得这些资格非得有长期的学习不成。在一个比较简单的社会里,生活上所需的知识、技术、做人的态度,在家庭里都可以学得到。反过来说,至少得有一个家庭才能得到这些资格。少于一个家庭的,不但日常生活不易维持,而且男孩子不能在母亲那里获得他所需的全部生活方式,女孩子单跟父亲同样得不到完全的教育。全盘的生活教育只能得之于包含全盘生活的社会单位。这单位在简单的社会里是一男一女的合作团体,因之,抚育作用不能由一女一男单独负担,有了个母亲还得有个父亲。

两性分工是形成双系抚育的一个重要的条件。这条件若发生了变化,双系抚育的结构也会随着发生变化。在现代都市中已经开始有这个趋势,不但在工作上男女的界限逐渐含糊，就连许多人为的区别也都可以通融了。最近某机关拒绝女职员曾受舆论的指斥，大学里男女学生已在受完全相同的教育；街头我们可以看见扑朔迷离女扮男装的人，男女的区别开始在减少了。若是有一天男女分工的原则彻底废除了（当然，现在离这日子还遥遥得很），连孩子都不必在母胎里长大，假定这是可能的，我们也就没有多大理由来说抚育作用一定是要双系的了。

还有一种趋势在使抚育失去其双系性的，那就是我们社会生活的日渐复杂，在现代社会中，一个孩子的教育已经不能单靠父母来担负、单在家庭里去完成了。本来我已说过抚育作用决不会限于父母的，但是在简单的社会中，家庭在文化上，在生活上，是一个完整的单位，它可以教养出一个完全的社会分子来。可是社会生活复杂之后，分工更细，知识更精确，技术更专门，有一部分抚育作用不能不从家庭里移出来，交给特设的教育机关了。这种教育机关起初不过是补充性质，可是日渐发达，时常会有取父母的责任而代之的趋势。航空幼童学校就是一例，而且保育院等等的发达也很可能使社会的基本结构发生变化。

把抚育的任务交给一男一女的基本单位去担负可以说是采取了小群负责的原则。我已经说过，社会的新陈代谢作用是为了社会的完整，使全社会的各分子的生活能健全进行，所以是一种社会工作。这工作交给一定的小群去经营，所以发生了父母的双系抚育形式。在过去和现有的情形下，这种小群负责的原则也许更能胜任这工作，至少以家庭和保育院来比较的话，大体上家庭里所生长出来的孩子比较健全些。这说明了为了效力，社会共同来经营集体抚育的方式，为了些我们还不太明白的理由，好像还需要改善。在抚育作用采取集体负责的原则，在现代社会里，已经开始实行，但是一般说来还只限于抚育作用的较小及后期的部分。

我虽则承认抚育的双系性，由父母来担任的原则，并没有生物的根据只是为了效力和方便，在某种社会环境中方才发生，可是从事实上看，这个形式的变化还是一种可能性罢了。无论哪个地方，至今还是没有不以男女的性别作为分工的基础，而且父母也总是担负着最基本的抚育作用。在这些社会中，抚育作用必须是双系的，但是这双系性既然没有生物本性作保障，于是，我们在任何现有的社区中，都能看见确立双系抚育的文化手段，这就是我们普通所谓婚姻。婚姻是人为的仪式，用以结合男女为夫妇，在社会公认之下，约定以永久共处的方式来共同担负抚育子女的责任。

第三章

婚姻的确立

社会分工利用了两性区别作基础后,一个能担负抚育作用的最小的单位是一男一女所组成的生活团体。为了社会新陈代谢作用的重要,社会上必须预备下这负责抚育的基本团体来完成这任务。每一个社会所容许出生的孩子必须能得到有人抚育他的保证。所以在孩子出生之前,抚育团体必须先已组成。男女相约共同担负抚育他们所生孩子的责任就是婚姻。

生物性的父母和社会性的父母

婚姻是社会为孩子们确定父母的手段。从婚姻里结成的夫妇关系是从亲子关系上发生的。这种说法也许和我们通常的看法不同,因为在我们的文化里,时常会使人觉得夫妇关系是两性关系,婚姻是确定两性关系和个人开始性生活的仪式。可是在很多民族中两性关系并不以婚姻始也并不限于夫妇之间,而同时特别值得我们注意的是夫妇之外的性生活无论如何自由,并不会引起婚姻关系的混乱。这使我们觉得婚姻关系和两性关系并没有绝对的联系,因之,我们似乎不应把限制两性关系视作婚姻的基本意义。婚姻之外的两性关系之所以受限制还是因为要维持和保证对儿女的长期的抚育作用,有必要防止发生破坏婚姻关系稳定性的因素。

婚前和婚外的两性关系,即在我们这种把贞操观念看得特别严重的社会里,还是不能绝迹的。大观园里只有那对石狮子是干净的。有人把犯奸淫的妇人带到耶稣面前,耶稣说让自己觉得没有犯过罪的人用石子去掷她,结果一块石子都没有掷出来。尤其是在现在欧美的都市里,这种贞节观念更不能支配人了。我知道有些想减轻所得税的负担的男女,虽则已经同居,但是有意地要避免结婚的手续。有许多民族把婚前性生活视作正当的。这可并不影响婚姻关系,因为即使在承认婚前性生活是正当的人民中,也并没有允许在婚前合法地生孩子。我们可以说人类社会中有一个比较普遍的原则,就是有丈夫的女子才有生孩子的权利。无论在什么地方,两性关系尽管可以在一定限制下享受相当的自由,可是关于生孩子这一件事,却很少含糊,一般都有很严谨的规律,而且这种规律总是以婚姻为基础的。这也说明了婚姻与生育的关系重于与两性的关系。

为了要孩子,不能不结婚,这是马林诺夫斯基所描写特罗布里恩德岛上女人宁愿牺牲性生活的自由和接受管家婆的烦恼的理由。❶ 为了要有个丈夫，不能不生个孩子，那是提科皮亚女子拒绝避妊的原因。情人怀了孕，无法逃避婚约的羁绊，是他们男子不得已的苦衷。❷ 婚姻和抚育责任的关系在这里表现得比较清楚。我并不是说，没有丈夫的女人不能生孩子，或不生孩子；事实上，没有地方没有生在婚姻关系之外的孩子，可是这些孩子若不是在生后被已婚的人领养去，时常就被溺死。没有父亲的孩子即使不致连生存的权利都得不到，但常常不能充分享受一个完全的社会分子所有的权利。他不是被挤在活人世界之外，也总是部分地被挤于社会之外。人间的悲剧是人造的。

孩子虽则一定要生在婚姻之内，但是这不是说孩子一定是由婚姻配偶所生出来的。婚后两性关系的限制固然较严，但是不仅事实上通奸案子常常发生，而且有地方在规定的情形下，婚外可以有正当的性生活。初夜权、宗教性的神女、成年礼时的性交、借妻、以妻待客、交换妻子，以及情人制等，常是最受人喜谈的风俗，任何人类学的书本上都很容易看得到，在这里我们可以不必多费证例。婚外性生活既无法禁绝，已婚女子所生的孩子，也就可以不一定在生物上是她丈夫的骨肉了。所以我们应当把生物性的亲子关系和社会性的亲子关系，在概念上，加以区别。婚姻的目的是在确定社会性的父亲，对于生物性的父亲的确定，倒还属于次

---

❶ B. 马林诺夫斯基：《原始人的性生活》，第 66—71 页。
❷ 雷·弗思：《我们提科皮亚人》，第 490 页。

要，事实上父与子的生物关系的要求确定本身是一种社会的规定。

即以我们自己的社会来说，虽则表面上我们常特别重视血统，亲子的生物关系，以生物性的父母作为社会性父母的条件，可是在我国传统的法律上、非婚生子女和他们的生父还是须经过法律手续才能成立父子关系。反过来，自己妻子和外遇所生的子女和自己虽没有生物关系，亦须经过法律手续才能否认父子关系。换一句话说，我们的旧法虽则承认生物关系可以确立父子关系的原则，可是没有经过法律手续认领或否认的，婚姻关系已足够确立父子关系了。

母子的关系里，生物性和社会性似乎是不易发生差异了。在我们的旧法上还有一种规定就是：非婚生子女与其母之关系始为婚生子母，毋须认领。这是说母子的生物关系是明显的，所以不必经过法律手续就可以确定其社会性的母子关系了。事实上，连这明显的母子生物关系，也有时会有意被抹煞，不承认是社会性母子关系的基础。读过《石头记》的人自然记得探春为了赵姨娘那种使人讨厌的劲儿，在她当家时，明白地向她说，要她不要弄错了，自己是王夫人的儿女。意思是赵姨娘不过是替王夫人怀次胎，并不是赵姨娘用自己名义生的。王夫人尽管心里疼她自己所生的元春和宝玉，可是她对于探春和贾环等在名分上依旧是母亲。在社会关系上，她得公平地对待所有的儿女，不论是自己生的还是别人替她生的。熟悉中国大家庭的人自能用亲自见过的事实来证实这类以婚姻关系来抹煞生物关系的情形。

生物性的父亲和社会性的父亲不相符的事实在所谓初民社会中是常见的。上文中所提到的托达人和特罗布里恩德岛民都是显明的例子。在托达人，父子关系是根据弓箭仪式来决定的。特罗布里恩德岛民非但不承认男子在生殖作用中的地位，而且极力否认父子间有任何生物关系。在他们看来，性交只是一种取乐，女子受孕并不是因为和男子发生了性交，而是因为祖先的鬼送来了一个孩子的精灵。男子不过是为孩子"开一个门"，即使这一点也并不是必需的。❶ 这种我们看来似乎觉得很奇怪的见解，却曾经马林诺夫斯基详细考查过，后来又经福琼所复查而证实的。❷ 若是两性关系和婚姻关系不能分的理论是正确的，我们可以推想特罗布里恩德岛民中将没有父亲的地位了。事实上并不如此。他们一方面极力否认生物性父亲这回事，同时却把社会性父亲看得很重。一个孩子的母亲的丈夫常是这孩子最亲信的人；他抚育、保护、管教，并将各种可以给的东西给这孩子。而且若是一个女子没有丈夫而生了孩子，社会都会非议，因为据他们说，那个孩子将没有个男子来抚抱了。❸

这些事实至少可以使我们承认两性关系和婚姻关系是两个不相混的概念。决定亲子的社会关系的是婚姻关系，不是生物关系。经过这一番讨论，我们更可以明了人类中的双系抚育并不是直接从两性生殖上演化出来的结果了。

---

❶ B. 马林诺夫斯基：《原始人的性生活》，1929 年，第 153—158 页。
❷ R. H. 福琼：《德布人巫术》，第 238—241 页。
❸ B. 马林诺夫斯基：《原始人的性生活》，1929 年，第 153—158 页。

结婚不是件私事

婚姻的意义，依我以上的说法，是在确立双系抚育。抚育既须双系，而双系抚育却并没有自然的保障，因之人们得自己想法，用社会的力量保证生出来的孩子不但有母而且有父，于是有婚姻。我说婚姻是用社会力量造成的，因为依我所知世界上从来没有一个地方把婚姻视作当事人间个人的私事，别的人不加过问的。婚姻对象的选择非但受着社会的干涉，而且从缔结婚约起一直到婚后夫妇关系的维持，多多少少，在当事人之外，总有别人来干预。这样就把男女个人间的婚姻关系弄成了一桩有关公众的事件了。这并不是一般人的无理取闹，或是好事者的瞎忙，而是结合男女成夫妇所必需的手续，因为，让我再说一遍，单靠性的冲动和儿女的私情是并不足以建立起长久合作抚育子女的关系来的。

若婚姻的意义不过是男女的结合，或是两性关系的确立，则婚姻不但是一件人们的私事，而且不必有很多人为这事忙碌干预了。可是在任何地方一个男子或女子要得到一个配偶，没有不经过一番社会规定的手续。有很多地方，配偶的选择并非出于当事人的自由意志，而是由他们的家长所代理。我们自己社会中的旧法就是这样。这虽则已经受尽了攻击，被认为是吃人的礼教。这固然是不错的，可是我们也得承认，配偶的选择从没有一个地方是完全自由的。所谓自由也者，也不过是在某个范围中的自由罢了。关于这点我将留着另外讨论。

有些人认为有地方，或是古代曾有人，实行着一种所谓掠夺婚姻。依他们的说法，婚姻之前不必需要合法的手续，一个男子喜欢了一个女子，可以乘着黑夜或其他机会把她抢过来。柯林斯所述关于澳洲新南威尔士土人的风俗就是这样。❶但是经过其他人详细考查，所谓掠夺婚姻也受着社会严格的规定，不能随意去抢人家的女子，有如我们小说上的恶霸一般。他们在事前常是已得到女家及酋长的许可，那种动武厮打其实和其他婚姻仪式，在性质上，并没有什么不同，也是一种"合法的手续"。我们乡下也有所谓抢亲的风俗，大多是因为男女家想避免正常仪式的耗费而用的代替方式。被抢的新娘，浓妆艳服在家等候。也有用来娶再嫁的妇女，表示她并非自愿，出于强迫的意思。这可是只表示一点意思而已，没有人认真的。我当然并不否认在两个敌对的族团间有互相强抢女人的事，被抢的女人可以在俘虏的身份中成为公娼或奴隶，可是这并不是婚姻关系。

我们自然得承认男女的爱好可以使他们愿意永久合作，这种愿意得不到社会的准许时，他们可以私奔。可是我们不能同意有些学者认为有些地方私奔是得到配偶的正常方式。果真如此，我们就不应当说婚姻必须经过很多人参加及须经过相当时间的手续了。据我们所知道的，凡是破坏社会规范的私奔者总是要受社会的谴责，甚至须受很重的刑罚。即使承认私奔者的婚姻关系可以成立，像莫尼卡·亨特所记

---

❶ B. 马林诺夫斯基：《英国百科全书》，"婚姻"项。

述南非庞多兰的土人，他们仍要在事后履行必要的婚姻手续。❶非但私奔会触犯社会的"刑法"，而且向这种行动负责的常不限于私奔者个人。这样说来，私奔就不能算是婚姻的正常方式了。

在达到婚姻的一番手续中常包括着缔约的双方，当事人和他们的亲属，相互的权利和义务。在没有完全履行他们的义务之前，婚姻关系是不能成立的。在结婚前，男女双方及其亲属所履行的各种责任，在我们看来，其重要性是在把个人的婚姻关系，扩大成由很多人负责的事，同时使婚姻关系从个人间的感情的爱好扩大为各种复杂的社会联系。在这些必须履行的义务中，最受人注意的是经济性质的相互服务或相互送礼，而且这些义务时常推及当事者以外的人。这种事实常被解释作婚姻的买卖性质。男家给女家的聘礼，也有人类学者直呼之为"新娘的价钱"。在人类学文献中，常被人当作买卖婚姻例子的是南部非洲土人中常见的"劳保拉"（lobola）风俗。

在这些土人里面，一个男子想得到一个妻子，在约定婚姻关系的时候，他的父亲要送女家一群牛，这群牛就称作"劳保拉"。可是这并不是以牛易女的买卖，因为女家并没有把女子送到市场上标价出卖，而且得到的这群牛也不能随意加以处置。女家的家长要把它们分给他的亲属，分法也有一定的规则。余下来的，他又要用来充作他自己儿子订婚时送

---

❶ 莫尼卡·亨特：《对征服的反应》，第187—188页。

到女家去的劳保拉。男家在送劳保拉给女家时，他并不是全用自己的牛，他的亲属也有责任把劳保拉送来加入。若是结了婚，女的要离婚的话，女家要把以前所收到的牛一条不错地退回去，不但是数量上要相等，而且一定要那些以前送来的牛。男家若有不是，妻子可以回娘家，男家要损失一笔劳保拉。❶这样说来，劳保拉与其说是新娘的价钱，不如说是维持婚姻关系的一笔押款。把婚姻这件事拖累很多人，成为一件社会上很多人关心的公事，其用意无非是在维持结婚的两个人营造长期的夫妇关系；长期的夫妇关系是抚育子女所必需的条件。为了双系抚育，人造下了这样多的花样。

婚姻在人类生活上既是这样重要，而同时又不常和个人的生理和心理倾向相符合，于是社会就得立下法律来防止轶出规范的行为。单靠法律的制裁犹嫌不足，于是把其他经济关系等渗入婚姻关系中，并扩大向婚姻关系负责的团体，这样使夫妇间的联系加强，即使夫妇间一时感情失和，每会因牵涉太多，不致离异。可是这还不能使这种人造的办法根深蒂固，不易撼动，于是进一步，婚姻关系获得了宗教的意义而神圣化了。与婚姻有关的法律、社会，以及宗教的制裁，从它们的功能上来说都是相同的，都是在维持人类社会生活中必须的抚育作用。

婚姻的宗教色彩常是最引人注意的一方面。翻开一部记载着各地风俗的书本，五花八门，光怪陆离，花样最多

---

❶ 莫尼卡·亨特：《对征服的反应》，第190—193页，第212—213页。

的，也许就是各地结婚的仪式。以我自己的乡下来说，整个仪式都充满着宗教的意味，好像"三灯火煌"、"红丝牵经"、"转米囤"、"牵蚕花磨"，以及祭祖，拜天地，若要详细叙述起来可以有很长的一篇。至于去搜罗各民族结婚的材料，有趣的自然更多了。若总合起来说，这种种仪式象征着各种不同的意念，有些是直接有关于两性关系的，有些是有关于夫妇间经济合作的，有些是富于感情色彩及道德观念的。在这些仪式中都充分表现着宗教的色彩。在西洋，婚姻仪式须在教堂里由牧师来主持，把婚姻视作一种向上帝负责的契约。在我们自己，一方有月下老人的暗中牵线，一方有祖宗的监视，一方还有天地鬼神来作证，这样把确立个人关系的婚姻弄成了一件热热闹闹的社会举动，更把这和生物基础十分接近的俗事，转变成了好像和天国相通的神迹。为了这双系抚育，我们不能不敬服人类在文化上所费的一番苦心了。

第四章

内婚和外婚

社会分子的新陈代谢是维持社会结构完整和绵续的机构，抚育孩子不是一件个人可以随意取舍的私事，而是有关社会生存和安全的工作；因之，社会在这里竟会干预到个人生活最私的角落里，造下了许多悲欢离合的故事。我在上章中已经说明，为了要保障孩子们能得到必须的抚育，社会用婚姻来把男女结成夫妇，要他们共同负责担任这些工作中主要的事务。社会虽则用了各种手段来使男女就范，可是不论法律的或宗教的制裁，至多不过能维持夫妇关系的形式，并不能保证夫妇之间一定能融洽合作。清官难断家务事，上帝也不能强迫人相敬相爱。夫妇们能否胜任愉快地履行社会所指派给他们的事务，还得看夫妇关系的内容。

夫妇之间

托尔斯泰在他的名著《安娜·卡列尼娜》的开卷就说："人间快乐的家庭是一模一样，而不快乐的家庭却各有它特殊不快乐的地方。"我固然不知道在这世界上快乐的家庭多，还是不快乐的家庭多；可是若要有人说，人间从没有过一个永远快乐的家庭，我是很预备相信这句话的。"不吵架不成夫妇"，不但是句俗话，也含有相当的真理。若是我们细心观察这一套一套似乎各有它特殊性的悲剧喜剧演不完的夫妇之间，我们也许可以发现在根本上人类的生育制度中有着个女娲氏忽略了没有填实的缺陷。生育制度结构中既已有此缺陷，人们就很容易实现"不是冤家不碰头"的谚语了。

以前我曾说过，人间所以有夫妇的结合，无非是为了要使孩子们能得到适当的抚育。担任抚育最基本的团体，不但要能供给孩子们生活上的需要，而且还要能传给他们自己独立在社会上谋生时所必需的一套基本技术、知识、态度和道德，以及开始独立生活时的社会地位和物质凭借。因之，这个基本结构必须是一个在文化上具备一切，在社会上能独立活动的团体，若以夫妇来作这个团体的中心，这男女两人不能不长期地过着全面和亲密的共同合作生活。抚育作用的需要规定了夫妇关系的理想内容。这个理想的内容也许正等于托尔斯泰所说的快乐家庭，可是事实上却很少夫妇真能永远实现着这理想，这是为什么呢？

人本来有如叔本华所说的刺猬：离远了觉得冷；逼近了大家又有刺。两个人要能亲密合作有很多不易克服的困难。个人是一个自足的感觉单位，相似于莱布尼茨所说的单子（Monad），"没有窗户可以使别的东西跑进来或跑出去"❶。各个单位的痛痒是锁在窗户里无法相传的。我的痛不能直接跑进你的身体，使你也感觉到痛。可是你我要能合作，却又不能不痛痒相关，甘苦与共；于是我们只能造下一个能相互猜测和捉摸别人痛痒的象征体系。靠这象征体系，我们才能据此以推己及人。可是这些象征的意义却又只能从我们各个人的经验中体会得来，因之，自己所没有的也就无法推己及人；自己有而别人没有的，也无法使人明了，发生同感。社会生活的可能还是靠了各分子间相同的经验。一个色盲的人就永远不能了解别人所谓红和绿究竟是哪一种颜色，凡是用红和绿来配合人们行为的象征，也就不能在这类人身上发生效用。生活历史不同的人也不易对于一个象征有相同的反应。一个曾在炸弹下逃过命的人和一个从来就没有见过敌机的人，对于警报所有的认识在程度上可以有很大的差别。不但甲无法使乙同感他恐惧惊惶之感，而且警报所引起的行为反应在甲乙两人也不易相同。甲认为非走出二十里躲在山洞里不能安心，而乙却可以据床高卧，满不在乎。这两人就不能合作一同逃警报。

李济之先生曾因为西安老百姓有洋苍蝇的观念，而怀疑到在甲乙两种文化里生长大的人，能否十足地和充分地互相了解另一文化里的语言。❷李先生觉得这是民族学方法上的基本困难。可是彻底说来，这不但是民族学家到另一文化

---

❶ 莱布尼茨：《形而上学序论》，陈德荣译，商务印书馆。第350页。
❷ 《民族学发展之前途其比较法应用之限制》，《社会科学学报》，云南大学，1941年，第57—58页。

里去研究时无法克服的困难,就是同在一个文化里生长大的人们之间也不免有这种困难存在。每个人至少有一些特殊的经验,严格说,因为同一时间,两个人不能站在同一地位,每个人所看到的、听到的、接触到的决不是完全一样,所以没有两个人是有完全相同的经验,就个人的经验而言,每一个人都有他的一套。因之,我们也可以说,没有一个人真正地能充分地尝到另外一个人的甘苦,感到另外一个人的休戚,想到另外一个人的思想,完全懂得另外一个人的语言。若是在我们感情深处,独到的领悟,能得到另外一个人的同情和欣赏,这个人是否完全懂得我们的意思且不说,已经是十分难得,我们要称他作知己;有了个知己,死也可以无憾。姜伯牙失去了钟子期不再奢望人间还有第二个知己;知己之难,可以想见。

在我看来,民族学研究的对象倒不必全是知己,因为社会本身并不是全靠一群心心相印的人所组织成的。普通社会生活所需要的共同认识肤浅得很。一盏红绿灯已够汽车往来不致撞碰。一颗倍立厦黄球,已可使徒步过街的人得到安全。衣食住行的俗务上,人类生活中的最大部分,所用共同象征大都不很复杂深奥的,它可以根据普通一般人所共具的类似经验。凡是共具的类似经验也就谈不到深奥了。我们自己就时常有无法用普通共用的语言或文字来表达的经验和悟识。言外之意要心照不宣,朋友相对可以无言胜似有言。至高的玄理,只能拈花相传。会心的微笑固然是人生的真趣,可是在日常生活中却是多余的。

我们不一定要说语言的演化轨迹是由繁而简,可是,在我们现代的都市中,共同象征的含义的确是愈来愈浅显了。这是必然的,因为都市里生活上相关的人,来源太复杂,身世太离奇,他们可以有不同的语言、不同的服式、不同的信仰、不同的礼貌和不同的癖尚。他们没有法子可以相互完全了解,只求能相安共处就得,于是造成了美国社会学家帕克教授所谓Symbiosis(共生)的共生现象。这些只求行为上能配合,不求感情上能体贴的人们不但相互了解的程度肤浅,而且生活的接触时常也是片面的。每个人只在很狭小的一部分上去认识另一个人。在钓鱼会里只要大家对于钓鱼有关的一套兴趣和观念相同已足,至于哪个是保皇党,哪个是共产党,大家正可以不问,愈不问愈能相处得好。在政治团体里党员们是否能分得出鲤鱼和鲫鱼是毫无关系的。娱乐场、公事房、图书馆、赛马会、讨论团里,各人可以分别找他片面合作的对手。可是即使在现代都市中,生活的片面化、多元化也并没有彻底,因为在那里还有个家庭存在。在家庭里人们还得全面地合作,整体地生活。这个全面合作生活的最后堡垒所以能维持至今,若是有理由的话,也许就是我刚才所提到的抚育作用有此需要。至少,在抚育作用没有完全割碎的时候,家庭还是不能成为一种片面合作的团体。夫妇还是不能和钓鱼会里会员一般。

全面合作的团体中决不能是一个大都会的索隐。合作的分子不是共生而是一致(Consensus)。也就是说他们在目的、兴趣、习惯、嗜好上要有高度的契洽,契洽包括观念上的相同，感情上的相合，能相互推己及人。夫妇关系是人和人关系中最需要契洽的一种，因为他们在生活上所接触的方面太多了，他们在生活上互相依赖的程度太深了。哈夫洛克·霭理士曾说："在一个真正'理想的'婚姻里，我们所能发现的，不只是一个性爱的和谐，更是一个多方面的而且与年俱进的感情调协，一个趣味与兴会的结合。一个共同生活的协力发展，一个生育子女的可能的合作场合，并且往往也是一个经济的单位集团。"❶

高度契洽不易凭空得来；只有在相近的教育和人生经验中获得。我们已经一再说明，观念上的相同必须有相同的经验基础，感情上的相合必须有长期在一起的生活。这样说来，夫妇既须有高度契洽，他们最好是由从同一抚育团体里生长大的人结合而成了；可是这和习惯刚刚相反，任何地方，除了少数例外，没有不禁止这种近亲间的婚姻的。这又是为了什么呢？

乱伦的禁律

虽则性的关系不一定在婚姻之内，但是婚姻关系却没有不包含性的关系（除非冥婚也算作一种婚姻）。若是男女间有不会或不能发生性的关系的，他们也必然不能发生正常

---

❶ 霭理士：《性心理学》，潘光旦译注，重庆：三联书店，1946年，第280页。

婚姻关系，而且即使发生了婚姻关系，这也常成为解除这关系的充分理由。因之，苟其我们能说近亲间不会或不能发生性的关系；则上节里所提出的问题不是很容易回答了么？这种简捷的解释自然会有人采取的。以《人类婚姻史》作者、著名的韦斯特马克就是其中之一。他说："普通说来，在幼年很密切一同生活的人中间，很明显地缺乏相互间性感上的引诱，不，还不只如此，他们不但引不起对方的性感，而且，只要想起这种事，都会发生积极的厌恶之感。这是我认为是禁止内婚的基本原因。从小一起长大的人，通常就是近亲，因之，对于这辈人中间发生性关系的厌恶之感，表现于禁止近亲性交的习俗和法律。"❶

韦斯特马克若只说人类中近亲之间不易相互引起性的兴趣，这是事实的叙述，大致上，我是可以接受的；可是这事实可能是引起禁止近亲婚姻和性交的原因，也可以是这些禁律的结果。韦斯特马克说这些禁律是我们厌恶之感的表现，那似乎是主张前一种说法了。霍布豪斯曾更爽直地说，这种厌恶之感是出于我们人类的本能。❷可是我们并没有生物学上的证据，可以相信性感在本能上有这种特殊的选择。相反的，社会上既有这种禁律，已经足以告诉我们，人类中确有发生这种事实的可能，而且违犯这种禁律的案件也时有发生，也可以说明这可能性确有实现的时候。据说中欧农民中，女

---

❶ 韦斯特马克：《人类婚姻史》，第80页。
❷ L. T. 霍布豪斯：《进化中的道德》，第145页。

孩子从她们父亲那里获得性经验是很平常的事。而且，亲子间和同胞间的性爱，据弗洛伊德等心理分析家说来是极普通的。乱伦禁律的作用就在要转变这种性爱到近亲以外去；事实上转不出去的却又不少。非但人间有乱伦的事，而且乱伦的愿望，虽则被遏制，还是时常出现于梦境、神话和精神病态之中。我们即使不想去附和弗洛伊德的理论，可是说近亲间性感的厌恶是出于本能，也同样是不能使我们接受的。

在亲密的合作团体中，不一定包括有血统关系的人（夫妇又得除外），性感的淡漠若是事实，与其说是出于本能，不如说是出于社会的陶冶，是乱伦禁律所养成的心理；不是自然的，是人为的。可是这样一说，我们得问：为什么人间会有这种禁律呢？既人为，必然得有个理由。

弗雷泽曾用生物上杂交的利益来解释乱伦禁律的起源。[1]在生物界中，纯种遗传所能得到变异的机会少，因之，适应环境的能力较弱；杂交不但可以使从变异中得来的优良特质易于推广和保留，而且，杂交的直接后代常表现出一种较强的活力。这些是生物学家所承认的，甚至有人把两性生殖的起源也归到这种利益上去。[2]可是弗雷泽用这个生物事实来解释族外婚的起源则较有困难，因为我们不易想象人类怎样会很早就发现现代科学所获得的原则（何况对于这原则的争论还没有结束），甚至把它作为社会结构的基本原则。

---

[1] J. G. 弗雷泽：《图腾制度与异族结婚》。
[2] 沃克：《性心理学》，第19页。

我们若细察所有乱伦的规则，没有以生物关系做范畴的。生物上毫无相关的同姓者可以禁止婚姻，可是生物关系极密切的表亲间倒可以鼓励结婚。乱伦规律既不以生物关系作范畴，我们以生物上的利害来解释这种规律的价值，也就不免拉扯得太远了。弗雷泽的理论不能令人满意的原因在此。可是他的理由所指示的方向却是值得我们取法的。若是他不太从生物利害上去着眼，而从社会生活上去考虑，他也可以看到外婚在维持社会结构的完整上的贡献，这贡献比在生物上的贡献明白而重要得多。

性和社会

性和社会常处于相冲突的地位。我们稍一注意就可以见到社会对于性的歧视和防范了。我们虽则承认食色是人之大欲，可是我们对于这两种基本需要的态度却大有差别。只要看基督教徒理想的天堂，并不是美女如云的跳舞厅（天使是无性的）；而只是河里淌着牛乳，树上结满葡萄的果子园。说来更值得我们深思的，就是当我们站在私人立场，说良心话时，谁也没有勇气拿起石头来惩罚人。贾母所谓："哪个耗子不偷油？"私人方面对于社会上桃色事件，即使不羡慕（这自是黄色报纸销路广的原因），也很愿意原谅人家的；可是一旦站在社会立场打官话时，却全变了一副面孔；任何有关于性的事，总是被认为低微、卑鄙、猥亵，有碍风化，不应说、不应看、不应在人前露面。一个后房佳丽成群的长官可以出告示限制妇女衣袖和裙子的长度。社会出面对付性时，即使在极重视肉体的文化里，也总是限制和禁止。官私之别相差之距是什么意思呢？

社会对于性的歧视是有原因的。这原因就在性威胁着社会结构的完整。性可以扰乱社会结构，破坏社会身份，解散社会团体。社会对此实感两难：个人的性欲不能不加以满足，而且社会结构的绵续，还得靠从两性关系里所得来的生育。为社会着想，最好是一个没有性的世界。这一点基督教的神话可作代表。没有性的行为也可以生殖。圣母是童贞女，耶稣是无性生殖的产物。可是这毕竟是个神话，至少也不是每个人都能如耶稣一般地和性无缘。所以保罗说了："男子最好不要接触女子，但是，为了避免奸淫，让每个男子有他的妻子；让每个女子有她的丈夫。不能独身的让他们结婚，因为结婚比起焚烧好一些。"这是退而求其次的不得已的办法。人既不能绝欲，人类又不能无性生殖，所以只能迁就一些，把性限制在夫妇关系里。从保罗看来，婚姻的功能是消极性的，是在避免奸淫。这也是西洋一般的学者免不了把结婚看作"性的限制"的传统：例如哈夫洛克·霭理士在《性心理学》里论婚姻的开宗明义的第一句："婚姻是性的关系的一种。"❶ 婚姻是社会为性筑下的防疫圈。性在这种眼光下实在是件讨厌的东西。我们也记得：生育的痛苦说是

---

❶ 霭理士：《性心理学》，潘光旦译注，重庆：三联书店，1946年，第256页。

女人得罪了上帝的刑罚。是的，人间若没有了男女，谁也会承认，会减少多少烦恼和罪恶。这正充分暗示了性和社会的对立。

性和社会怎么会结下这样的深仇？这里我们得回到生理基础上去了。我们的性别固然在得到生命的时候已经注定，可是性的机能却得经过很长的时期才能成熟，因之，有人说人是从无性到有性，或是从中性到异性。❶在性机能成熟之前，我们已经在社会中活了十多年。在这十多年中，我们因生活上的需要已经和很多人确立了社会关系，已经在社会结构中站定了一个位置。这时所有的社会关系虽则没有完全，可是也不都是临时性质的。有很多基本的关系是得一生加以维持的。性机能的成熟产生了新的需要。新的需要能利用原有的社会关系加以满足么？

不同的社会关系有些是可以加得起来的，有些是互相排斥的。每一种社会关系被用来满足一种需要时就获得了满足这需要所需的感情内容。带着不同的感情内容的社会关系因为感情内容的不能相混而互相排斥了。性的关系带着极强烈的亲密感情，甚至可说是不顾一切的冲动。性的关系是一种很原始的关系，我所谓原始关系，就是先于文化的。这种强烈的冲动可能销毁一切后起的，用社会力量所造下的身份。关于这一点，我们的认识并不太够；因为被封锁在讨论范围之外的性知识，到现在我们还没有加以正视的机会。我

---

❶ 沃克：《性心理学》，第21—34页。

们所能说的是两性关系的感情内容是强烈而复杂的。男女之间又似乎都可以发生这种感情,除非加以有力地限制。若是被性爱所联系的男女间本来有某种关系存在,原有的关系就被破坏而代之以亲密的关系了。因之,凡是那些不宜破坏的关系,那就是说一个人赖以生活的关系,又不能承担这种两性亲密感情的社会关系,就得防止性的闯入了。

社会结构是由不同身份所组成的。社会身份注意亲疏、嫌疑、同异和是非之辨。儒家所谓礼就是这种身份的辨别。《礼记》上说:"非礼无以辨君臣、上下、长幼之位也;非礼无以别男女、父子、兄弟之亲,婚姻、疏数之交也。"君臣、上下、长幼、男女、父子、兄弟都是社会身份,规定着相互的行为和态度。这些身份若全可以变成亲密的夫妇关系,那也就可以不必分了。性的关系因之也只能归纳在一种身份之中。社会关系是联成一个体系的,其间息息相关,像是一个网络。兄弟关系的成立是依赖于他们有共同的父母,父母之间有着不变的夫妇关系。现在若让性爱自由地闯入已有的重要社会关系中,它不但可以破坏相结合的男女两人间原有的关系,而且还可以紊乱整个相关的社会结构。譬如甲乙本是父女,现在发生了性的关系,成了夫妇,甲就不能不改变他原来对乙的态度和行为。这个转变就会引起心理上习惯上的阻力的。甲乙两人的关系改变也许还不太困难,虽则我们可以想象在这转变中,乙虽得到了个情人或丈夫,可是却失去了一个父亲,对于她的生活会有很多不方便的地方;这一变,很多别人就不容易找到一个适当的身份来和他们发生社会关系了。甲的儿子就可以不知怎样应付又是他姊妹、又是他母亲的乙。这种情形我们是很难想象的，因为事实上不会发生，不会发生的原因就在人不知道怎样对付这种紊乱了的社会结构。像上述那种极端的例子固然没有，但是在边际上的例子还可以看得到，譬如本来用长幼两辈相称的远亲，一旦结了婚，别人向他们改口时，常会引起很不自然的心情。这一种情形我们可能有此经验；不自然的心情就是出于社会结构中的小小紊乱。

　　社会关系是行为的模式，是一种轨道，贵在能持久。若是天天要变，也就没有轨道可说了。因之，社会总是不太鼓励社会关系的改变的。性爱这种感情不但可以在任何两个男女之间发生，不易拘束，而一旦发生了性爱的男女，这种感情又是不太容易持久的。沃克说得很彻底：人类婚姻的对象尽管只是一个，可是在感情上男女都能在夫妇之外另有眷恋的，因为人实在是个 Poly-erotlc（多元性感）的动物。[1]哈夫洛克·霭理士也说："每一个男子或女子，就基本与中心的情爱说来，无论他或她如何地倾向于单婚，对其夫妇而外的其他异性的人，多少总可以发生一些有性爱色彩的情感，这一点事实，我们以前是不大承认的，到了今日，我们对它的态度却已经坦白得多了。"[2]因之，若是让性爱自由地在人间活动，尤其在有严格身份规定的社会结构中活动，它

---

[1] 沃克：《性心理学》，第 93 页。
[2] 霭理士：《性心理学》，潘光旦译，重庆：三联书店，1946 年，第 280 页。

扰乱的力量一定很大。它可以把规定下亲疏、嫌疑、同异、是非的分别全部取消,每对男女都可能成为最亲密的关系,我们所有的就只剩下了一堆构造相似、行为相近的个人集合体,而不成其为社会了,因为社会并不是个人的集合体,而是身份的结构。墨子主张兼爱,孟子骂他无父,意思就是说没有了社会身份,没有了结构的人群是和禽兽一般了。

这样说来,维持社会结构的安定和完整,不容它紊乱和破坏,性这个力量,无论如何得加以控制了。不论人是怎样多元性感,还是要设尽方法把性关入夫妇之间;更立了种种禁律,限制可婚的范围;生活上密切合作的已有结构决不容性的闯入,于是发生了乱伦禁律和外婚的规定。外婚的意思,并不是生物上的无关,而是向原来没有社会关系,或是本来不属于密切合作的生活团体的人中去建立两性和夫妇关系。这样新的需要就可以不必破坏已有结构而得到满足了。

再从整个社会团结来看这问题,我们又可以见到外婚的积极方面的贡献。两性的结合固然会紊乱原有的社会关系,因为这种结合带着强烈的感情的联系,可是这种联系也是富于创造性的,它可以使本来漠不相关的,甚至是对立的,或仇恨的人改变他们原来的态度,并发生亲密的合作。我们中国的婚姻定义本来是合两家之好。历史上更不乏公主下嫁和番的例子。利用性的创造性,增加了社会的团结。我们在这里也可以推想一个完全实行内婚的社会。一个小团体里的男女互相婚姻,结果必然会使这个小团体对于外界更为绝缘。一个社区里若分成若干感情隔膜、生活习惯不相通的小团体，这个社区的团结力也必然很薄弱，对于这社区的生存力是有损害的。

婚姻并不只是生物的交配，它还是文化的交流。在个人讲，与一个生活习惯不太相同的人共同生活确有困难，但是从整个社会看，不同生活习惯的人谋共同生活，是促进文化传布和进步的方法。我们常可以看到异族婚姻的家庭生活不容易美满，但是我们也常说，两个民族要真的能互相了解和合作，通婚是一个最重要的条件。这就说明了怎样利用两性间的感情联系去促成社会及文化团结的道理了。关于这一点，我们要留到本书最后讨论到亲属推广的时候再提了。

第五章

夫妇的配合

为抚育作用的效率着想，近亲的婚姻是一个理想的方式，可是这种方式却威胁社会结构的条理和完整，因之，不能不放弃了。在外婚的规则下，两个习惯已坚固、兴趣已决定、嗜好已养成的成年男女，在婚姻契约之下，要经营共同生活，相互间的调适自易成为严重的问题。我在上章里指出了这一个社会和个人的矛盾。这矛盾也许就是天下多少恶姻缘的来源。当然，各个不快乐的家庭都有它特殊不快乐的地方。去描写特殊不快乐的地方是小说家的职务。我们这些社会学家并不能在这些不快乐的特殊处感喟不前，我们的职务是在说出这些不快乐的情形并不是出于偶然，乃是这制度本身有着破绽。可是既然我们说人间一切制度都是为了满足人类需要而造下的，所谓满足也必然是指个人的愉快而言，人生中并没有受磨难的需要。我不愿意像《醒世姻缘》的作家一般把婚姻视作偿回前生债务的机构，其或如一些宗教徒一般把这个世界看成一种进入天堂或地狱的考场。人是不愿意受苦的。文化是向着减少人间痛苦的目标行进。我们这假定若是正确的，则在和人生最亲切的婚姻关系中也决不能永远让这可能发生不快乐家庭的矛盾存在着。大家要避免这不愉快的可能命运，社会上也必然又会发生一套办法来应付这问题了。接下去我将叙述几种应付的办法。

"相敬如宾"

夫妇之间需要高度的契洽是为了要经营全面合作的生活。他们相互依赖以得到满足的地方太多了，因之，只要有一二方面不相和洽，整个夫妇间的生活都会搁浅。一个会煮菜的巧妇，可以是不会做诗的；一个能诗善赋的丈夫，可以把好菜视作当然，而为了太太诗意不够，发生痛苦。为了求全反而毁了其他方面可能的合作，那是时常发生的不幸事件。若是把夫妇关系稍稍片面化一下，契洽程度也就可以不必太高，这是应付婚姻里基本矛盾的一个常用的方案。

夫妇关系的片面化的方式各地各时可以不同。最主要的是两种：一是把事务上的合作减少，使夫妇间偏重感情调协，趣味和兴会的相投；一是把感情方面的要求撇开一下，偏重于经济上的、事业上的合作。这种偏重的方向，初无高下之别；重要的是要看生活的环境如何。这里我也许还得声明一下，理想的夫妇是鱼与熊掌两得其全的，问题是开始于这理想的不易实现，若是对于现实的夫妇关系期望太高，要求太甚，反而易使这种关系因承担不住而发生裂痕，所以不能不退而求其次的说法，鱼与熊掌中不能不择一而足了。

若是比较这两种偏重的方向,似乎又有前后之别。依我以上所说婚姻的主要意义是在确立向孩子的抚育的责任。抚育本身是一件相当繁重的事务,基本上是柴米油盐的经济工作。夫妇间先得把这些基本事务打发开了,才有讲求兴趣相投的资格。换一句话说,若是一个社会生产技术很简单,生活程度很低,男女在经济上所费的劳力和时间若需要很多的话,这种社会里时常是走上偏重夫妇间事务上的合作,而压低夫妇间感情上的满足,再换一句话说,夫妇之间可以偏重感情生活的发挥,但必须是在一个生活程度较高的社会,其中具有各种设施可以减轻他们抚育的责任以及经济上的劳作。我们比较中国传统的夫妇生活和现代西洋都市里的夫妇生活就可以明白上面所说的话了。

夫妇一方面是共同享受生活的乐趣,另一方面又是共同经营一件极重要又极基本的社会事业。若不能两全其美,就得牺牲一项。在中国传统社会里是牺牲前者。冯友兰先生说:"儒家论夫妇关系时,但言夫妇有别,从未言夫妇有爱。"❶ 其实不但不言相爱,而且把婚姻看得十分严肃,甚至带着一些悲壮的调子。"嫁女之家三夜不息烛,取妇之家三日不举乐。"❷ "舅姑降自西阶,妇降自阼阶,授之室也。……昏礼不贺。"❸ 读来有如勇士授旗赴战。在儒家看来,确有这个涵义。婚姻所缔结的这个契约中,若把生活的享受除外,

---

❶ 冯友兰:《中国哲学史》,神州国光社本,第 403 页。
❷ 《礼记》,"曾子问"。
❸ 同上书,"郊特牲"。

把感情的满足撇开，剩下的只是一对人生的担子，含辛茹苦，一身是汗。夫妇的结合到这个地步差不多只是事业上的结合了。儒家不是很明白地说："昏礼者将合二姓之好，上以事宗庙，而下以继后世也，故君子重之。"❶"天地不合，万物不生。大昏，万世之嗣也，君何谓已重焉？"❷

　　这虽或是儒家一家之言，可是这种精神即在现代的农村里还能看得到。我在云南禄村调查时，就觉得这地方夫妇间的感情淡漠得使我受了一些西洋文化影响的人看不惯。我所租赁的那间房和房东的卧室只隔着一层板壁，所以隔壁的一举一动都可以听得出来。房东太太非但不睡在房里，除了打扫外，根本就不常进去。据说他们自从有了孩子之后就分了房。后来我又搬到另外一家去住，房东和我同居一室。一个多月，我从没有见过他到太太房里去睡。白天，夫妇各做各的事，话也不常说；没有事，各自去找朋友谈天。夫妇间从没有在人前嬉笑取乐过。这也许是因为我住在他们家里所以他们这样装作；即使如此，至少也可以表示在他们看来，这才是行为的标准。和睦等于不吵嘴，相爱等于不打老婆。不要说内地农村里的人是这样，就连我自己也在不知不觉之间一样受了这种传统观念的浸染。我在伦敦的时候，有一天和一位英国朋友从他家里出来，一同去赴一个约会。临行，他和他太太分别时，当着我的面互相拥抱接吻，在他们是一

---

❶ 《礼记》，"昏义"。
❷ 同上书，"哀公问"。

种礼节，可是这却使我起了一阵莫名其妙的异乡之感。这种热情的表示，我想很少中国人是看得惯的。丈夫出门，在我们中国，太太照例守家，不论丈夫出门会有多久；而西洋人却常常要和家眷一起行动。这些都表示了在我们的社会上夫妇间的感情是不加奖励的。

夫妇之间讲求趣味兴会，在中国历史上并不是没有。词人李清照，《浮生六记》的作者沈复，都是著名的例子。不幸的是这辈在性灵上求满足的夫妇，在家庭事业上，却常常是失败者。因之，他们已给传统观念提供了有力的鉴戒。重情的女子被贬为尤物、不祥的东西。宝钗因为黛玉不留心脱口说了《西厢记》上的两句话，警告黛玉说："最怕看些杂书，移了情性，就不可救了。"被喻为潇洒脱俗的典型女性的黛玉，居然也完全倾倒于这句劝告，深深地感激宝钗；可是她终究还是输在这上边，人生事业潦倒无着，遭忌于传统势力而被挤于人世。女子无才便是德，这才不是指技术上的能力，而是指性灵上的钟情；德也不是行为上的善，而是人间的幸福。

或者有人觉得绝情灭爱是不近人情的，这也许是说得对的；可是感情的对象并不限于夫妇之间。在我们传统社会里，男的有他发展感情生活的其他女性对象。《桃花扇》里所描写的士大夫和歌妓的关系，在那个时代想来是很普遍的。才子们的风流越出了夫妇之外，欧阳修的艳词并不影响他家庭里的夫妇关系。我们再看《金瓶梅》里所描写的乡绅的生活，正夫人对于妾的态度，那样容忍实在是出乎现代夫妇的想象之外。中国传统社会很严格地把夫妇关系弄得"上床夫妻下床客",但是对于男子的感情生活却很少加以严格的拘束。

中国传统社会中的女性感情生活并没有合理的安排也许确是事实。潘光旦先生所分析的冯小青式的自我恋,可能是一种相当普遍的心理变态。可惜我们对于这方面的知识不多,但是在中国旧社会里母子系联的坚强也多少是这种感情变态的结果。在孝的观念下,社会鼓励着母子的系联。婆媳的争执中有多少是爱的争执,我们实在不能加以估计。我曾注意过典型的孝子,大多是对母的系联,很可能是弗洛伊德之辈所说的恋母情结的表示,而且是在习俗容忍之下保持着的感情冻结(Fixation)。这里我只能指出,中国家庭间感情的结构是一个被忽略而极重要的研究对象,从这里我们可以解释很多中国文化中的特性。

中国传统的安排,在我看来,并没有合理地解决从夫妇里分割出来的两性感情的发展。因之,若是我们在这方面细心研究,就会发现很多可以归入反常心理的现象。在旁的地方,我们又看到另外一种安排,就是在夫妇之外另找感情寄托的情人被社会认为是一种正当的行为。我早年在广西坳瑶里就看到这种情形。他们可以在情人家里幽会、过夜,只要情人的丈夫或妻子不在家。即使撞见了也不会引起严重的事件。事实上,撞见的事不很多的,因为大家予人方便,即是方便自己。我们在晚上去找人时,常常发生困难。因为他们不在自己家里的时候很多。男女在家幽会时,把门关了，丈夫或妻子回来，见这暗号，很聪明地去找他自己可以去的地方了。情人制并不是没有规律的乱交。我们知道：情人若是白天来帮工，这天晚上，他就可以有权同宿，正式的夫妇照规矩须借故出让。在夫妇间没有互相满足对方感情的义务的地方，各人去找各人的情人，并不对夫妇关系有什么冲突，反而他们可以因之而得到配偶的情人在家庭事业上的协助。同时我也得补充一句，不讲感情合作并不是感情的破裂，或是有恶感之谓，不讲爱，也没有恨；两人在爱恨之外，还是可以相处得很和睦，共同担负这家庭的事业。

变相的内婚

消极方面入手减少夫妇全面合作的程度，虽不失为一种夫妇间易于调适的办法，但是夫妇间缺乏感情的联系也会影响到其他方面的合作，所以社会也有从积极方面入手来补救的办法。依我在上章里所说，外婚的规律使人们不能不到抚育团体之外去寻求配偶，在抚育团体之外的人固然大多和自己教育背景不同，生活上有特殊的习惯，可是在这些人中间相异的程度还是不相同的，为了婚姻的比较美满，社会上总得想法使相近的人能有配合机会。最简便的方法是使男女在决定他们的婚姻之前有一个尝试的机会。这是初民社会常见的办法，也是现代西洋像罗素等提倡的试婚制。

特罗布里恩德岛的男女在未婚时，一同住在一所共同公房里，每个未婚的男女都可以和许多异性相接触。在比较和挑选中，他们可以得到最相宜共处的配偶。❶ 庞多兰的女子的父亲同时可以接受女儿好几个情人送来的礼物，做女儿的保留着她选择配偶的机会。❷

即使选择的机会不多，在共同生活的尝试中，还可以建立起共同的经验，加强相互的认识，因之减少他们共同成家时调适的困难。在广西花蓝瑶中，婚姻是幼时由父母定下的，男子到了可以工作的年龄，每个月要有一两次到女家去做工，那晚就住在女家，和未婚妻同宿。这样，未婚的男女从小就有不断的接触，若是发现对方实在性情不合，他可以拒绝服务，把婚约解除，解除的手续是很简单的。结了婚，女的住到男家去，可是并不就开始全部的共同生活，因为女的时常回母家。实际上，夫妇关系和婚前相差不远。这时若要离异，手续和解约相同。一直要生了孩子，才正式长期地同居。这时要再离异就困难了，事实上也很少要离异的了；因为经历了多年的尝试，两人总可以知道对方是什么样的一个人了。

在我们乡下，太湖流域，还有一种相当通行的风俗，就是童养媳妇。有儿子的人家，很早就把将来的媳妇领到家里来，有的还在襁褓之时。未婚的夫妇在一个家庭里生长，在事实上是等于兄妹。

---

❶ B. 马林诺夫斯基：《原始人的性生活》，第59—64页。
❷ 莫尼卡·亨特：《对征服的反应》，第182页。

有很多地方是通行早婚；很多人批评早婚，觉得这是个不良的风俗。但是我们对于早婚的内容很少加以分析。我所知道的有些例子，早婚的性质是和童养媳的性质相同的。他们在生理上尚没有长成的时候结婚，并不发生性的关系。一直要等他们长大了，而且时常还要经过一种圆房的仪式，才正式成为事实上的夫妇。从结婚到圆房之间的一段时间是一种尝试。在我们中国，所谓尝试还包括着这新加入的媳妇和这家原有的各分子生活上的调适。童养媳和早婚的媳妇因为过门时年龄较小，生活习惯没有成熟，容易改变。婆媳之间的关系可以比较合得来。换一句话说，这是一种变相的内婚制。

最通行的变相内婚制是中表婚姻。中表婚姻不但在中国很普遍，在别的民族里也是一样的。表亲们的父母中必有一人是出于同一抚育团体的；姑母和父亲，舅父和母亲，或是姨母和母亲本来是一家的同胞。因之，表亲中传袭着一部分相同的生活习惯。表亲又不是属于同一生活合作的团体，因为，我在以后还要讲到，以亲属为基础所组成生活密切合作的事业团体，除家庭外，总是单系的，不是父系就是母系。表亲就是在单系组成的氏族之外的姻亲。姻亲并不进入实际重要的合作事业。于是表亲就有了一种特别适宜于成为配偶的条件了。他们在生活习惯上是相近的，但在社会结构上却处于外围。姻亲关系上再加上婚姻关系并不冲突。这就是所谓"亲上加亲"。

《石头记》里的三角都是表亲。洛伊曾列述过通行姑舅表配婚的民族❶，分布在世界各地。分布得这样广的原因，在我看来，是在它给内婚和外婚间矛盾的一个调和办法，我们可以称它作隔代内婚。中表婚姻的通行也说明了乱伦禁律出于本能的厌恶近亲一说的不可靠了。当然中表婚姻和内婚同样在生物遗传上存在着缺点，也引起一些民族的限制。

择偶的自主

我以上所说关于选择配偶的话，似乎太偏重于社会的安排，在渴望婚姻自由的人听来不免会发生反感。这反感是有着时代的背景，因为自从工业革命以来，西洋社会发生了很大的变迁，这变迁的主流是人对于自然控制的增强，生活程度逐渐提高。社会事业的兴起使很多本来需家庭来担负的经济活动搬出了家内。对于生育制度的影响就是减轻了父母对于孩子的抚育工作和责任。夫妇关系随之发生了变化。我在上节里曾说一个理想的夫妇关系是要具有双重职能：一方面是能胜任社会所交给他们抚育孩子的事务；一方面是两人能享受友谊爱好的感情生活。在经济水准较低的社会中，抚育事务可以是相当繁重，再加上社会结构的需要完整，我们常会见到抹煞夫妇间感情生活的现象。这自然是文化的缺陷，因为，以我看来，文化的职志是在实现比较理想的生

---

❶ 洛伊：《初民社会》，吕叔湘译，上海：商务印书馆，1935年，第33—34页。

活。夫妇感情生活的未尽发展确是中国传统文化的一个弊病。现在西方社会既然把抚育的事务部分地社会化，使夫妇间柴米油盐的负担减轻了，他们也就可以向夫妇间的感情生活方面发展了。这个风气流传到中国，传统文化的流弊被更清楚地反映了出来，青年中自然会感觉到配偶的社会安排是可憎的了。

其实要求婚姻自由的人并不是主张择偶的偶然主义，喜欢和谁结婚就和谁结婚，让纯粹的机会来代替月老。这是不可能的。我记得有一次，我和一位追求异性十分急迫的朋友在乡下街子（云南的市集）上闲逛。他一路和我说找不到女人，可是我举目一看，他的周围却有成千的乡下姑娘在那里挤来挤去。这些在他看来简直并不是女人。这是说他所追求的对象并不是任何女人，而是有一定条件的，我们若分析他心目中所具的条件，要一个能共同生活的伴侣，也就回到了我在本书里所说的一套社会的安排了。就是说，我们并不是反对社会安排的本身，而是反对现有某种安排的方式。

现在中国的青年对于婚姻有了一种以前的人所没有的，或可以没有的新要求。他们要在婚姻配偶身上获得感情上的满足。所谓感情上的满足就是要如哈夫洛克·霭理士所说的"婚姻关系决非寻常的人事关系可比，其深刻处，可以穿透两个人的人格，教他们发生最密切的精神上的接触以致于混化"[1]。换一句比较平常一些的话，就是婚姻的配偶必须就是

---

[1] 霭理士：《性心理学》，潘光旦译，重庆：三联书店，1946年，第270页。

志同道合的好朋友，一对知己。这其实又回到了我在第四章里"夫妇之间"一节所讨论的婚姻理想。这要求是合理的，同时我也可以说这总是社会安排配偶的一个标准。我不愿意把文化看成一个有意为难人、试探人的对象。若是我们发现一种制度不能满足人某一方面的要求，我们并不必姑息它，或隐讳它，但是要了解它所以然的苦衷。人的生活是在理想和现实的接触中，人间毕竟不是天堂，而且生活还有很多方面，其中有缓急轻重之处。传统文化忽略了夫妇间的感情是有由来的，这就是我在上两章里所分析的对象。

本来在中表婚姻，甚至童养媳等安排，在我看来就是传统文化积极想应付这问题的办法。媒妁之言，父母之命，所以受人攻击并不是这些方式不好，而是从这方式里所得到的结果不好。以前的父母为儿女择配，他们并不会存心要为儿女结一个恶婚姻，这一点我们是应当承认的。门当户对的标准也就是在保证相配的人文化程度相近，使他们容易调适。在一个文化比较静止的社会中，父母自己认为妥当的配偶常常是对子女也未必不适当的配偶，因为他们的判断，根据着可靠的经验，比较正确。而且，第三者的考虑也比较周到和客观，他们可以顾到夫妇生活的各方面。我虽不敢武断，以往传统社会里快乐的家庭比了现代都市里的快乐家庭为多，但是我也不能想象以往的夫妇都是冤家。

问题的发生是中国社会也开始变迁了。两代之间有着很大的隔膜，互相不能了解。于是上一代的判断也很难合于第二代所处的新环境。这时代父母之命的结果也不容易满意了。原有社会安排的方式也成了造成恶姻缘的机构了。

在两代之间有着文化上的差别时，尤其在第二代所处的文化环境是正在变动，缺少共同标准的时候，别人代理决定的配偶很难得到合适的。何况，这新生的一代对于婚姻的要求又受了西洋的影响偏重到了配偶性格的配合，而不注重了行为和事务上的配合。在这个时候青年们要求自主（不是自由）的择偶是合理的。我们所谓合理，是容易完成婚姻的使命，也就是容易达到比较美满的家庭。

自主的择偶在时代的客观环境说是可能得到美满的结果，但是这也不是一定的。我们可以承认在社会变迁急速的时代，各个人的个性变异较大，所以要去选择个性相似或宜于相配的对象时，本人是最适宜。我们在这里假定了最明白自己个性的是自己本人，最能了解别人个性的是接触比较多的人。但是事实上，青年人的择配是否注意到个性的适合，和人格的穿透？这一点我们并没有保障。一个没有结过婚的人并不能从经验里体会到结婚的意义和责任。更加上了现有教育中特别忽略了对于这件终身大事的讨论和阐发。青年人所注意的可能只是婚姻的某一方面，而忽略了其他方面。譬如说，长期的合作生活需要身体的康健。而在热恋中的青年是否会注意这客观条件呢？又譬如说婚姻并不只是配偶间的社会关系，而是得调适于两人原有的许多社会关系的。这一点又是否会被青年们所考虑到的呢？再进一步说，就是两个人性格的本身也是十分复杂的整体，青年人是否在决定婚姻之前能相互充分了解呢？

这些问题的答案很可能是不利于主张自主择偶的。男女的恋爱是一种由生理基础上发生的冲动。这本来不是一种理智的活动。有恋爱经验的人常说爱情是盲目的，一见生情的巧合，机会多于选择。而且所谓恋爱（这本是个无法下定义的心理现象）是排斥考虑的。我在"初访美国"时曾请教过一位美国的太太，怎样去形容恋爱的境界，她说："世界上的一切好像都不在念，连自己也在内，只有他。"❶ 这个形容若是正确的则可以说恋爱和考虑正是相反的。因之，我们若让青年人自主择偶，以恋爱来代替考虑婚姻能否美满，似乎很成问题了。

我这样说是根据了我上述对于恋爱的解说而来的。事实上，如我在《初访美国》里所说的，在中国这种环境里，有多少青年男女真的有恋爱的条件我是很怀疑。读者不要误会我反对从恋爱到结婚的过程，我所要指出的，能从这公式中解决终身大事的必须有一个客观环境，也就是说，社会上要把夫妇关系的任务减得很轻，使夫妇不必经营全面的合作，甚至减少到只有性和感情的内容。关于这一点，我已在《初访美国》一书里发挥过，这里不必细述。这个条件没有具备时，青年男女似乎是很难从恋爱里达到美满的家庭。

我这种说法并不完全正确，因为我忽略了恋爱本身所发生人性格上的易于调适性。我以上所说的性格似乎是过去经验堆积成的结果（这种看法不能说错，但是并不完全），

---

❶《初访美国》，第122页。

没有把性格的可塑性加以指出。男女的择配，依上面讲来，有如已经制就的两个零件，加以配合。事实上，并不完全如此。主张恋爱的人可以说这种男女间强烈的吸引力，可以把双方性格上的不同之处销熔，使他们变成另外一个人，不是一个人，而是性格合同的一对。我自己因为缺乏调查研究，不敢承认或否认恋爱是否具有这种创造力。若果真如是，恋爱并不是婚姻的入门，而是婚姻应具的精神，和婚姻永远在起的作用。事实上，现代的婚姻中是否含有这种精神却是我们可以观察的事实。我想再引一段霭理士的话。他说了刚才我所引的婚姻可以穿透两个人的性格，精神发生混化（很相等于我们这里所谓恋爱）之后接着说："除了极度肤浅与无聊的人，这种深入腠理的精神关系，虽属不容易培植，却是谁都可以有的，如今所注意的既然只是外表的条件与格式，风气所趋，不但是从事婚姻的人忘怀了这种培植工夫的不易，并且教他们不再感觉到这种工夫的必要。就这一点说，近代的婚姻是退步了，因为在旧式的婚姻里，这一点倒是比较充分地做到。旧时的一种观念认为婚姻必有其不可避免的痛苦，现在这观念是不时髦了。不过痛苦依然存在，所不同的是方式已经换过罢了，而这种痛苦是从婚姻关系的内在的性质所发出的。"❶ 这段话里值得注意的是人的性格的融合是要培养的，是一个长期而且不断的过程；人人固然都可以培养，但是很多人忘怀了这培养的工夫。旧式婚姻因为承认夫

---

❶ 霭理士：《性心理学》，潘光旦译，重庆：三联书店，1946年，第275页。

妇的关系是痛苦的,所以要设法克服,所以肯下工夫,现代婚姻开头是一见倾心,接着是如胶如漆,一到结了婚,碰着真正现实的试验,发现了婚姻的痛苦,心理上既无准备,感情又好像受了欺骗,结果反而不在力求和洽上用工夫了。这是新不如旧的地方。

夫妇之间能否相处,在我看来,是决定于两方面:他们已往的历史里是否具有相互能了解的底子,和他们既已共同生活是否有相互融合的意愿。前者要靠社会的安排,后者则要靠两人的爱好。所以社会合理的安排和夫妇的恋爱是相成的。若是把恋爱训作两性无条件的吸引,把一切社会安排置之不顾的一往情深(这是一种艺术,而不是社会事业),婚姻也必然是这种恋爱的坟墓了。真的坟墓里倒还安静,恋爱的坟墓里要求一个安静的生活却是不可得的。

第六章

社会结构中的基本三角

三角的稳定

两点之间只能划一条直线。这条直线并不能固定任何一点的地位,两点尽管可以不改变这距离而四处移动。若要固定这两点和其间直线的位置,只须再加一点,画成一个三角。三点之间要能维持三条直线的长度就只有一个三角的形式。两点地位的固定得靠第三点的存在。这是结构学上的原理,在社会团体的形式中也常常看见,两人间的关系靠了第三者的存在而得到固定。

雷蒙德·弗思说:"舞台上或银幕上的三角是二男一女(近来也有二女一男)间爱的冲突;可是从人类学者看来,社会结构中真正的三角是由共同情操所结合的儿女和他们的父母。"❶

我在上面已经说明:婚姻的意义就在建立这社会结构中

---

❶ 雷蒙德·弗思:《人文类型》,费孝通译,重庆:商务印书馆,1944年,第78页。

的基本三角。夫妇不只是男女间的两性关系，而且还是共同向儿女负责的合作关系。在这个婚姻的契约中同时缔结了两种相联的社会关系——夫妇和亲子。这两种关系不能分别独立，夫妇关系以亲子关系为前提，亲子关系也以夫妇关系为必要条件。这是三角形的三边，不能短缺的。

夫妇和亲子两种关系固然是相赖以成，但是很少是同时在事实上完成的，除了结婚前已有孩子的男女，或是续弦。在普通情形中，缔结婚约的时候，三角中两点间划了一条线，还有一点是虚悬的，两边还是虚线。虚点不是没有点。这虚点是正在创造中，给予已有的两点一个动向。但是虚点也不是真有一点，因为这点可以老是不实现的。三角形在创造中是一个动的势，其中包涵着一股紧张和犹豫的劲。这时的男女说是夫妇既不完全，说不是夫妇又觉得不合——表示着一种不稳定的关系。

社会对于这种不稳定的关系，大多是不十分肯定认为是正常的关系。在广西，花蓝瑶中表示得很清楚。我在上章里已提到过他们的情形。夫妇间的共同生活要到生了孩子之后才正式开始，在他们看来结婚到生孩子之间的一段时间是实现夫妇关系的预备。最有意思的就是他们把结婚的仪式拉得很长，要到孩子满了月才算结束。最重要的一节仪式，向社会公布婚约的"结婚酒"一直要到请"满月酒"时才举行。在他们看来这是很合理，而且很经济；反正结婚后不久就要生孩子，分两次请客不如合并在一起。可是在我看来，延期的意义却不止经济而已。我已说过在这期间，已结婚尚没有孩子的夫妇，若要离异，所需的手续和解约相同；这时新妇回娘家的时候很多，和婚前生活并没有太重大的变化。这表明在他们心目中，没有孩子的男女间的夫妇关系是预备性质，还没有到条件具备的程度。这种关系是不稳固的，不宜向社会宣告婚姻的确立。

花蓝瑶不但在实际生活上，而且在仪式上，特别强调孩子的出生是夫妇关系完成的条件。在生育孩子，担负起抚育作用之前，夫妇关系被认为是不完全的，他们的法律地位也没有比未举行初步仪式前有所增加。在我们社会里虽则没有这样明显的情形，但是在若干方面也表示出相似的意思。在称谓体系中，媳妇的称呼很多是从她和孩子的关系中得来的。她的翁姑和丈夫时常称她作"某某的娘"。没有生孩子之前，家庭里其他的人很不容易称她，所以很多时候是没有称呼的，或是用不很确定的称呼。在这种情形下，除非在当面的情境里才能有配合的行为。没有称呼必然不能充分地参与这新的社会团体。在昆明土语中，有直呼这种媳妇作"写未生的娘"，写字是小名的普通助音，未生是虚悬的孩子。这个例子告诉我们上文所用虚点虚线等并不只是为我们分析上的方便，而是实际生活中应用的标记。

夫妇关系没有完成，或是已婚的妇女尚没有取得她的社会地位之前，独立的家庭是不易建立起来的。现代社会中，儿女一结婚就和父母分居去经营独立生活，这并不是普通的情形。有很多地方，新婚的儿女要经过一个附属的时期。在我们农村里，男女结婚之后，常常要等一个时期才闹分家。独立成家的大多是已有孩子的夫妇。特罗布里恩德岛土人新婚的时候也是和父母一起住的。一定要双方婚礼交割清楚，新夫妇才能另筑新巢，而婚礼交割清楚为时已近一年，独立的小家庭大多已是有孩子的了。❶

社会对于没有孩子的新夫妇予以特殊的待遇是有理由的，因为在这时期中夫妇关系既未完全，又不稳定。关于这一点，美国的离婚统计表示得很明白。在西洋社会中固然承认结了婚的男女就可以独立成家，可是事实上这对于婚姻的稳定是很有影响的。据美国普查局宣布：1924年离婚案件，有35.7%是发生在有孩子的夫妇间；53.9%是发生在没有孩子的夫妇之间，其余不明。❷ 我们若想到所有夫妇中有孩子的比没有孩子多得多，而没有孩子的夫妇中的离婚数却占了整个离婚人数一半以上，很可以看到孩子在稳定夫妇关系中的作用了。

男女间若是只有一条直条的关系，这关系的内容实在只是两性合作，以相互的感情来维持的性爱。我已说过，性爱是流动而且是多元的。每一点和异性的任何点都有发生联系的可能。可是这种多点的联系却不会发生三角结构的。一般在舞台上或银幕上惯见的剧情，虽则被称为三角恋爱，其实是一种误解，因为第三点和已有两点并不能同时发生联系，而成为三角。它只连着两点中的一点，和另一点是处于

---

❶ B. 马林诺夫斯基：《原始人的性生活》，第93页。
❷ W. 古德塞尔：《家庭问题》，第577—578页。

相反的方向，因之不但不能稳定原有两点的联系，反而增加了两点之间的离散倾向。

孩子在没有成熟前，正是他需要抚育的时期，他是和父母同时发生联系，所以我们可以说是形成了个社会结构里的三角。我们在以下几章中还要详细分析这三角形中的感情错综，以及它的分散；在这里我想补充上章所论夫妇之间调适的困难，加一些话。

在外婚的规律之下，社会把生活历史相异、身世不同的男女结合成为夫妇；虽则我们已见社会用了各种方法，使结合的男女在过去经验上相差不致太远，可是过去的历史是无法修改的。为了谋夫妇关系的美满，我们还得偏重于男女之间的调适作用。我在上章之末已经提到这一层。恋爱可能促进男女之间的调适作用。在这里我想提到的是孩子给夫妇间调适作用上的帮助。

帕克教授说："和动物比较来说，人所生活的世界不是二度而是三度的。"所谓三度是指过去、现在和将来。"人能回顾前瞻，所以人的生活中有一种紧张及犹豫，足以破坏已经成立的习惯，或解脱尚没有成立的习惯。在这紧张的犹豫的时间中，活动的方向受当时态度的支配，实较已有的习惯为甚。"❶ 两性的享受不带有对于将来的瞻望。各人为了自己的满足不易有个共同的憧憬。这种生活不是三度的，因之各

---

❶ R. E. 帕克：《人类的本性、态度与习俗》，见 K. 杨格著《社会态度》，第25页。

自被习惯所支配，使他们不易和洽。要打破这历史的不同习惯的障碍，必须创造出一个共同的向未来的投影。孩子不但给夫妇创造了一个共同的将来的展望，而且把这空洞的将来，具体地表示了出来。结婚若是只是指两性的享受，这种关系是不易维持的。可是结婚却开启了另一种感情生活的序幕，孩子出生为夫妇两人创造了一件共同的工作，一个共同的希望，一片共同的前途；孩子不但是夫妇生物上的结合，同时也是夫妇性格上结合的媒介，从孩子在夫妇关系上的创造性，使我们对于"三角形的完成是孩子的出生"这一句话有了更深一层的了解。稳定夫妇关系的是亲子关系。

家庭的概念和实体

上节里我说明了夫妇只是三角形的一边，这一边若没有另外一点和两线加以联系成为三角，则被连的男女，实质上，并没有完全达到夫妇关系。社会对他们时常另眼相看。这是一种过渡的身份。孩子的出世才完成了正常的夫妇关系，稳定和充实了他们全面合作的生活。这个完成了的三角在人类学和社会学的术语里被称作家庭。在概念上家庭就等于这里所说的基本三角。

父母子所形成的团体，我们称作家庭。家庭一词在这里是一个用来分析事实的社会学概念，它的涵义和日常的普通用法，可以稍有出入。在我们中国，一般所谓家庭常指较父母子构成的基本团体为大。有人用小家庭来专指父母子构成的基本团体，用大家庭来指较广的亲属团体。可是大小家庭的分别，并不单在数量上，而最重要的是在它们的结构上；而且在所谓大家庭之中，父母子所构成的基本团体并不被抹煞的，较广大的亲属团体无不以父母子构成的基本团体为其核心。所以我们在概念上仍需要对于这基本三角有一专称的名词。

在这里我想附带指出文化比较研究方法上的一个要点。文化科学不能不建筑在一套叙述文化事实的名词上，而供给名词的语言体系总是属于特殊文化的。用甲文化中的名词来叙述乙文化中的事实，时常会发困难，因为甲文化中的名词的意义是养成在甲文化的事实之中，甲乙文化若有差别之处，乙文化的事实就不易用甲文化的名词直接来表达了。这就是做文字翻译工作的人时常碰着"无法翻译"的地方。可是我们若不把"无法翻译"的翻译出来，文化比较研究也就无从说起。要想把一切不同文化中的事实能相互翻译得转，我们须有一套可以应用于任何特殊文化的普遍概念。

我们是否能得到这一套文化的普通概念呢？这问题的回答得看我们对于文化性质的看法了。从我们看来，任何文化都是根据当地人民在社会中生活所必需的条件而发生的。若是我们承认人类的基本需要是相同的，则千变万化的文化也必有一个相同的基础。在这文化的相同的基础上，我们可以寻到一套相共同的概念，这是文化比较研究的基本理论。无疑的，这套相同的概念，依旧是须用特殊文化中的语言来表达的，因之，在文化科学中所应用的一套名词所具的意义，有时和特殊文化中日常所应用时的意义不尽相合。婚姻、家庭等就是这类名词的例子。

可是，我们还得追问，家庭是不是一个文化研究中的普遍概念？这就得要看这社会结构中的基本三角是否普遍的文化事实，还是只限于特殊文化中的事实？若是一个读者想在人类学的书本里去寻求这问题的答案，他一定会觉得议论纷纷，莫衷一是。社会进化论者认为人类曾经不少阶段才进化到现有的方式。现有一夫一妻的婚姻也是从别种婚姻方式中进化来的。在最早的时期，人类和很多动物一般，两性关系便是漫无限制的；他们更认为婚姻关系和两性关系是二而一的，所以在这个阶段中，依他们的推想，一定无所谓个别婚姻，而是一个乱交的人群。

在一个乱交的人群中，我们很可理会进化论者的想象，一个人只能认取他的母亲，不知道谁是父亲了。在这种想象中，我们可以见到，他们认为社会性的父母，一定要像我们社会中一般，根据生物性的父母，再进一步推论，在这种知其母而不知其父的社会中，社会上的基本关系只是母子关系，因之形成了一种女性中心的母权组织。这时候的男子大概有些像雄性的蜜蜂，除了生殖之外没有什么事要做的。❶

这种学说刚巧适合于19世纪风行一时的进化观念。因之婚姻进化阶段说也应运而生。人类学中最初用实地研究方

---

❶ 最重要的母权论者是德国的J.巴舒芬，著有《女权》，1861年。

法的摩尔根根据了他在北美土人中所实地看到的亲属称谓，推论出一套婚姻进化阶段来。人类从乱交开始经过若干阶段才到一夫一妻制，这些阶段是：Consanguine Family（兄弟姊妹间婚姻所组成的家庭），Punaluan Family（一群姊妹和一群不一定有亲属关系的男子，或一群兄弟和一群不一定有亲属关系的女子的婚姻所组成的家庭），Pairing Family（一男一女间的婚姻所组成的家庭，但并不排斥婚外性生活），父权家庭（一男和多女的婚姻所组成的家庭）。❶摩尔根在人类学上的贡献是很大的，但是从称谓方式去推测婚姻方式却存在着还应当考虑的问题。对于这一点，我在论亲属关系时将详细加以讨论。现在的人类学家对摩尔根所订下的婚姻方式进化阶段表有很多讨论和修改。在我看来，主张婚姻方式曾经有过种种变化是有根据的。我同意婚姻方式是人类历史的产物，一切社会制度的形式都是手段，手段必须依着处境而变动。较固定的是人类生存的需要。研究文化的人是应当去观察人类怎样在不同的处境里改变他们的社会制度以满足生存的需要。有些反对进化论的学者想把婚姻关联到人类生理的机能、心理的机能，借以替婚姻形式打一个永存的保证。❷这种企图在我看来因为没有多大希望，所以我在上文曾称作走不通的捷径。

婚姻的方式可以变，一定会变，曾经变过，都是可以

---

❶ L. N. 摩根：《古代社会》，1878 年。
❷ 如韦斯特马克。

说的。可是它所以变是要看两方面：一方面是婚姻的功能；一方面是当时的处境。除非我们明白了人类里为什么有婚姻，否则我们是不会找得到它形式上演变的道理的。依我在上文中说的，婚姻是人为的确立双系抚育的手段。若是不必人为，如生理论、心理论，人类中无需婚姻；若是不必抚育，抚育而不必双系，人类中也无需婚姻，"不必人为"和"不必抚育"这两个前提是被人类的生理基础所否定的，我们不必多说；"不必双系"是可能的。这可能性是决定于另一原则就是效力。抚育既是不可避免，所以人类的问题也就是怎样才能有最有效的抚育。婚姻的方式就是依这标准来决定的。固然，人不比其他生物，依自然选择来获得在一定环境中最有效的个体形式，人的文化是要人去创制的，当处境改变，旧有的制度的形式已经减少了或失去了达到它的目的的作用时，人可能会陷入困苦中而不知道怎样去改造他们的制度的形式。在这个时间，我们可以看到所谓"社会的病态"。有人认为功能学派是以"存在为合理"，这是一种误解。人类学者并不发生合理不合理的问题，他们是以人生活最大满足的现实标准作为健全和病态的标准。功能学派也决不忽视社会的变迁。相反的，他们要在比较方法（变异和变迁）中去寻求社会制度的功能。

在过去的历史中，人类似乎找到了一个比较上最有效（效力总是相对的）的抚育方式，那就是双系抚育。在生活程度较低，每个人要耗费大部分的时间在生产工作里，再加上私有财产的制度，抚育这件与社会生存有极重关系的事务，似乎交给小团体，一男一女，去负责，要较大团体为可靠和有效。在这种情形中，家庭这三角结构也成了抚育孩子的基本团体了。在我们所看到的各种社区中，包括摩尔根实地调查的北美土人在内，没有不是如此的。所谓乱交、母权、群婚等等至今不过是一种猜测的可能在以往有过的社会方式，但是至少还是没有以现有可以考察的事实来证明的。

若是容许我也作一种猜测的话，这些方式发生在过去的机会也许比发生在将来的机会少得多。在目前社会事业发达，集体责任的加强，私有财产制的消蚀，很可能改变抚育的有效方式。那时候婚姻是否需要也成了问题，至少它的性质会发生极大的变化。可是这些都是将来人类学家研究的对象，对于我们在这个时候研究生育制度的人是不会有多大结果的。

婚姻是个别的契约

有些学者认为在我们自己社会里所见到的基本三角——家庭——是现代的产物，它是从一团糟的混乱关系，经过了多角形态而成立的。一团糟的社会现在固然看不见了，但是，他们认为，多角形态的婚姻关系还是存在的。多婚制，不论是一夫多妻、一妻多夫，都是这种事实的明证。因之，我们若要说父母子的三角是基本形态，还得说明多婚制并不是多角,仍是这三角形的变相。

请先论多妻制,多妻制是一个男子和一个以上的女子结婚的方式。在论多妻制之前,我们应当把多妻制和媵妾制分别清楚。媵妾制本身变化虽多,但有一点是相同的,就是做媵妾的女子和她所属的男子并没有进入婚姻关系,她们时常是处于奴婢的地位,在她们的服役中包括给予主人性的满足。西伯利亚的楚克奇和科里亚克民族据说是实行多妻制的,可是洛伊说:"无论从哪一方面看,第二妻都可以算是第一妻的婢女,在新几内亚的凯伊(Kai)族里头,情形也无二致,首妻常派遣余妻去采柴汲水,命令她们炊饭飨客。东非洲的马萨伊(Masai)人里头也是如此。首妻监督其余诸妻,分用丈夫的牛群的时候,她的一份特别大,丈夫送礼给她们的时间,她所得的数量及价值俱非余人所及。"❶ 洛伊虽称这些作多妻制,其实是媵妾制罢了。媵妾所生的子女并不能认她作社会性的母亲,而是被正妻所认领,不然就如其他在婚外所生的孩子一般,不能获得完全的社会身份。上章所引《石头记》里的例子,就可以见姨娘们与其所生子女并不发生社会的亲子关系。媵妾制可以视作一种经常的婚外性关系,但却不能称它作多妻制。

在我们社会里所见到的"两头大"才可以归入多妻制的一类里。在嗣续的规律上,依我们的习惯,有所谓兼祧的办法:一个男子兼作两宗的后嗣。在社会身份上,他是兼职

---

❶ R. H. 洛伊:《初民社会》,上海:商务印书馆,1935年,第53页。

的，因之，社会允许他（虽则和现行法相抵触）娶两房妻子各宗一房，所生的子女其实只认一个母亲，甲妻的子女在世系上和乙妻并没有直属的关系。我们并不能说他们三个人参加了一个共同的契约，不过是两个契约并在一个男子身上；不是多角，而是两个三角有一个共同的顶点。

非洲土人中多妻制相当盛行。洛伊说："在非洲，妻的数目往往甚多，她们大率每人带领自己的儿子住在一所小房子里自立门户。聪加（Thonga）族人通常把这些小房子排成弧形。"[1] 劳特利奇（Routledge）夫妇在东非所见，"全家像一小村落，丈夫相当于村长"[2]。每一个妻子抚育她自己的儿女，自成一个单位。这样说来，多妻制并不是一种团体婚姻。

所谓多夫制中所见的情形，原则上也是这样。非洲瓦胡马（Wahuma）土人中"一个男子无力单独购买妻子时，他的弟兄们集资相助，新娘过来以后暂时共享，要到她怀了孕，从此以后才是她的丈夫的禁脔"[3]。这表明瓦胡马土人中的所谓多夫制其实不过是夫妇关系完成之前性的混乱，可是绝不影响到亲子关系的混乱和多角化。

著名实行多夫制的托达土人中，我已在上文提到过，"兄弟们是同住的，所以只要有一位娶了妻，她便成了他们共同的妻。甚至于娶那位妻的时候还没有出世的小兄弟也要和他的老哥哥共享那宗权利。在这种兄弟间的多夫制的场

---

[1] R. H. 洛伊：《初民社会》，上海：商务印书馆，1935 年，第 52 页。
[2] 同上书，第 52 页。
[3] 同上书，第 54 页。

合，丈夫间不会有什么争吵。托达人心中简直想不到有争吵的可能，她怀了孕，年龄最高的丈夫持弓执箭行一仪式，这就定下了法律上的父子关系，但其余的兄弟也一般地都称为那孩子的父亲"。

"倘若一个女子所嫁的几个男人不是兄弟，而且也许是不住在一村中的人，那么事情就麻烦多了。虽然没有绝对的规则，寻常的办法是在每个丈夫那里住一个月，周而复始。在这种场合，法律意味的父子关系之决定是异常有趣的。就一切社会的目的而论，谁在妻的怀孕期中行过那个弓箭仪式，谁就取得了做父亲的资格，不但是那一个孩子的父亲，而且还是此后所生的子女的父亲，要等另一位丈夫出来行过那规定的仪式，他才交卸他的父亲资格。通常是约定把最先的两个或三个子女属于第一位丈夫，以后再怀孕便再由一位丈夫来确立他的为父之权，仍以二三子女为限，其余照样办理。生物学上的亲子关系完全置之不问；久已作古的男子还是被认为亲生婴儿的父亲，倘若没有别的男人行过那持弓执箭的仪式。"[1]

多妻不是多母，多夫不是多父。这说明了婚姻是个人间的契约，不是集合性的契约，非但一男一女的结合是正常的及最普通的婚姻方式，即使有多男一女或多女一男的结合，也没有脱离这个别性契约的基础。我们至今还没有可靠的凭据可以证明有地方有由多个女子和一个男子，或一个女

---

[1] R. H. 洛伊：《初民社会》，上海：商务印书馆，1935 年，第 56—57 页。

子和多个男子，或多个女子和多个男子共同参加在一个婚约之中的。因之洛伊结论说："双系性的家庭是一个绝对普遍的制度。"❶ 换一句话说，生育制度的基本结构是父母子的三角，而这三角是现在可以观察到的人类社会普通的基本结构。

---

❶ R. H. 洛伊：《初民社会》，上海：商务印书馆，1935年，第175页。

第七章

居处的聚散

我们虽则说人类的抚育作用是父母合作的事业,但是各地方合作的方式却不是一样的。从孩子对于父母的亲密程度上说,也不是相等的。这使我们要进一步检视三角形的内容了。社会结构的基本三角是社会联系的一种形式。社会联系的实质是行为和感情,行为上相互依赖的程度和感情上痛痒相关的深浅,决定了我们社会联系的亲疏。可是行为上的和感情上的关系不是太容易观察得到和把握得住,而且也不易清清楚楚用简单明白的方式表示出来。为了研究的便利起见,社会学者和人类学者常常以人和人的空间距离来推测他们的社会距离。空间距离和社会距离固然并不是完全相同的,尤其是在现代交通工具日渐发达的情形中,书信电话都能传情达意,配合行为,空间的隔膜已不成为社会往来的隔膜了。而且,在现代都市中,单单在空间上的接近,也不一定发生行为和感情上的联系;只隔一壁的邻居可以漠不相识。可是,一个亲密的团体,日常的合作、会面,生活的配合,还是受地域限制的。夫妇的正常关系不易在分居的状态下维持。日夕相处一堂的父子和万里云山相隔的父子,在社会身份上固然没有什么不同，可是实际生活上的关系相差可以很远。

居处的聚散多少是有关于生活上的亲疏，因之，空间距离给了我们研究社会联系的一个门径。从人和人在空间的分布和移动所发生的距离和接触上去考察它给予社会生活上的影响，是社会区位学的研究方法。可是在过去社会学里用区位学方法去研究的对象却时常偏于较大的社区；其实这方法同样可以用来研究亲密的团体生活。雷蒙德·弗思在他所著的《我们提科皮亚人》一书中曾充分应用这方法，而且得到很圆满的成绩。他曾说："从空间的位置来研究亲属的居处入手法使我们可以明了亲属间如何联系，这种联系如何在财产所有权中表现出来，如何由这些联系最后结成较大的亲属团体，因为空间的位置容易观察，所以居处的入手研究法，在普通情形下，是了解亲属关系初步工作最易的路径。"[1]

居处的聚散不但是了解人和人各种联系的门径，它本身也就是一项重要的事实。克罗伯（Kroeber）很着重地说："一个人无论如何总得有一个住处。没有外婚团体，没有嗣续原则，没有图腾，一个人照样能活，可是和人一同住却必然产生有社会影响的联系。"因之，他把居处作为社会的基本结构。"凡是那些我们所谓有形式的社会组织——氏族、外婚团体、单系嗣续、图腾——虽曾引起民族学家争论了两三代，实在只是文化的次要结构；在文化历史上是后起的，

---

[1] 雷蒙德·弗思：《我们提科皮亚人》，第117页。

在功能价值上论是浮面的；从一方面说来，它们只是一种基本现象，好像居住的地方的表面花样。"❶ 绘事后素，社会结构中有基本的和次要的层次，因之，我们若从居处入手来研究人和人的关系，不但是个方便的门径，也是从底子上来观察社会结构的方法。我们若从居处上来观察社会结构中的基本三角可以分成三个段落：第一步是看这基本三角本身父母子之间的区位关系；第二步是看和这基本三角共同居处的人物；第三步是看和它相近居处的人和它的关系。我将依次讨论一下。

基本三角的区位

考查家庭里各分子的居处关系最简捷，也是最基本的方法是绘一个住宅内部结构的图，注明白天各间房作什么用，夜里哪个人睡在哪间房里，每间房里有几个床，同床的是哪几个人。这个图立刻就显示了这家里日常生活的状况和各分子间的关系。

我们若注意到这些基本的日常事实，就会见到每个人一天到晚的行止轨迹多少是有一定的。"行止轨迹"是我特提的名词，这是一个人在时间和空间的范畴所构的一条线。

---

❶ A. L. 克罗伯：《社会结构的基本的和从属的形式》，载皇家人类学学会会刊，第 LXVⅢ册，1938年，第207—208页。

譬如我们在禄村所见到夫妇两人的轨迹,"夫:九时从靠左的后房起身,在正户的前廊洗脸,靠在庭柱抽烟,在廊前的小矮桌上吃早餐,餐毕出门……妇七时从靠右的前房起身,挑水,在厨房里升火,给孩子们吃早餐,到菜园里去照顾,喂猪,侍候丈夫吃早餐,招呼雇工早餐,带牛出来交给雇工……"这里我们就看到在这住宅里,夫妇两人沿着两条轨迹在移动。丈夫不到厨房,太太不在前廊上闲坐,各人在他自己的领域里活动。

根据这些相异的轨迹,我们才能用事实来说明各地方夫妇关系的内容。婚姻关系虽则决定了夫妇之间的密切合作和共同生活,可是密切合作和共同生活这两句话是空洞的。在各社会,各职业间,夫妇共处的实情却可以有很大的差别。即以我们自己社会中各种不同的情形来说,上述禄村的夫妇分房是一种。在传统的书香之家,这种情形也许更显著。夫妇在白天接触的机会可以极少;吃饭都可以不同桌。贾政为了要讨好贾母,和儿女们同桌坐了一忽(媳妇们站着侍候),使全堂的空气紧张得大家觉得不痛快,还得由贾母打发他先退。男女的行止轨迹相交的地方不多。妇人的领域是门限之内的世界,因之妇德亦称阃德,阃就是门限。内言不出于阃,外言不入于阃,有一条社会封锁线。这充分表示了夫妇在区位上的隔离形态。两人偶尔见面,自然"夫妇"只是在床上了,下了床得相见如宾。阃外的丈夫对着门外的世界负责。他有时需要长期出外,阃门的妻子没有份,她的职务是守着家。不但做官的可以游宦异乡,携眷同行是极不方便的事，出外经商的又是重利轻别离，一别可以几年不回家。据说以前山西在外埠经商的人，在家乡结了婚，生了孩子，就出门了，十多年，发了财回家养老。这种夫妇关系和现代西洋夫妇到处结伴同行、形影相随的情形正是个对照。西洋都市里总是女多于男，而中国都市里却总是男多于女。在人口的分布上也表现区位性质的不同。

亲子关系的区位关系变化更多。白头偕老是夫妇关系的理想；可是亲子间却不能永远保持亲密的关系的。孩子逐渐长大，亲子的关系也跟着疏远，这过程也表示在区位关系的变化上。一个婴孩在需要乳汁来营养的时候，通常都不能和母亲距离得很远。孩子在早期和母亲的接触是受着生理关系的限制。但是在这里也有不由母亲自己喂乳的情形。在中国传统的上层社会中通行着奶妈制。母亲把喂乳以及日常招呼孩子的事务委托给雇来的奶妈。（奶妈所负的责任可以由单供乳汁到完全领养。）这种孩子和母亲日常接触上的分离，影响到这些孩子们长大之后的心理形态。我们虽则没有详细的研究，可是我认为若是要了解中国士大夫处世的态度和感情的发展，奶妈制是十分重要的。

孩子和父亲的区位关系又不同。父子间接触的机会很可以决定他们之间的感情联系。在特罗布里恩德岛上的土人里，"做父亲的以真挚的爱好来执行他的职务；他可以抱着孩子几个钟点都不觉得厌烦，望着他的孩子，眼睛里流露出热爱和骄傲。这在欧洲的父亲中是少见的。对于孩子的赞许句句好像说到他心坎里似的；他永远说不厌他孩子的长处"❶。这是家庭间各分子日夕相处的简单社会中常见的现象。在我们自己社会中,一个多年在外的父亲,虽则经济上和社会上一样向他子女负责,但是没有接触的机会,回来时不免"儿童相见不相识,笑问客从何处来"了。有权力而没有亲密接触的父亲对于子女可以是个老鼠眼里的猫。宝玉听见说他父亲要传他,"不觉打了个急雷一般"。"贾政一走,他就如同开了锁的猴子一般。"

孩子渐渐长大,从生理性的断乳到社会性的断乳,母子的关系逐渐疏远。这种疏远很清楚地表现在他们空间距离的增大。孩了从母亲的胸前过了一年多,他自己可以独立行动时,就开始像一只扯着满帆的船,到处驶到处触礁。在营养上需要父母供给,生活上需要父母管理的童年,孩子们移动的区域不会太大。不过关于这一点,各地方又有很大的差别。就以我们都市里的儿童和乡下儿童相比较,这差别也够显然了。在乡下,儿童是"野"的,一天中有大半天在不受大人们直接管束的儿童群中过生活。在城里,至少有很多所谓大户人家,孩子们是不常离开自己的住宅,可说是"家"的。除了和少数兄弟姊妹、和偶然来作客的儿童相接触外,大部分的时间是缠在大人的脚边。若是"三岁看到老"的说法和最近心理学的结论相合的话,一个人个性的形成是在最早的几年生活中,则上述的分别很可能形成乡村和城市两种类型的个性。这一点是值得心理学家所注意的;我们文人中

---

❶ B. 马林诺夫斯基:《原始人的性生活》,第17—18页。

那种善于逢迎、一心依赖、早熟先衰的弊病，也许有很多是可以从早年生活的家庭区位配合中得到解释的。

青春时代的孩子，有很多地方是已开始和自己的父母疏远起来。我们传统社会里这种疏远不过是和父母分房；在现代，长成的男女就寄宿到学校里去。在特罗布里恩德岛土人中，虽没有学校寄宿舍，却有称作布库马杜拉（Bukumatula）的青年男女们的公房。在云南的彝族社区里也有类似的设置。我以后还要比较详细地分析这种和父母隔离的意义，而称之为社会性的断乳，在这里不多说了。

地域团体的基本单位

父母子所形成的家庭，除了偶然的分离外，总是在一起生活的，所以也常是地域上居处共同的团体的基本单位。可是它并不是唯一的地域团体的基本单位，因为在一起生活的很可能包括父母子三角以外的人物。在社会学和人类学中既以"家庭"来指父母子的三角社会结构；在概念上不能不另用一词来指地域团体的基本单位了。在英文中，父母子三角结构是Family（家庭）；地域团体的基本单位是Household（户）。在中文中，家庭一词本来用得很滥，在俗语中的"家"字包括的意义更多，而在严谨的讨论中，则我们不能不把家庭的意义来规定一下，专指父母子三角结构，等于Family，然后用"户"字来指地域团体的基本单位，等于Household。

在我们自己社会中家和户就不常相等。一户中可以包括好几个家庭，或若干家庭以外的人，因之我们叙述过了父母子三角的区位形态后，接着可以讨论到和这三角结构同在一起生活的人了。马林诺夫斯基在论澳洲土人的家庭时曾指出这种事实的重要。他说："人口集聚的事实，在社会学中很明显是极重要的。我们的主要问题是：这群人是不是以一家为一处，或是集居成较大的团体？我们对于家庭生活各方面——丈夫的权力，婚姻配偶间的性生活，家庭经济，亲子关系等——的看法在我们得到上述问题的答案之后，都会另具意义，我们原有的概念也会因之改变。"❶

地域团体的大小多少是和经济基础有关的，在以狩猎为生的社区里，譬如西伯利亚的通古斯人，他们时常以一家或两三家一起在山地里往来。最小的单位是两个人，一个是在家管理日常生活的女子，一个是出外打猎的男子。他们的生活一定要简单到两个人可以合作来应付的境地。同时，夫妇间相互依赖的情形也更为显著；再加上他们远离别人，实际生活也不允许他们有较长时间的反目勃谿。对于孩子的保护，也是不能不时刻留意，偶然的疏忽，可以把小性命都丢了的。❷

在农业社区中，非但不需要时常移动，而且若是有需要的话可以有较多的人口聚居在一地，形成一个村落。家庭

---

❶ B. 马林诺夫斯基：《澳大利亚土著居民的家庭》，1929 年，第 132—133 页。
❷ S. M. 希洛科戈洛夫：《北通古斯人的社会组织》，第 247—248 页。

和家庭在空间上的距离可以大大地减少。可是在任何情形之下，家庭没有不被埋没及分散在较大的团体之中的。

满族人中，在同一间房里可以睡着很多人。粗看来好像家庭在区位上并不形成一个团体。同一炕上睡着祖父、祖母、伯父、伯母、叔父、叔母，以及哥哥、嫂嫂、侄子、侄女等。可是详细一察，他们每个人的地位并不是随意安排的。各有各的位置，各对夫妇和儿女，也就是家庭，紧靠在一起。譬如有弟兄两人都娶了亲，生了孩子的，他们的铺位是这样，第一是哥哥，挨近他是嫂嫂和她的儿女；轮下来是弟弟，下面才是弟媳。在他们的风俗中，哥哥和弟媳间禁止发生性的关系，但是弟弟和嫂嫂之间若发生关系并不视为犯禁的。这样说来，家庭这个基本团体还是自成一个单位，在区位上相联而与其他相似的团体有相当的距离；虽则在这个例子中，距离固然很小，小到隔一层被，但这一层却被划下了一个社会的界限，只能在社会的允许之下，偶然越界一下。

我们的所谓大"家庭"，虽则没有和满人一般很多单位家庭挤在一个炕上，但是有一点是相似的，就是成年的儿子并不一定离开他们的父母，甚至结了婚，连同妻子都跟他们父母同住在一处。若是像西洋现代的风俗一般，儿女结了婚就搬出老家，则家庭之成为一区位上的单位团体就比较显著。若是结了婚的儿女依旧跟父母一同住，则这个空间的集团就会在时间里扩大起来，至其极会有五世同堂等大家庭出现了。在苏州就有个明代传下来的大宅子，里面住着近百个同族的子孙,可是这个亲属团体在区位上一房一房的分得清清楚楚,每个家庭还是自成一个单位。

这种大家庭并不是我们中国社会结构中的普遍方式,各地方每户人数的平均,据已有的农村调查说,是从四个人到六个人。四个到六个人所组成的地域团体决不能形成上述那种大家庭,所以我在《江村经济》中说:所谓大家庭大多见于市镇中,显然是出于另一种经济基础。❶这句话曾引起别人的怀疑,认为我所调查的江村刚巧是一个例外情形。在这里不妨把我的意思再说得明白一些。

我先得说明地域团体基本单位的意义。它并不是指在一个围墙之内,一个房子里住的人。一个院子里住着几个生活上自成单位的人家在抗战时的后方是极普遍的,这在普通的都市里,甚至在人口众多的中国农村里都是常见的。在中国农村里,为了安全起见,很可能有一道围墙把整个村子,或是村子中的一部分围起来,宅子里的人家挤得很紧,甚至家家户户都有小门相通,可以往来。从建筑单位说,很不容易分得清楚。地域团体是社会单位不是建筑单位。

从生活上着眼,居处在一起的社会单位,至少要有下列几个条件:经营同一的生产事业,在一个共同的账上支付他们日常的费用,用一个灶煮他们的食料。一个建筑单位的住宅中可以包含好几个这种单位,虽则每个单位还是可以保持着他们的亲属关系和密切的经济合作。归有光在《项脊轩

---

❶ H. T. 费(费孝通):《中国农民生活》,第20页。

记》里描写得很生动:"先是庭中通南北为一,迨诸父异爨,内外多置小门墙,往往而是。东犬西吠,客逾庖而宴,鸡栖于厅。庖中始为篱,已为墙,凡再变矣。"以我在抗战期内所寄居那家房东说,母子虽住在一个院子里,并没有篱或墙分开,可是东西厨房相对,各自预备自己的饭,各自耕种自己的田。他们只能说是邻居,决不能说是同户。

现在我们可以发问,这种团体的扩大对于农民有什么利益和弊病?让我们先从经济生活上看。在现有农作技术下,分工的不发达使两个人在一起工作并不比两个人分开各自工作为便利和效率高。从农业经营上看,大农场固然比小农场有便利的地方,好像耕牛的应用,在小农场上就不值得;养一头牛的成本是一样的,但是在小农场上能利用耕牛的时间却较短。在有劳力可雇,有耕牛可租的地方,农场集中经营和分散经营也就显不出太大的差别。

基本生活团体的扩大,在农村里,即使有上述的一些经济利益,可是在另一方面却也增加了人事上的困难。在兄弟子侄们共同经营农业和在农田上劳作时,平等的原则是不很容易维持的。我在禄村调查时邻居那家的情形很可以作一个例子。那家的老父母有两个儿子,大儿子不成才,抽大烟,又懒做工;二儿子却很勤快。起初他们并没有分家,一家的农田几乎全是由二儿子经营和劳作。他辛辛苦苦挑回了谷子来,他老哥偷偷地出卖了,换烟抽。这样,哥哥的抽烟抽到了弟弟的身上。而且不久老哥想卖田了。若是继续这样维持下去,一家的衣食都会被这不成才的大儿子所连累得发生问题了。老哥又千方百计破坏他弟弟的婚姻，使他的弟弟永远不能成家，替他做牛马。这种情形引起了社会的舆论。他们的父亲尽管觉得分家是件有碍体面的事，但是也不能不忍痛把家分了。在一个合作的经济单位中，权利和义务的平衡是维持团体完整的必要条件。在以亲属作基础的团体里，两代之间还可以用权力来维持不太平等的关系，同代之间则比较困难了。这是兄弟间各自成家的一个原因。

以后我们还有机会讲到婆媳的关系和妯娌的关系。我上述那位邻居的大儿子设法延迟他弟弟的婚事不是没有理由的，因为从外面娶来的媳妇并不是从同一抚育团体里长成的，硬要她们住在一起，多刺的刺猬挤紧了，大家觉得不好过。即在以维持大家庭为荣的书香人家，人多事杂，也不能不横一个忍字，竖一个耐字，才能五世同堂。在直接从事生产、勤惰分明、劳逸易判的农家，单靠忍耐工夫还是不够的。因之两个家庭在一户里生活的例子在农村里就不多。在江村这种团体只占全户数的十分之一，其中四分之三还是父母及一对子媳合组成的团体，父母和两对子媳组成一户的只有其中的四分之一，这表明子女长成结婚后，分家独立是普遍的情形。❶

扩大基本生活团体的力量是从另一方面发生的。在没有完善社会保障制度的中国农村中，那些因死亡或其他原因引起家庭破裂的剩余分子，不容易经营独立的生活，因之不

---

❶ H. T. 费（费孝通）:《中国农民生活》，第29页。

得不并入其他团体，依赖完整的家庭谋取生活。在江村这类团体占全村户数的3.8%。应当说明的是这种形式的团体并不是大家庭，而是我所称的"Expanded Family"——扩大了的家庭。

一般有一种说法认为在中国大家庭的形式是极发达的。若是就形式上说，中国确是有很发达的联合家庭（Joint-family）；但是在数量上，或是就中国所有家庭中的百分比说，却是不高的。在我看来，百分之八十以上的农民中，由父母子结合成的三角，即基本的家庭形式，是最为普遍。联合很多基本家庭而成的"大家庭"大多是发生在市镇里。在市镇里，居民的经济基础并不是直接的农田经营。他们可以是经商或是离地地主。离地地主的生活是从收租得来，他们需要政治的和政治之外的权力来维持这种依之为生的权利。财产愈多，所有的农田面积愈大，人口愈多，做官和获得权力的机会也愈大。因之，所有农田的分割在他们都是一种生活的威胁。只有在这种人里面，才会发生我们士大夫阶级里反对分家的传统观念；也正是在这种人里面，我们才见到五世同堂的大家庭以及庞大的氏族组织。

有人以为中国的大家庭和氏族组织是伦理观念下的产物。我并不否认伦理观念一旦确立之后可以影响人的行为，把某种社会组织视作应当实现的模型。在农村里，一谈到分家没有人会理直气壮地认为这是应当的，多少要用不得已、不争气等宥词来表示行为和标准不合的苦衷。可是因为有了伦理观念中不分家的标准而在事实上不要求分家的农民却是很少很少。这说明了传统的伦理观念，至少在这一方面。并不是产生在农民的生活事实里的。伦理观念本是一种维持社会结构的力量，它必需和生活事实相符合。在分析大家庭这个传统标准时，更使我觉得中国士绅和农民生活的分化。传统伦理，尤其是见诸经典的，是从士绅们的生活中长出来的，我们只有了解了他们的生活事实才能明白这套观念的作用，若是用和士绅的生活不同的农民生活来看这些观念就不免有格格不入的地方了。❶

父居和母居

在上文中，我已提到过子女成家后和父母老家的区位关系。在中国农村里，儿子结了婚，过一些时候，就会闹分家；他分得了一份田产，自立门户。这新家庭有时还是住在老宅里，有时在老宅附近盖起新屋，但是因为农田的位置关系，不宜搬得太远，故发生聚族而居的形态。在市镇里，有些维持传统伦理观念的人家，儿子结了婚可以依旧和老家打着统账，形成上述的大家庭。也有因职业关系不能和老家在一起的，有如西洋都市里的居民一般，孩子们成了家自己独立去了。但是不和老家一起住或住得很远的情形是近代的现

---

❶ 关于士绅和农民的分化可以参考费孝通《农民与士绅》，载《美国社会学杂志》，1946年7月。

象。以往就是出外经商或做官，家眷可以留在家里；或即是全家外出，也不会和故乡的老家脱离关系。他们挣了钱，或做了一任官就要回乡。最后，不幸而死在任内，尸体还得搬回家乡来安葬。从法律或是从感情上说，每个男子都是有一个所属的地方。这个地方是从父方得来的。女子的情形不同。生于斯不必老于斯，她一出嫁就得住到丈夫的家乡去。嫁鸡随鸡，嫁犬随犬，在区位上说她确是个随从者。——这种方式在人类学上称作 Patrilocal。和这相反的，就是女的不动，而男的随从，则称作 Matrilocal。这两个名词直译出来是"父亲地方"和"母亲地方"。"地方"是指居处而言，所以我在这里缩写成"父居"和"母居"。这两个名词其实定得并不确当，很容易引起误会。望文生义好像父母各有所居，孩子们可以有个选择：跟父亲住呢？还是跟母亲住？事实上父母是住在一起的，没有长大的孩子也总是跟父母一起住。这名词因之也失去了意义。其实所谓父居或母居是指一个结了婚的儿女跟父亲方面的亲属同居或住得相近，还是跟母亲方面的亲属同居或住得相近。林顿（Linton）教授解释这两个名词时用"和父亲的自家人在一起呢，还是和母亲的自家人在一起"[1]。譬如说我们是父居的，因为我们的男子结了婚之后还是和父母，以至父亲的兄弟等一起住，或住得很相近。印第安人是母居的，他们一同居住的人是外祖母、母亲和姨母和她们的配偶。

---

[1] 林顿：《人的研究》，1936年，第163页。

在实行外婚的规律下，要每代都是父居，女子必须在结婚之后随从丈夫去住，若是夫妇要各从他们的父亲的亲属同居，他们就不能经营共同生活了。反过来说，要每代都是母居，男子必须在结婚之后随从妻子去住。因为这个原因，所以吕叔湘先生翻译洛伊的《初民社会》时采用了"从夫居制"和"从妇居制"作为上述两名词的译文。❶ 这译文固然有可取的地方，但是夫妇的随从还是要加上他们和父母的关系才有意义，因为单从夫妇说他们是合组一个新家庭，是两相随从的。而且这两个概念所要分析的主要事实，并不是新家庭所住的房屋或帐篷的所有权是属于丈夫的还是妻子的，也不是正如林顿教授所指出的，被称作父居的是因为一个女子和邻居的男子结婚时，曾经移动了五十码到她的新房里，或是曾走了二十里路，渡过了一条河，到她丈夫家去住的缘故。重要的是男女在婚后因居处的关系所加入的合作团体是本来属于男的还是女的。洛伊在说明这两种不同的居处时曾就父居的胡巴族情形说："女儿一出嫁便跟她丈夫到外村去。因此，男人生老病死在同一地点，而女子则一生之大半不住在出生的村落。"❷ 这一点实在是极重要的。夫妇既然不能由同一抚育团体里生长出来的人结合而成，结了婚又必须合作同居，所以两人中至少必须有一人，放弃他或她原来的合作团体，结婚之后加入配偶的合作团体。在生活上接触最密的

---

❶ R. H. 洛伊：《初民社会》，上海：商务印书馆，1935 年，第 83 页。
❷ 同上书，第 83—84 页。

是地方团体，所以父居和母居也成了研究家庭生活的学者所特别注意的对象了。

社会事业是需要继续性的。一块农田经营久了，也摸得住土性。依赖经验的事务最忌常常改行。合作的人事也需要久长的相处才能周旋得转。一个人在陌生的人群中做事相当困难，尤其是在没有成文规则的亲密生活中为然。夫妇两人中既然不能全都维持原有的合作团体，那个加入新团体的就不免在生活上吃亏了。在实行父居方式的地方，男子一生住在一个村子里，往来大多是从小一起长大的人，而嫁来的女子在丈夫村子里所接触的人都是生面孔，她和她一同长大相熟的人隔离了，举目无亲的情况下，只有听命于丈夫的指挥。她唯一可能的反抗是逃回娘家去。在一个母居的社区中，妻子的左近都是她自己的亲属，做丈夫的不能不低声下气一些。区位上离合的安排影响了社会关系的内容。

以往论亲属居处问题的似乎认为只有父居和母居的两种形式，其实不但变化很多而且在同一社区中还可以有不同的形式同时通行。

特罗布里恩德岛的土人被马林诺夫斯基称作是父居的，因为做妻子的结婚之后就住到丈夫的村子里来。他们的子女一生中要在两个地方团体中经营生活。在丈夫的村子里住的却并不是丈夫的父亲，而是他的舅父母，他母亲的姊妹们的儿女。这是因为这地方的男子到了成年时就得从他父母的村里搬到舅父母村里去住。在丈夫村子里住的人都不是在这村子里长大的；这村子里的孩子们长大了就得被送回他们母亲所生长大的村子里去。❶这样说来,男子也要一生中换两个地方团体。若是女子嫁给她父亲村子里的人,她却可以维持原来的地方团体了,这也就成了母居的方式了。孩子长大了要回到母亲村子里去和舅父同住的形式,克罗伯称作avunculocal,或是舅居。这种方式也见于美洲西北海岸的部落中,如特林吉特(Tlingit)和海达(Haida)。❷

美洲的易洛魁人(Iroquois)的土人是被称为母居的,因为男子结了婚之后是要住到妻子的家里去的。可是因为他们常常在邻近的地区择偶,他们的本家相离不远。他们整天住在自己老家,为他们的姊妹服务,和他们的侄儿们在一起,等到晚上才回到妻子的房里去。这种方式的特点是在男女双方都不必改变他们的地方团体,各人都在从小长大的抚育团体中经营生活。这种方式中,夫妇的亲密关系却不免牺牲了。

多布(Dobu)土人的办法却更为有趣。他们的夫妇是出于不同的村子的,各人在自己的村子里保持着一个房屋,他们带着他们的子女一年在丈夫村子里住,一年在妻子村子里住。从村子的居民说每年要换一批,结果可以说大家没有一个持久的地方团体。多布土人是著名猜忌和迷信鬼神的,他们这种不安定的生活多少是和这种性格有关的。

在同一社区中可以同时通行着不同的居处方式。广西

---

❶ B.马林诺夫斯基:《原始人的性生活》,第5页。
❷ 克罗伯:《社会结构的基本的和从属的形式》,第301页。

和花蓝瑶因为严格限制人口，有些人家只有男孩，有些人家只有女孩。他们的习惯是不论男女都可以娶配入门，也都可以出嫁到别人家去。结果有些是父居，有些是母居。我们自己社会里也通行着入赘的方式。入赘是从妻居制，赘婿的孩子是跟母亲的亲属一起生活的。入赘的方式可以和正常的父居方式在一个社区里通行。

也有地方一个男子要经过一段入赘式的生活然后回到自己村子里去。洛伊说："初结婚时女婿依岳家以居，服劳如仆役，但经过相当时期，比如说生了孩子以后，即另辟门户而独立，这种情形也是很普通的。北美的希达查人，南非的奥焚波人，阿萨姆之卡息人，都有这种习俗。"❶

从这许多例子来看，一个研究者不能单单把某一社区亲属居处的方式加以"父居"或"母居"的标记就认为足够了。他必须从生活事实中去说明家庭内部以及家庭和家庭之间的社区结构，而且还要进一步说明社区结构所发生的社会影响。从社区结构入手去研究社会生活是最具体和最方便的。

---

❶ R. H. 洛伊：《初民社会》，上海：商务印书馆，1935 年，第 86 页。

第八章

父母的权力

家庭这个父母子的三角结构是人类社会生活中一个极重要的创造。这个社会的基本结构在人类历史上曾长期地维持着人类种族和文化的绵续,它现在不但存在于任何地方的社区里,而且至今还没有发现根本的改变。它这样的普遍和悠久,也许是任何其他社会结构所不易比拟的。从个人说,我们也不易想象出一个和家庭完全没有发生过关系的例子。普通的人总是生在家庭里,长在家庭里,死在家庭里。因之,我们要了解个人,自不能不从家庭生活入手。家庭结构的内容总是很深刻地影响着一个地方的文化和一个人的性格。现在让我们检讨一下这三角,父母子,结构的内容罢。

若是这三角是从人类生理上自然发生的结构,好像一般本能论者所想象的,它很可能是一个天衣无缝的配合,各分子间融融洽洽,是一幅十足的天伦欢聚图。可是事实上不管社会学家怎样尽力指出这个结构是如何巧妙,如何有用,更如何能满足我们人类社会生活的需要,如何使社会文化得以绵续,他们还是一手掩不尽这三角结构中不断发生的错综悲剧。这些悲剧虽则不常为社会学家所重视,但是到了小说家手上却成了写不完的题材，随手都是很好的例子：屠格涅夫的《父与子》，曹雪芹的《石头记》，以及近代巴金的《家》，都是取材于这三角结构的裂缝，加以渲染抒述的。这个三角结构固然是人类个人间合作的最高表现，也许还不能算是个尽善尽美的杰作。

文化本来是人造的，凡是人造的，并不是我有意小视人类的创造力，不完全是常事。我已在以前几章中说明了在这三角的结合伊始，夫妇的配合上，已经碰到过不少不易克服的难题，夫妇之间已留下了悲剧的种子，亲子之间也是这样。以下几章我将转到亲子间的关系，加以分析。

弗洛伊德的寓言

我们一提到亲子之间的关系，很容易就想起 S. 弗洛伊德的学说来了。我想他很可以算是一个特别重视亲子关系对于个人性格的影响的学者。弗洛伊德是个医治精神病的医生。他天天接触着各色各样疯狂失常的可怜虫，很自然地使他对于引起这些病症的文化弱点特别感觉得敏锐。他可又不能像小说家一般把这些弱点痛快地暴露一阵，就算了事。他要医治这些病人，对于病症的起源自须加以审慎的分析。生物学既曾获得病理学的协助，为什么社会学不能从心理分析家那里得到一些有用的启示呢？

弗洛伊德在无数精神病的个案里找出了一个共同的病

源，那就是他们在潜意识中遏制着的一个心理情结。这个情结的内容是"恋母仇父"，因之他用希腊神话中杀父娶母的主角俄狄浦斯（Oedipus）的名字来称这情结。这情结怎样会发生的呢？于是他说出了一段故事：

当我们人类的始祖还是和猩猩差不多的时候，他们生活在一如达尔文所描写过的原群里。每个原群由一个强有力的男子统治着，他独占着一群女子，没有别的男子可以来染指，他不容许任何竞争者在他支配下的原群里生存。可是他的女人们不久就生出了一群孩子，孩子中自免不了有男性的。这些男孩们一天一天长大起来，成了他们父亲的竞争者了。于是当父亲的不能容许他们在他的禁地里厮混，把他们放逐了出去。他们从温暖的女性群里被逐到了举目荒凉的原野，孤独地去谋他们的生活。他们的心里却永远挂记着他们的母亲，怨恨那独占着他们相爱的女性的父亲。有一天，被驱逐在外的兄弟们碰见了，联合了起来，回到他们的原群里，一口气把父亲杀了，更把他的肉吃了。当他们这样痛快地泄愤时，把他们的父亲只看成一个压迫他们的仇人。可是一旦把他杀了，吃了，回心转意，想起了幼年时父亲给他们的保护和恩惠。从小养成对他们父亲敬畏的心理使他们更加害怕了。他们发现自己犯下了一桩弥天大罪。他们懊悔了。于是大家相约用一种动物来表象他们的父亲，尊重和崇拜它，要求它的保护，禁忌杀害这动物，除了在特别的仪式中。这就是在初民社会中常见的图腾。他们又相约把父亲遗下原群中的一辈老小妇女全视作禁脔，不准和她们发生性的行为或是结婚,这是族外婚的起源。这件事虽则发生在悠远的太古之世,可是从这件事中所定下的规律则仍被遵守着。恋母仇父的情绪还是存在,只是被社会规律所压制,没入了潜意识中成了俄狄浦斯情结。它改头换面地出现于梦境、不经意的行为中,形成了种种精神病症,也表现在神话和其他文化现象中。

我们若是把这故事看成历史,那未免太认真了。太认真了自不免觉得弗洛伊德的想象有一些太荒诞不经。可是我们若是把它看作一个寓言,则其中有不少地方确可令人深思。弗洛伊德至少指出家庭这三角结构中包含着一个基本的矛盾。这矛盾就存在于亲子之间。他指出了这矛盾之后,接着就用性的竞争来解释父子冲突的原因。父子的冲突很可能颠翻家庭的组织,社会为了要维持这个结构,不能不把孩子恋母仇父的心理压制下去,使这个破裂的可能性不致演成事实。我在这里并不想去批评他理论上的枝节。我们不妨从社会结构和功能的立场来看看亲子间是否有矛盾存在。这种矛盾,除了性的竞争外,还有其他可以发生的原因否?我们也许还能用比较平淡的事实和文字来重写弗洛伊德的寓言。

社会和个人

人类创制这家庭的基本结构,目的是在解决孩子的抚育问题,使每个孩子能靠着这个社会结构长大,成为可以在社会中生活的分子。一个人要在社会中生活，他得有一番很长的训练，因为我们并不能像蜜蜂一般可以单以生理上的天赋机能来组成一个生活的集团。我们所要应付的环境已经充分被人类所修改过，其中最重要的是人为的文化，以致我们不能任性举动，必得遵守一套人为的规则。我在第一章里已经说过，社会规则和人类本性并不是时常相合的。若是人类生物机能的流露全部合于社会生活，则我们尽可让生物规律去支配，不必再立下人为的规则，用社会力量来维持集体生活了。正因为人生下来并不是一个完全适合于集体生活的动物，所以我们的集体生活不能全由本能来完成，而得求之于习惯。社会习惯的养成是抚育作用的主要事务。我们要把一个生物的人转变成一个社会的分子，这个转变的初步工作就在家庭里。

我们若观察一个孩子的生活，有时真会使我们替他抱不平。他很像是个入国未问禁的蠢汉。他的个体刚长到可以活动时，他的周围已经布满了干涉他活动的天罗地网。孩子碰着的不是一个为他方便而设下的世界，而是一个为成人们方便所布置下的园地。他闯入进来，并没有带着创立新秩序的力量，可是又没有个服从旧秩序的心愿。于是好像一只扯满帆的船，到处驶，到处触礁了。他所触的礁并不限于物质的。当他随手拉着本书，正打算一张一张撕下来，点缀他周围平板的地面时，一只强有力的手，把书拿走了。有什么理由呢？他是不会明白的。要抗议，张开小嘴嚷，放开嗓子哭，说不定又来一只手，正打在小屁股上，一阵痛，完事。我们若是有闲情，坐下来计算一下，一个孩子在一小时中所受到的干涉，一定会超过成年人一年中所受社会指摘的次数。在最专制的君王手下做老百姓，也不会比一个孩子在最疼他的父母手下过日子更难过。吃的，拉的，哪一件事不会横受打击？要吃的偏偏夺走，不想吃的苦水却会拧着鼻子灌。生理上的节奏都说不上自由，全得在别人允许之下进行。从小畜牲变成人，就得经过这十万八千个磨劫。人类创造了文化，文化就是一个担子，孩子们怎能不受罪？

我们长大了的人觉得在这世界上做事能应付自如，左右逢源。须知这是从十多年种种不自由中挣得的自由。社会的桎梏并不是取消了，只是我们熟习了。苟其我们真能非礼勿视，非礼勿言，非礼勿动，则我们在这些社会的重重规则下，自能如一个熟练的球员在球场上，往来奔驰，随心所欲而不逾规了。我们得把和社会生活发生矛盾的本能检点收藏，另外养成一套应对的习惯，自由世界才能实现。在养成这套习惯时，一路有碰壁的机会，被呵责，被鞭策，被关在黑房间里，被停止给养的威胁，种种不痛快，不自由的经历是免不了的。这里我们才感觉到权力。

权力是社会控制个人的力量，它发生在人类本性和集体生活的不相谋合处，生物和社会的矛盾场合下。权力的来源固然是社会的，但是社会不能直接来约束人，它还得借着人来表现。被派定来抚育孩子的人就得接受社会给他的使命来执行这件令人不痛快的事务。在一个抚育是父母的责任的社会中，父母就得代表社会来征服孩子不合于社会的本性，因之生物和社会的冲突一化而为施教者和被教者之间的冲突，再化而为亲子间的冲突。这是我认为家庭三角里亲子间第一个可能发生磨擦的根源。

严父和慈母

依我在上节的分析，亲子间的冲突是发生在抚育作用的本身。若是管教的责任是由父母共同担负的，则子方对于亲方可能发生心理上的反抗，自不会分出父母来的。于是所谓"恋母仇父"的情结也就无从发生了。子女对父和对母感情上的分化，甚至分化到恋仇的对照，怎样发生的呢？这问题引导我们对于抚育作用本身包含的不同要素加以注意了。

抚育作用可以分成两部分：一部分是给孩子生理上的需要；一部分是给孩子社会上的需要。在其他动物中只有生理性的抚育，而没有社会性的抚育，但在人类则两者有同样的重要性。生理性的抚育过程中，好像孩子饥饿时给以乳汁，孩子寒冷时授以温暖，孩子得到的是生理上的满足，引起的是亲密的感情。这是和社会性抚育不同的，因为，如我在上节所说，社会习惯的养成时常要改变孩子本性的行为，这是会容易引起不愉快的感情，甚至是仇恨的敌意。

亲子间亲密的感情，发达的结果，使亲方会站在孩子本性的立场来体恤他的痛痒。这种痛痒相关的联系可说是生理性抚育中所必需的。我在第一章里已解释过，从个人立场看,"生育是件损己利人的事"。在生物上亲子总是两个独立的个体,两个个体中的鸿沟在客观世界中是永远不能填补的。可是种族的绵续必须打破这条鸿沟,得在亲方造成孩子即是自我一部分的感觉。孩子在社会化过程中所发生的个人和社会的冲突,很可以变成亲方和孩子的对立。亲方把孩子当作自我的一部分时,这种对立会使社会性抚育发生困难。若是社会一定要父母担负孩子的全部抚育责任,它实在把亲方本身放在一个两难的境地了。

解决这难题的一个方法就是父母的分工:由父母分别担任社会性和生理的抚育工作。最普通的分工方式是严父慈母的安排。我已说过生理上的抚育原是单系的,有母亲一人本来已经足够。双系抚育的发生实在还是出自人类抚育中包含社会性抚育的部分。由母亲来担负生理性抚育的责任,也许是最合于生物本性的事,在这里文化并没有一定更改生物的必要。可是我也并不是说这是不能更改的,雇乳和代乳可以使母亲脱离生理性抚育的责任,产翁的风俗至少也是象征地使父亲也分任生理性抚育的事务。

这种分工自然也有它的困难,事实上也决难贯彻。父亲也是家庭中的一分子,他和子女同在一个亲密的团体中过活。日常的亲密接触使他们发生痛痒相关的联系。因之,社会若是要使父亲担任这严父的职分,多少得隔离父子的亲密关系。从这个观点来看家庭间各分子的区位关系,可以给我们很有意思的启示了。在一个父权发达的地方,父子间的隔离时常是很显著的,又因为母子间有生理性抚育的关系,必得在一起住，在夫妇之间也发生了隔离。门限为界的夫妇分治情形于是发生。门限以内是以生理性抚育为主，门限之外是以社会性抚育为主。父子在感情上分隔到极端可以成为贾政和宝玉的关系，这可以说是父权家庭的理想形态。这样的父亲在家内才容易维持他的尊严，必要时可以代表社会要儿子的命。

社会既把父亲拉入了亲密的家庭中，又要他和子女保持相当的距离，显然是社会结构中的一个矛盾设施。亲密生活既不易绝然加以隔离，于是社会不能不在另一端加重压力，使做父亲的不能不勉为其难，执行他的社会任务。在这方面，我们可以见到在父权社会里，父亲对于孩子的行为常要担负道德上和法律上连坐的责任。"子不教，父之过"，已成了我们家喻户晓的成语。为了维持自己的名誉和安全，做父亲的不能不注意家教。溺爱子女会受社会的贬责。这种压力逼使父权社会中当父亲的板起面孔来对付子女。这岂是出自心愿？连贾政也未始不自知道宝玉是他最疼的人，打他时，心里一样难受。

无论父亲做得怎样尽责，他在父权社会中，决不能面面周到，同时做子女的信托者和管教者。所以马林诺夫斯基曾说：在这种社会中，"父亲须以一身来包办两方面：一面作温婉的朋友；一面作严格的法律守卫。这一来，使一方面在情操以内创造失谐，另一方面在家庭以内创造社会的困难；因为这种情形扰乱了家庭以内的合作，并在家庭里创造了嫉妒和敌对心理"❶。又说："父权大部分是家庭冲突的源泉，因为父权给其父亲的社会要求及其专有的权利，既不称合他的生物倾向，也不称合他在子女身上可以感受、可以兴起的个人感情。"❷

在父权社会中，为了严父的不易做，所以不能不设法把管教的责任转移到家庭以外去。普通所谓"易子而教"就是为了解决这为父的两难。

母权之谜

在父权社会中，代表社会来执行权力的是父亲，站在孩子的立场给予私情慰藉的是母亲。在这种父母的分工方式下，孩子对于父母的感情发生了差别，也许就是这种差别造下了弗洛伊德寓言中的恋母仇父的情结。弗洛伊德所接触的精神病者都是出自父权社会的，他把这种心理作为病症的来源自是有洞见的，但是他却走得太远了一些，认为这种心理是先于文化和普遍永久的事实，因之，他只能用性的冲突来解释这种心理的起因了。事实上，抚育作用中权力的分配方式并不是一定要父严母慈的，换一句话说，社会并不一定采取父权的方式，所以在别的方式中，恋母仇父的情结也就不

---

❶ B. 马林诺夫斯基：《两性社会学》，李安宅译，商务印书馆，1934年，第249页。
❷ 同上书，第33页。

致发生了。弗洛伊德的理论只适合于一种社会。我们若从整个抚育作用的性质中去研讨家庭各分子间的心理关系，才能对于各种不同方式的情结获得一个相通的解释。

抚育作用中除了上述那种父母分工方式之外，还有什么其他的方式呢？——提起这问题，我们立刻就会想起和父权相对的母权来了。母权一词在早期人类学中是一个极为时髦的名词。可是虽则大家开口母权，闭口群婚，即使是以论母权出名的 J. 巴舒芬也并没有真正看见过一个"阴盛阳衰"的社会，男子如雄蜂一般作附属品的世界。母权社会是推论出来的原始状态。一般进化论者坐在沙发里想象原始人类是实行乱交的野东西，孩子们自然只能知其母而不能知其父了。没有了父亲，谁来负责管教他们呢？势非母亲莫属了。他们更把母系、母居和母权混为一谈，以为一个孩子姓了母亲的姓，住在母亲原籍，必然是由母亲来管教了。我在第六章里已经说过这种学说在现代人类学家看来是有问题的，因为从没有人发现过这一种母权的社会。可是这并不是说人类家庭中都是由严父和慈母所组成的。抚育作用的权力分配的确还有其他的方式。

实行母系的特罗布里恩德岛上的土人，当父亲的一点也不严，慈得厉害。他时常抚抱和玩弄他的孩子，亲亲密密地在一起。调查该地的马林诺夫斯基说："在孩子的婴儿期间，父亲已是温婉而亲密的看护人；成童初期以后，父亲也和孩子玩，抱着孩子。凡足引起玄想的娱人游戏和作业，他都教给孩子。子女永远感不到父亲的重手加到自己的身上，父亲既不是子女的宗人，也不是子女的主人，更不是子女的恩人。父亲并没有权利和权力。然而他仍然像世界上常态的父亲一样，对于子女感到强烈的爱情，保持住对于子女的影响。"❶ 到了学徒期间，父亲"继续和他们像朋友，帮忙他们，教导他们。他们乐意什么，就是什么，喜欢多少，就是多少。孩子在此时期并不关心他，这是诚然的，因为他们一般都是喜欢自己的小伙伴。然而父亲老在这里做有益的顾问，一半是游戏的伴侣，一半是保护人"❷。

特罗布里恩德岛土人中做母亲的却又和我们自己的母亲一般，她不是"一个严酷可怕的悍妇。特罗布里恩德岛人的母亲在此时期负荷孩子，抚弄他们，同他们玩耍。……而且风俗、道德也这样责望于她。孩子也依法律、风俗、习惯等与母亲相亲密"❸。这样讲来，在这种社会里孩子不是要野性发作，无法无天了么？究竟谁来担负管教孩子的责任呢？马林诺夫斯基接着说，当儿童进入生活的学徒期，"部落的法律和威权制度，禁止某种喜欢作的事务的规矩，已经影响到女孩或男孩的生活，然而代表这类法律和约束的不是父亲，而是另一个男人；这就是母舅，这个社会里的男家长。他实际掌握权力，并且大加运用这权力的人"❹。这种方式在

---

❶ B.马林诺夫斯基：《两性社会学》，李安宅译，商务印书馆，1934年，第31—32页。
❷ 同上书，第45页。
❸ 同上书，第28页。
❹ 同上。

人类学中被称作舅权。

"舅大似父"本是我们的谚语。在我们这个以父权为中心的社会中,也是常常要借重母舅来执行很多父亲所难为的事。在我们乡下,孩子上学得由母舅领着去,至少孩子的书包得由母舅备置,不然,就会认为孩子念不好书。这虽是件小事,但却充分象征了母舅在孩子管教上的地位。当儿子们要分家时,主持公断的又是母舅,因为在这种场合下,亲子间的感情使父亲不易公正执行社会的立法。

里弗斯说:"舅甥间类似这种密切的关系在世界上各处很多地方都可以见到。非洲贝拉高湾(Belagao Bay)的巴-隆加(Ba-Ronga)人中,母舅所有特权和大洋洲的美拉尼西亚(Melanesia)差不多完全是一样的。同样的舅甥关系也见于北美和印度,虽则后者比较差一些。就是在欧洲,我们也有证据可以说,在以前舅甥也是有特殊关系的。据塔西特斯(Tacitus)说,日耳曼人以前就是如此。英国短歌俚曲中常常提到外甥,也表明以前有类似的风俗。父系社会中舅甥最密切关系的例子,也许是斐济人。"[1]

舅权的普遍,虽则在程度上有差别,但却指明了以父母来包办子女抚育作用的弱点。母系社会中,父亲一旦豁免了做严父的角色,家庭团体更不易成为抚育上的自足结构了,因为母亲和子女在生理上的联系比父亲更不配作这件工作。于是母舅的出面也就成了最可能的解决办法了。

---

[1] W. H. R. 里弗斯:《社会组织》,商务印书馆,1940年,第93—94页。

在舅权社会中，例如特罗布里恩德岛，据马林诺夫斯基的研究，弗洛伊德的恋母仇父的情结就不会发生。他们有的是恋姊仇舅的情结。执行社会权力的是母舅，所以母舅也成了被仇视的对象了。单就家庭的团结来看，把容易引起仇恨和反抗的权力关系移出了父母子的三角，很可以说是一种有利的安排。

女性的情结

当我们说家庭的三角结构时，子方实是男女两性的通称。我们要分析这三角结构的内容时，子方的性别实是很重要的。可是在弗洛伊德的寓言中的孩子很清楚是男的。在他的理论里女孩子并不占重要的地位，她们并不是执行权力的父亲的竞争者，她只是属于父亲所制控的女性群中的一个，可以在父亲的保护下活下去，甚至可以获得宠爱。她们的母亲，假定是妒妇的话，因为没有权力，尽管在醋缸里翻身，也不容易把女孩子放逐出去，引起杀母恋父的悲剧来。弗洛伊德虽则造下了一个伊列克特拉的名词来指女孩子心里的情结，可是这只是和俄狄浦斯情结造一个对称，并没有详细地发挥，更没有用来解释重要的文化现象。

虽则在事实上现代社会中患精神病的是女多于男，可是生长在男性中心社会中的学者，忽略女性并不足奇。他们的忽略绝不是说女孩子的问题较为简单，哪一方面她们的心肠会比男子直一些呢？

从另一方面说，女子的社会关系到了结婚之后才比较复杂，在亲子关系中因之显得不重要。在我们这种父系、父居和父权的社会里，女子的生命史和男子有很大的差别：她们一生有两个时期，一是从父时期，一是从夫时期。在结婚前，在父母身边过她们的童年，一旦出嫁就得离开老家，加入到丈夫的家里去住。因之，她们在父母家总是处于暂住的性质。"女儿是替别家养的。""泼出去的水，怎能收得回？"在童年时她们虽受父亲的管教，可是既是别家的人，认真的心情不免要减少一些；而且因为她们和父亲不是同性，有很多事情父亲是管不着的；加以在乱伦禁律的规则下，父亲对于女儿的私事，多少要回避三分，所以她们不像她们的弟兄们一样感受到父亲的严厉。可能管教她们的是母亲，而母亲又不是个太配作这项事务的人，所以女孩子的幼年，仇父的心理不易发生确是事实。但是像弗洛伊德一般以为父女之间没有仇恨的心理，反而有恋爱的趋向，则又似乎过分了些。她多少也受父亲权力的控制，只是程度上浅一些。对于母亲，女儿虽则比男儿容易发生冲突，但是因为早期的亲密系联，以及母性的不易严厉，使母女间亲密的友好关系易于维持。我在以后还要说到父权社会中，儿子是从父亲手里获得权力，"取而代之"的，所以父子间的冲突容易发生。女儿是要出嫁的，她不是她母亲的承袭者，母女的仇恨，除了弗洛伊德所想象的妒妇式的母亲之外，是不易发生的。

女性的情结，若是有的话，不是养成在她们的从父期间，而是发生在从夫期间。她们出嫁之后，在她们头上来了个和她们并没有感情、但有权力的婆婆。发生权力关系的，在这种社会中，是婆媳。婆媳的冲突很可能是女性情结的社会根基。在父居的社会中，即使并不和丈夫的父母同居，不受婆婆的控制，在成年时代突然加入一个陌生的社会团体，总不免是生活的一个危机。这在现代社会中还是如此的。男性中心的社会中，做了一个男子的妻子，不能不和素不相识、又不是出于自己选择的、丈夫的朋友亲戚们发生频繁的接触。这是一件不太愉快，同时也很容易发生心理上疲乏和病态的情景的事情。

在母居的社会中，女孩子在居处上并不必因婚姻而流动。她可以维持从小熟识的社会团体，不再是"泼出去的水"了。她和父母的关系可能是怎样的呢？是否会发生弗洛伊德所谓的伊列克特拉情结呢？这是一个极有意思的问题，可是我们现有关于这类社会的知识太少，至少，我自己还没有看见或读过关于这问题的详细分析。一个原因是在母居社会中，大多数还是男子执着社会的权力，女性既不是执权的人，做女儿的也不致和她母亲有深刻的冲突。她和母舅又是属于异性，不易感受权力的严厉。至于母舅是否有特殊权力和管教责任，我们又不很知道。以父居而舅权的特罗布里恩德岛来说，女孩子长大了在没有搬回母舅村子里去时，已经独立和同年的男女们住入公房中去了，母舅对她无从发生管教的作用。关于这个问题，让以后的人类学家再去详细讨论罢。

第八章 父母的权力

第九章

世代间的隔膜

理想和现实

我们若肯仔细分析自己烦恼的原因,时常会发现在我们心中有着两个自我在纠缠:一个是理想的自我,一个是现实的自我。人之所以异于禽兽就是在他是生活在过去、现在和将来的三度时间中。人不能没有计划地生活。在他决定现在的行为时,他眼睛望着将来。他至少要假定明天一定还是活着,才能倒头睡下去。若是我们对于将来觉得一切都在未知之列,一切的遭遇都属可能,我们委实就不知道现在应该做些什么才好。我们总是觉得现在不过是将来的预备。煮饭是为了预备吃饭,吃饭是为了预备不至于空了肚子去上课,上课却又为了要得些将来有用的知识。将来、将来,一切都为了将来。每个人的心头都觉得将来是十分真实,永远在用他的想象来描写他自己在人生舞台上将要扮演的角色。他所担心的是为了这个,他所以肯努力的也是为了这个。可是事实怎样呢?哪个白日梦能成为现实?所谓天下事岂能尽如人意,就表明了在时间的推移中,我们每每发现现实的自我永远是有缺陷的。它尽管追赶着理想的自我，但总是差一步。于是，我们若胆敢把往事来重提，哪一事不令人懊丧追悔？懊丧追悔有什么用呢？时光不倒流，亡羊补牢并不能收回已失去的羊群。人生的历史不能重写也许是人间最大的憾事吧。理想和现实的不能相符，使我们在内心铸下了一个重生的愿望。

"再来一次！"尼采喊出了这个人生基本的愿望。可是在现实的世界里这怎么可能呢？正如尼哥底母责问耶稣说："人已经老了，如何能重生呢？岂能再进母腹生出来么？"宗教家把这愿望推入了超自然的世界中，一个对于地上的事尚抱怀疑的法利赛人自然只能说："怎能有这事呢？"再进母腹的回胎方法原是非分之想，可是弗洛伊德却在潜意识中找到了这个愿望。他用它来解释旷野恐怖（Agoraphobia）和幽闭恐怖（Claustrophobia）的精神病。当一个虔诚的宗教徒把过去的一切罪过、现实和理想的矛盾处，在神前痛快地忏悔了一场，他再度鼓着勇气来追赶理想时，的确可以感到一些重生的意味。大病初愈，或是企图过一次未遂的自杀后，把原有煎迫着人的理想计划弃如敝帚的当口，一个人也同样会觉得精神上的轻快，重生了一次。可是这些不但不是普通人都能得到的经验，而且也都是暂时的逃避。普通人怎样来卸去一些悔恨的重负，满足"再来一次"的重生愿望呢？生个孩子。

在父母眼中，孩子常是自我的一部分。我们若细察父母们的心理，颇像一个艺术家。一个雕刻家把他的理想实现在一块顽石上，创造出一具美丽的维纳斯。石像上的每一条曲线，都是从他的心思和技术中流出来的。他担心着别人对于石像的毁誉，有时比他自己的生命更是关切。这已是他自我的一部分了。父母对于孩子也是这样。从这点上说，每个父母都是个艺术家。把一个无知的小细胞培养成一个伶俐活泼的孩子，虽则事实上是生物力的展化，但在父母看来，却似乎都是自己的创造。夺天之功的父母永远听不厌别人对于自己子女的恭维。谁都知道得人欢心的法门，是赞扬人家的文章和子女。

子女既常被父母视作是自我的一部分，而这一部分在时间上却是后来的。它有着另外的一个起始。于是一个被现实所蹂躏过的自我，在这里却找到了一个再来一次的具体机会。每个父母多少都会想在子女身上矫正他过去所有的缺点。他常小心提防使自己不幸的遭遇不致在他第二生命中重现。我们常可以看见一个抽鸦片的父亲严词申斥他儿子偷吸了一支香烟。在第二生命中，一个还没有被现实所毁损的生命中的一支香烟，自比已经糟蹋了的生命中的鸦片为严重。做一行怨一行，所以木匠的父母会不愿儿子再弄绳墨斧斤。这些都表示：在父母的眼中，子女是他理想自我再来一次的重生机会。

当一个人内心充满着理想和现实的冲突时，他会感觉到懊丧，甚至严重些，对自己失去信心，终于把理想一步一步排挤出去。可是现实自我却又不能脱离理想而单独存在，人是无法回到禽兽的水准上去过活的。失去了自信的人不是成为病态，就是自杀。因之，理想和现实既不能挤得太紧，也不能分得太远。把理想自我转移到孩子身上去是一个最好的办法。我们常可以听得长辈们捻着胡须，容忍自己的过失，而把责任轻轻地交卸到下一代去。"你们得好好干。"意思是他们已经过去了——并没有完全过去，只是寄希望于下一代身上。在理想和现实极不易相合的社会变迁过程中的人们，最容易有这种口气。李安宅先生曾愤慨地说，这是"维新"以来的大毛病。"父母放弃责任而妄勖子女，教员放卸责任而妄勖学生，壮年放弃责任而妄勖青年。""以致一代复一代均将人生大事留给将来。"

把理想自我转渡到孩子身上去，固然有放卸责任的危险，但是在相当的范围之内，也正是抚育作用所需要的。我们要知道，一个人所具的理想，并不是他个人的创造，而是社会对他的期望。我们在别人的贬褒中筑成我们的理想。因之，理想中的自我实在是社会标准的反映，现实和理想的差别，也正是个人和社会的歧异。现在，为父母的以理想自我寄托到他们孩子的身上，也就等于用社会标准来责成于子女。我曾说过父母之于儿女，正代表着社会来控制个人，这是从客观方面说的。这里，我说父母把自己的理想交卸给子女，是从主观方面说的。这两种说法其实是一回事的两方面。

父母把子女看成自我重生的机会，也是抚育作用的保障。我们应该知道，子女的抚育成为父母的责任，并没有生物上的保障，这个保障必须求之于社会的力量。生物个体的断隔和社会文化的绵续事实上是一个绝大的矛盾。在这个矛盾中，发生了亲子一体的观念，用以抹煞生物的事实，成全社会的需要。

也许我在这里还值得提醒一下，父母把孩子看成自我的一部分，是由社会力量造成的，而并不是件生物的事实。我们自己社会中用血统观念来加强亲子一体的信念，以致我们常不自觉地认为子女是父母生物上的支派。若我们记得魏斯曼（Weismann）的"种质论"，就可以对于这种信念发生一点修改了。据这个学说，当我们还在胚胎开始分化的时候，体质和种质已经分存。体质长成我们的五官、四肢、内脏、躯身；而种质则系留着预备再度创造新个体。种质是原始的，历经世代而仍保其真元；体质是一代一代由幼而老，由老而衰，是断隔的。我们自觉的自我，乃是这个断隔的体质。我们的体质不是得自父母的体质，而是大家从同一的种质上长出来的。父母所给的不过是新体的抚育罢了。

社会用各种方法使父母对于子女在心理上认为是一体，更使他们觉得子女的成就比自己更重要。能做到这程度，社会才放心地把新成员的长成交给孩子的父母去照顾。把理想自我交卸给子女，一方面不失为解决个人内心矛盾的出路，一方面也正合抚育作用的需要。可是这一转渡却又种下了亲子间冲突的因素了。

共生和契洽

子女对于父母的看法是怎样的呢？父母把子女看成自

我的一部分，子女是否也是这样呢？父母把他们的理想交卸给了子女，而且有权来监视他们子女的行为。他们代表社会来执行抚育的任务，可是子女是否愿意接受父母所责成他们的理想呢？这些是我们接着要讨论的问题。

我首先要说明的就是像父母之于子女那样自我扩大的能力，并不是不需培养而就具备的。自我的扩及别人一定先得承认对方有着和自我相同的性质，好像孟子所谓"口之于味，有同嗜也；目之于色，有同美也"。可是这一点却不容易。因之"善推其所为"也就成了古之人所以大过于今之人的唯一本领了。戈德斯坦（Goldstein）研究脑部受伤的病人的结果，曾说他们不会有抽象的概念。"他们只能生活和活动在具体的范围里。因之，他们总是走不出自己的范围，他们不能自处于别人的情境中；他不能模仿别人，更不能扮演别人的角色。"❶ 一言以蔽之，不能推己及人。推己及人是儒家所论忠恕的基础，也是社会生活所以可能的条件。这条件却得慢慢在社会生活中养成。脑部受伤的病人，失去了这能力；孩子们则还没有完全养成这种本领。

社会关系，狭义地说来，只发生在那种相互能推己及人的人间。拉德克利夫-布朗（Radcliffe-Brown）曾说，狼和羊之间并不是一种社会关系。他的意思是说，社会关系只存在于互相承认和自己有相同人格的社员间。羊在狼的眼中只是一种食料，是满足自己食欲的食料；狼在羊的眼中是一

---

❶ 戈德斯坦：《人类的本性》，1940年。

种催命鬼,讲不上条件的。他们之间没有相互人格上的承认,所以不能发生社会关系。吉丁斯(Giddings)认为社会的基础是同类意识。所谓同类意识,也就是指有相同人格的承认。同类是推己及人的结果。帕克更明白地说明在人类中可以有两种人和人的关系:一种是把人看成自己的工具;一种是把人看成也同样具有意识和人格的对手。前者关系他称作Symbiosis(共生)。后者关系他称作Consensus(契洽)。Symbiosis是生物界普遍的共生现象。甲乙两种动物互相因为对方的生存而得到利益,因而在一个区域中共同生存。例如,蚂蚁和蚜虫的关系。蚂蚁并没有承认蚜虫的人格,更不必管蚜虫的喜怒哀乐。它保护蚜虫,衔着蚜虫去找适宜的地方,为的是它自己的利益,蚜虫是它的傀儡,反过来看蚜虫对于蚂蚁也是这样。它给蚂蚁一些分泌的甜汁吃,就可以得到一批卫兵和一批轿夫。互相利用,共存共生。在人类里我们看见了另一种关系。他们愿意牺牲一些自己的利益来成全别人的意志。成全别人和利用别人,正是一个对照。同心同德,大家为了一个公共的企图而分工努力,就是帕克所谓的Consensus。在这种契洽关系中,才发生道德,而不单是利害了;在这里才有忠恕之道,才有社会,才有团体。

我们应该承认,在人类中,决不是都以道德来结合的。狼羊般的关系还是到处都是。人把人当作食料,并不是一件骇人听闻的事。食人俗至今还有存在。至于"远庖厨"式的间接吃人办法,则更是极普通的了。奴隶、俘虏,在目前不还是极时髦的名词?可是我们若一察有食人俗的地方,也并不是一见了别人就会发生食欲。他们所吃的也只限于"非吾族类"。其心异，其肉肥，可食。我们自己捉鸡饷客，觉得很热闹，因为我们绝不想起鸡在被杀时的痛苦。我们不顾它的痛苦，因为我并没有推己及鸡，己所不欲，勿施于鸡。鸡和人毕竟不是同类！若是我们把同类的范围尽量缩小，小到只包括自己日夕相聚的部落，外边有闯入的异类，虽则在形态上和自己有相同处，也大可惟肉是视了。唐僧的肉是香的，为的是他信着一套和自己不相同的玩意儿，他也就成了异类了。萨姆纳（Sumner）曾用 we-group（我们集团）一词来划出同类的界限。界外是利害，界内是善恶。其实这不过是个笼统的界限罢了。我们若仔细一加分析，就能见到十足的忠恕关系差不多是一个从来没有实现过的理想。孔子不是也坦白承认："君子之道，丘未能一焉：所求乎子以事父，未能也；所求乎臣以事君，未能也；所求乎弟以事兄，未能也；所求乎朋友，先施之，未能也。"这就是说推己及人的不易。

以圣人所不能的而期诸孩子，那自然是不可能见效的了。要使孩子也能把父母看成是自己的一部分，必须有相当长期的培养。当一个孩子开始和别人接触时，他并不会分辨出人和其他东西有什么性质上的差别。他以对付物的态度来对付人，把环境里的一切东西都看成是达到他意志的手段。我们很可以说，子方对于亲方最初是一种生理的联系，接着是一种共生的联系，最后才发生契洽的联系。

在这变化的过程中，有着种种的阻力。要孩子能"所求乎子以事父"，最大的困难就是子女并没有做父母的经验。他们不能充分了解父母的心情，既不能了解，也就说不上成全和无违。我们孝子的典型是老莱子，这决不是偶然的，因为只有已做了父母的人才知道怎样去体会父母，什么才是孝道。俗语所谓"生子才知父母恩"，也说明了这个道理。这句的反面也就是说，没有子女的人是不会和父母达到全盘契洽关系。自己所没有的经验是无法推及于别人的。

孩子不但不容易和父母相契洽，而且还时常会走到相反的路上去。推己及人是自我的扩大，可是子女要把自我扩大到包括父母也是不容易的。据一般心理学家的说法，自我的意识，人己的辨别，是发生在个人和环境的冲突中。一个要什么就得到什么的人，永远不会感觉到有个自我的存在。在孩子生活中，到处会碰钉子，而为父母的怕孩子被环境打击得太严重，总是愿意把自己来作缓冲，夹在里面。本来孩子可以在火里烧痛手，得一次环境给他的教训，可是在火还没有烧着手时，孩子先已碰着了父母的干涉。父母到处来顶替无情的环境，做着孩子们当面的软墙。因之造成孩子们自我意识的主要力量却是父母。父母正是自我的对面，因之，至少在孩子的早期，父母不易进入孩子自我的范围之中。

父母把孩子看成痛痒相关的部分，而子女却并没有这感觉。子女可以时常觉得父母的过分干涉没有道理，甚至感到压迫，父母是代表着吃人的礼教。在父母看来，子女不能体恤他们，倔强、不肯顺服，进而觉得是悖逆、不孝、大逆不道的孽障。两代之间的隔膜这样地不易消除！

"要飞的终于飞了"

我在上节已经提到，亲子的联系最终目的其实是在解决生物断隔和社会绵续的矛盾。一旦做父母的认真地把孩子的前途看成了自己的事业，这个矛盾也就消失了。可是社会绵续却并不是一个静止的延长，而是一个变迁的历程，因之，亲子关系的困难又加深了一层。

假定在一个社会变迁极慢的社会中，社会标准历久未变，子女长成后所具的理想和他们父母所具的，和所期望于他们的理想并无重大的差别。即便在这种情形下，亲子之间还是潜伏着冲突的可能，这是我在上文中已说明的，因为现实总是赶不上理想，而父母以他们所没有完成的理想，交卸给子女，子女同样不能完成时，就成了"人生大事留给将来"的大毛病，而引起了不满。这不满实在就是理想对现实的不满。父母站在理想的立场来责成子女，他就觉得子女总是"不肖"。不肖者并不是生物上的变异，也不是行为上有什么和父母太不相像的地方，而是现实对理想的差别罢了。这种差别既然永远不会消灭，则即在社会静止的状态中，亲子间的契洽仍有困难，何况静止的社会到现代已经不很容易见到了呢？

若是社会上只有一个标准，每个人所具的理想，都是一模一样，世代之间的隔膜就不过是理想和现实的差别。可是社会标准不常是一成不变的，社会上并没有绝对的价值，人们还是得依它对于生活上的贡献而加以取舍。生活环境发生变动，社会标准也得有一番调整。所谓社会变迁，从这方面看去，实在是社会标准的竞争和兴替。社会上不断发生新的理想和新的行为方式，不论是出自个人的发明或是由别地的输入，若是这些新的比原有的更能适合于当时的需要，它们就被人接受，代替原有的成为社会上新的标准形式。

话说来似乎是很容易，很简单，可是事实上新旧的交替总是会展开争斗的。这一幕争斗却常加剧了父子之间的隔膜。亲子之间因为隔着一代的时间，他们很可能接触着不同的社会环境，而发生理想上的差别。这是在变迁剧烈的社会中常可见到的事。做父亲的代表着旧有的社会标准，而且握着社会交给他的权力，要把他的儿子造成合乎旧有标准的人物。为儿子的若接受了一套新的理想，新的理想又和旧有标准格格不入时，则他就处于两难的地位了。他既不能抛脱他的父母，因为父母是他生活的授予者和保障者，而且又有童年期亲密的感情把他们互相锁住；他又不能抹煞了自己的希望，跟着前辈走上一条他认为是死路上去。世代的兴替，社会的变迁，不知在多少人的心头玩弄过这套绞人心肠的把戏。

我在这里记起在某一本尼采的传记上读到过的一段故事。尼采的母亲是一个虔诚的宗教徒。她爱她的上帝，也同样爱她的儿子。她一心希望尼采能皈依真理，同进天国。尼采呢？却是个宗教的叛徒，怎能领受她这番好意？他屡次想把他不能信教的真情表白给他的母亲知道，可是他明白这个表白是他母亲生命上的一个严重的打击。不表白吧，他又不愿意，怎能欺骗一个爱他的人？于是他烦闷、矛盾，不知如何是好了。他受不住这内心的煎熬，在狂风里一直向附近的市场走去。风愈刮愈猛。迎面来了一个卖气球的小贩，拼命地拉住了一把系在天空中乱舞乱跃的气球的细线。线太细了，风太猛了，眼看着一阵风起，吹断了每一根线，吹起了每一个气球，送它们直上天空。尼采嘘了一口气，仰望着无所顾忌、毫不留恋的天空里的黑点，吐出了下面一句话来："That will fly, flies at last."（"要飞的，终于飞了。"）

"要飞的，终于飞了。"亲子间感情的细线，怎能挡得住世代兴替的狂风！

社会变迁最紧张和最切骨的一幕，就这样开演在亲子之间。这时，狂风吹断了细线，成了父不父，子不子，不是冤家不碰头了。西洋的现代文明侵入我国，酝酿到五四，爆烈出来的火花，第一套里就有"非孝"。这岂是偶然的呢？文化的绵续靠了世代之间的传递，社会为此曾把亲子关系密密地加上种种牵联。但是文化不只是绵续，还需不断的变化，于是加上的牵联又得用血泪来丝丝切断。亲子间的爱和憎，平行的存在，交替的显稳，正因为社会结构的本质中有着这条漏缝。

第十章

社会性的断乳

家庭的暂时性

普通讲社会团体的都喜欢用"多少是永久性"一词来说明它的性质。我在本书开始时所引马林诺夫斯基的社会制度的定义中也有"永久团集着的一群人"一语。这在大体上说是不错的。社会结构的完整和组成分子的参差代谢合起来立下了"多少是永久性"的条件。这是我在上面已经申述过的道理。当然，所谓永久性也并非绝对的，沧海桑田，哪一件人造的事物真能谈得到永久两字。用"多少是永久性"一词来形容社会团体，无非是和个人寿命相比而说的。社会团体并不像生物机体一般有一定的寿命，它可以超过组成分子的死亡而依旧存在；只要旧的死去后有新的来接替，它就不致人亡政息地跟着生物寿命的结束而解散。因之，有人用超机体来称社会团体，以别于有寿命限制的有机体。社会团体的存亡有它自己的规律，与生物的寿命是两回事。

若是我们坚持说社会团体都是多少是永久性的，则在我们讨论家庭时，就会逢着困难了。家庭不能不说是社会团体；事实上，它是最基本和最普遍的社会团体。可是它多少是永久性的么？这就成问题了。我们可以说家庭这一种团体来源悠久，甚至早于人类，而且到现在我们还没有太可靠的理由可以预测它有被消灭的日子，所以是各种社会团体中最永久的一种。这样说是可以的，因为我们并不指哪一个个别的家庭，而是指家庭这一种团体。我们若以每一个个别的家庭来说，它是永久的么？

在我们中国人看来，每一个个别的家庭似乎也是多少有永久性的，因为我父亲的家就是我的家，也就是我儿子的家。这个"家"并不因我祖我父的弃世而断绝，正和一个学校一般，学生每年可以有出有进，而学校本身却可以"与国同寿"。这个譬喻初看来是很相像，其实却不然。学校里有校长、教员、学生。若是一个校长出了缺，可以由一个教员来接任；他一坐上校长的位置，其他的人和他的关系也全改了。学生也是这样，一出校门，他不再是学生了，成了校友；他可以被聘为教员，前一天的同学，下一天可以变成师生。这是说，学校这团体有一个各种身份配合的结构，我们认身份不认人，结构并不跟人而变。结构超过了人，所以这团体也可以"多少是永久性的"了。

家庭却不然。父亲的身份在性质上和校长的身份是不同的。只在特殊及有限的情形下，父亲这个身份是可以找人顶替的；可是在普通情形中，谁是你的父亲，一辈子是你的父亲了，死了还是你的父亲，而且没有人可以真正充分地代替他做你的父亲。这说明了亲属关系是个别的，是认人的。

我们觉得一个家不因若祖若父的死亡而断绝，是另一种意思，只是指每个家可能一代一代地接续下去，可是并不是同一团体的永久存在。我的父亲并没有代替了我的祖父，即使祖父死了，父亲做了家长，他还是我的父亲而不是祖父。这和一个教员做了校长，或是一个校友被聘为教员不同。后者是个人改变了他的身份，前者却不能变。祖父死，我们就没有了活着的祖父；校长出了缺，学校还要继续的话，就会有个人来当校长。校长并不限定哪一个人当，所以学校的寿命超过了个人。祖父、父亲却不能找替手，所以家庭是暂时的团体。

社会团体并不都是"多少是永久性"的。它的久暂是依它所要做的事的性质而决定的。若是一件工作没有时间的限制，这团体也可以一直继续下去。社区本身是一个例子。它是没有一定时限的，只要不被外界的原因，像火山爆发、瘟疫、屠杀加以毁灭，只要基本的分工结构能维持得住，它所有的各种活动就不会停顿。可是在社会活动中有许多事情是临时性质的；过一定时间，事情做完，活动也就结束。最明白的例子是战时的各种临时组织，譬如防空团体：战事在进行中，每个人都有被炸弹炸着的危险，所以要有防空洞、救护队等，是一个很严密的社会团体。但是战争不是经常的事。战事一旦结束，这些团体所要做的事也消失了，它也跟着被解散了。

家庭的性质从普遍性上说是社会经常的需要，因为要维持社会结构的完整，社区中经常有抚育的事务。若是抚育的事务由一个特设的机关来经管,像慈幼院、学校等,这机关也可以"多少是永久性"的。除非社区消灭,这些机关总可以维持。可是抚育作用交给了个别家庭来维持时,就每个家庭来说,抚育却有一定的时限了。孩子总是会长大的,抚育作用本身是在促成孩子的独立能力,所以有类战争。战争的目的是在结束战争,抚育的目的是在结束抚育。每个孩子抚育期有限制,个别家庭的任务也有完成的时候。因之,它的性质和普通的社会团体就不同了。一个钓鱼会可以在百周纪念时开个庆祝大会,而一个家庭却有时而已,人亡家灭,结束得无声无息。

个别家庭的寿命比组成分子的寿命还要短。结婚是新家庭的创立。新家庭的创立也就是旧家庭的结束。孩子长大了,结束抚育作用,男婚女嫁,离开父母,自立家庭。在这时家庭这三角形已经破裂,理想上讲,实在已经不能说是完整的团体,可是这对老夫妇除了抚育责任已经完成之外,还有其他方面的合作生活继续要进行,他们两人还是要经营共同生活,所以这已破裂的家庭还是存在,一直到他们逐一死去,这时,他们所组成的家庭才告结束。

三角的团结

家庭的功能若限于抚育,大功告成,大家散伙,也没有什么不可,正像防空团体在胜利日宣告解散,大家还有兴致举杯庆祝。家庭却又不然。抚育本身不是片面的,一个能给孩子完全教育的团体必须是一个经营完全生活的团体。我在第四章已经说过这层意思,而且社会生活中有一种现象就是很多新的事务发生时,时常会利用现存的组织去经营,只要这现存的组织能胜任;有时毫不相干的事都可以纳入为其他目的而组成的团体中去做。家庭这团体所担任的事务可以累积得很多。举凡政治、经济、宗教等事,没有不部分地侵入家庭中。从这方面说,家庭是一切制度的基本团体,它甚至可以成为一个具体而微的自足社区,一个小工厂、小朝廷、小教堂。夫妇结合虽在理论上说是为了抚育孩子,事实上也是一个分工结构的基本单位。抚育作用有时而已,其他的事务却并不随之而结束。就在这情形下,家庭的结束不能太干脆。

当我们论抚育作用时,我们多少是假定这是亲子间单方面的授予,孩子是父母的负担,供给、保护、教育,都是父母的义务。这其实并不是事实的全相。在实际生活中,孩子在和父母一起居住的时候,很早就参加了家庭的共同工作,成了分工结构中的一分子。这也是抚育所必需的,因为基本的教育是生活的实践,只有在参与具体的社会生活才能学习社会生活所需的技术、知识和道德。既然实际参与了具体的生活集团,孩子们对于这团体也不成为片面的接受者了,他们对于这团体也有贡献。

在一个家庭中,除了在襁褓间的婴孩,孩子们时常有一定的职役。他们喂猪、放牛、割草、采柴;稍长一些就参加重要的生产工作。我在乡下住,看那些农家的女孩子,家事管得比她们母亲更勤快。在日常生活的分工中,各个人互相依赖的程度加强了。于是为了维持这分工体系,这团体发生了持久的需要。团体的持久性是出于分子间相赖为生的习惯。人是保守的,因为他们的生活中极大部分是靠习惯的安排。在可能范围中,一旦有了一种分工结构,就会有惰性一般一直维持下去。若是有人缺席,时常会寻一个替手来解决,不常另外重新分配工作的。一个家庭既成了一个共同维持、共同享受的生活单位之后,不免就有一种要长久维持下去的倾向了。

怀特黑德(T. N. Whitehead)曾说:"社会团体的团结是靠了日常的关系以及从而发生的感情,反过来说,日常关系的打断是引起社会团体内部离异最可靠的方法。社会的情操(友谊、忠诚和同工)就会这样被锄灭;因为没有任何情操是不相关于行动的,虽则这种关系可以在骤视之间不易觉察。更进一步说,耐久的社会情操大多是比较上慢慢长成的;当它消灭时,不但重建得不能很快,而且破裂本身常牵引起当事人的不安。团体一旦获得了完整,就有它的生命和活力;它会反抗骤然的消灭。"❶

社会团体在日常生活合作中养成了团结的力量,总是会发生一种要求继续生存的趋势。家庭既是最基本的合作团体,这种趋势必然是很强的。在别种团体,这种趋势是有助于社

---

❶ T. N. 怀特黑德:《自由社会的领导》,1936年,第59页。

会团结和完整，而且可以顺势完成团体的持续。家庭却不然。这三角结构是一个暂时的结构。在一定的时间，子方不能安定在这三角形里，他不能永远成为只和父母系联的一点。他要另外和两点结合成新的三角形。于是原有的三角形也就无法保持它的完整性了。这并不是原有三角形的意外结局，而是构成这三角形的最终目的。三角形的破裂是他功能的完成。这有一些像是蚕茧。蚕茧不论怎样结实，怎样美观，它的目的是给茧内的蛹成长和蜕化成蛾的机会。茧壳的完整注定是暂时性的。若是为了要保持茧壳的完整，只有把蚕蛹烘死在茧内。可是杀蛹完茧又岂是作茧自缚者的本意呢？

家庭在抚育作用上是注定要及时破裂的，可是因为其他功能加在了家庭的团体肩上，遂在日常密切的合作生活中，把这三角形中的联系弄得坚固了。若是太坚固了，对于子方的长成可以发生很大的阻碍。这里又产生了家庭结构中的严重问题。抚育作用本身规定了要在这三角形中有密切的联系，在感情上要亲热，在生活上要形成一个大家参与的分工体系。可是这又不能持久，持久了会阻碍抚育作用的基本目的。抚育作用的基本目的是在养成和实现独立的社会分子去继替社会结构中的缺额。这两难的关头，各种社会又有各种不同的解决办法了。

若是承认家庭的暂时性，孩子长大了就脱离原有抚育团体自己去成家立业，则在原有三角形中就得及早防范亲子间持久的联系。这自是违反人性和社会结构的性质的，但是在家庭这种特殊的社会团体中却不得不然。在相当时间，亲子联系必须被逐渐切断。这过程我们可以称之作社会性的断乳。

温存的留恋

人类的幼年需要依赖成人的保护和供养的时期特别长。这是形成家庭的一个主要因素。家庭就是为了保障孩子得到保护和供养而造下的文化设备。要使父母肯担负这工作就得使他们感觉到孩子的无能，不能脱离他们。在父母眼中，儿女是不会长大的。老莱子要讨他父母的欢心，得穿起彩衣，学孩子们跳跃。靠了父母这种心理，孩子可以不必在能力还不够的时候去直接应付环境。在冷酷的环境和孩子之间有父母这个缓冲。

孩子从小只要张嘴哭，就有乳吸；伸手要，就有玩具。这个世界是一个随心所欲，说苹果，苹果就来的神话世界。若是孩子能永远得到这优待，他将成为天宫里的王子了。可是真实的世界哪里真会像是神话。一切东西都得费心费力去求取，而且资源有限，不但各人把劳动的收获分别占有，而且人家先得到了，可以使自己白费辛苦。竞争，竞争，即使不像达尔文和马尔萨斯所想象的世界那样冷酷，世界上只有一个爸爸，那是千真万确的。在私有制的社会里，除了父母，谁肯无偿地授予你他自己劳力的结果呢？除非你去抢、去剥削。

一个在家庭环境里生活得太久的孩子,他会在家外的竞争场合中失去适应的能力。在家里他所碰着的人是到处都愿意成全他的,至少也是为他的益处着想的。可是在竞争的场合下,却不全是这样的,在利害关头,可以是你死我活,毫不留情。家庭里训练不出战士,嘴上衔着银匙的成不了好汉。家庭里多的是迁就、谦让,少的是争斗。我们小市镇里的少爷们,就是代表这种教育的结果。这种人,一遇着困难就会想到父母,尤其是母亲。多少诗、多少小说在歌颂这温存留恋的心情。我们说到童时的天真,童时的可爱,还不是因为儿童时期我们有个不要报酬的保护者,不必我们工作,我们可以得到生活的满足?试问那些流浪的孤儿,他们能不能欣赏这种歌颂童年的诗篇?我们若从这方面看去,最喜欢看冰心《寄小读者》的也许并不是太小的读者,而正是那些刚被家庭推出来,进入社会自谋生活的年青人。在社会断乳的过程中,他们留恋追慕那温暖而不须自己负责的家庭,想有个永远在身边的母亲。也正是因为没有人能永远躲在母亲的怀里,所以在这一段时期的读者会有要求母爱的情绪。

一个人一旦发现父母并不是全能的保护者的时候,不免会发生一种深切的恐慌。这恐慌多少是需要一个上帝来代替父母的根据。在社会性断乳的过程中,这是当时心理的一部分。当我自己在幼年时每次上城隍庙看草台戏总要经过有着四大金刚的山门。我记得很清楚,我起初总是伏在我最信任的祖姨肩上,偶然偷眼看一看这些狰狞的巨像,心里不觉得恐惧,因为我在一个完全可靠的保护者的怀里。可是后来长大了些,我突然发现我所信托的保护者并不是全能的,于是我不敢再上城隍庙了。我这时的恐惧是切骨的。同样的心理也会发生在每一个站在从家庭到社会的桥上的孩子的心头。若是像城隍庙一般,反正不去看草台戏就不必进去,我们这恐惧心理是无害的。可是人怎能不走进这生活竞争的场合呢?

心理分析家曾用"凝固"一词来描写那种跳不出母爱的反常心理。母爱的凝固,也是幼年情境的拖累,会使长成的人不能对异性发生正常的恋爱,影响到他正常的性生活。母爱是童年生活的象征,停止在童年生活上的人不但性生活不易正常,其他个性的发展都会受到阻碍。

我们的社会生活是和生理相类的。婴孩靠母乳才能生长,但是长到一个时候,却不能老是靠母乳了。母乳不但不能满足已长大了的孩子的营养需要,而且对于孩子的消化能力也还有不良的影响,于是在一定的时候,孩子要受到不痛快的断乳。社会生活也有这种类似的情形。孩子早年的抚育需要父母的保护和供养,但是长到一定时候,孩子不能专门在父母的荫庇中生活了。继续这样生活下去,会引起不良的结果,因之,在抚育过程的末期,必须有一度社会性的断乳。

成年仪式

马林诺夫斯基分析了各种澳洲土人生活的报告,曾下一个结论说:"当孩子到达成熟的时候,亲子关系发生了一个极基本的变化。这时,孩子们脱离了他们父母亲密的接触和控制。女孩子们很早就结了婚,就是说,她们很早就离开父母的居处到丈夫那边去了。男孩子在和女孩子出嫁时相当的年龄,一定要经过一个成年仪式,依我们所知道的,这些孩子也不再回到父母的居处了。

"我们不太知道,女孩子出嫁后和她父母怎样隔离的。他们一般的情形是父居的,女孩子出嫁后离开父母住到丈夫家里去。这样,父母的影响和接触大部分必然会中断;因为我们从各方面报告中看到他们各家的居处不是分散的就是很少在一起的,丈夫的居处很可能是不和她父母的居处在一起。在那些人口比较稠密的地方,大多是采取外婚制的,同一地方的人不相通婚,女孩子们一出嫁也就嫁出去了。

"几乎所有澳洲的土人中都有回避丈母娘的风俗,所以女婿和妻子的父母被这风俗所隔离了;他的妻子自不免也受这风俗的影响而疏远她的父母。"

马林诺夫斯基,列举了各项记录之后,又接着说:"从这种证件中,我们第一点可以见到男孩子们到成熟时的确脱离他们父母的照顾,得到完全的独立。"澳洲的男孩子经过成年仪式就搬到公房里去。公房是几个青年共同寄宿的地方。他们的公房和他们父母的居处是分离的。"有些报告告诉我们他们公房里的生活。他们的食料和烹饪似乎有一部分由自己供给的。他们睡在一个大房里,或是围绕一个共同的火炉。大致说来,他们似乎是形成了一个独立的、与别人分开的社会单位。这时,在他们的公房里,是他们真正受训练的时期了。他们接受另一种新的权力的支配——部落里长老的权力。尤其是在成年仪式中,一切他们所学得的知识和道德都是从部落里的长老手上传来的。他们也在这里认识许多家庭圈子以外的新朋友。"❶

类似的情形也可以在我们自己的社会中看得到。现代的学校所有的重要性并不在课堂里所传授的课本知识,而在他所形成年青人的集团。我还记得第一天寄宿到学校里去时的印象。我一个人被弃落在房间里,门外人尽管多,操场上全是快活的孩子,而我却寂寞地一个人在想家。这是一个不同的世界。在这世界里,没有人来迁就我,若不是自己去寻找人家,人家不会来理会我的。现在想起了这情形,再去念人类学书里的成年仪式,觉得特别亲切。

我们自己社会里这种成年仪式已经不存在了。在古书上还有冠礼的说法,后来大家庭组织发达,子方脱离亲方的机会减少,这种社会断乳的仪式很可能因此而式微。可是在很多所谓初民社会中,这还是一个很重要的人生过程。譬如在瑶山中,一个孩子到了成年的时候,他的父母要杀猪请客。那孩子穿了新衣服,坐在床上,不准下地,除了学习跳舞。在这床上,他要坐好几天,学会各项成人所必需的知识,好像敬神的咒语等。这几天,他不吃东西。在我们看来,这种仪式简直是受罪,可是生理上的痛苦和社会上的隆

---

❶ B. 马林诺夫斯基:《澳大利亚土著居民的家庭》,1929 年,第 257—269 页。

重仪式，使受这仪式的孩子心理上得到一个极深的印象，那就是他从此是成人了。他得在这一个仪式中抛弃从小养成的童年态度，使他在心理上有做成人负责生活的准备。

这类仪式在非洲、澳洲的土人中都有，而且这仪式中也时常包括着身体上极痛苦的处置，尤其是在经常发生战争的部落中更是这样。他们要在这仪式中，要把"父母的心肝宝贝"变成一个为部落的安全而驰命疆场的战士。这两个世界相差太远，不是程度的差别，而是性质的不同。一个是道义的境界，一个是利害的境界，甚至是敌我的境界。一个人要从一个境界踏入另一境界，在心理上需要一个转变，这是成年仪式的目的。

成年仪式不但是在孩子的心理上划下一条永远不易忘记的界线，同时也在父母方面造下一个心理上的割舍。我在上面已经说明，家庭是个合作的团体，一切合作的团体都有着反抗破裂的潜在力。家庭是注定要破裂的，孩子总是要脱离父母独立成家的，所以社会得参加这破裂的过程，用社会的力量来抵消原有三角中反抗破裂的力量。我们若参观一个成年仪式，不免会见到种种表现着发泄不满和仇视的行为。这是让这种从家庭破裂中不免发生的情绪，也是对于社会无益的情绪，在仪式中发泄出去。社会性的断乳和生理性的断乳一般是一件不得不实行、可是又不愿意实行的手术。

在没有成年仪式的社会里并不是说没有这种社会性断乳的过程，除非这社会能容忍萎弱的少爷们的存在。社会性的断乳可以分成很多的节目来进行，可是我觉得在心理上缺乏一个明显的转变，对于个人人格的完整上可能会发生不良影响的。这也可能是现代社会精神病症日渐增加的原因，心理跟不上生活的变化。我在初入学校宿舍里的心境，正是一个轻微的例子。我不知道有多少人受这心理的影响而形成孤僻的性格。

为了家庭的团结，我们也可以牺牲孩子的独立性，而采取另外一种避免家庭三角形间破裂的办法。这种办法的结果将会使三角形扩大成一个包含着若干世代相联结的个别家庭的亲属团体。在这种团体里长大的人们的心理是值得我们加以详细研究的。

第十一章

社会继替

我在第一章里已交代明白生育制度的功能是完成社会新陈代谢作用的继替过程。在人寿有限、生死无常的变动中，一个人的生活却依赖于一个完整的社会分工结构，所以社会不能不断地预备下新人物等着去接替旧人物死亡和退伍所发生的缺位。我在以上几章中分析了担负抚育新人物责任的社会团体、家庭，以及在这团体中各分子之间的关系。接着从下一章起我将分析继替过程的本身。在转变我们分析的对象之前，我想插入这一章，从整个社会背景中去说明继替作用的性质和采取亲属原则的根由。

基本理论的重述

在这里让我先重述一下在前几章里所提出的基本理论。我认为我们理论的出发点是在一个基本的假定上，人的活动是求生，求生就是满足他生物基础上所发生的需要，食、色，等等。需要的满足有赖于物质的利用，人的基本活动是利用外界物资来满足需要的活动。在利用的过程中发生了经济的原则，以最少劳力获取最大报酬的原则。为了效率，人类创制出复杂的分工合作的机构。贪图生活的优裕，每个人的生存和生活都依赖了别人的生存和生活。这就是社会。要维持社会的完整，有一套必需满足的条件。这些条件中可能有和从个人生物基础上得来的本性不相合的。换一句话说，我们从那些独立生活的动物祖先所遗传得来的若干特性和我们分工群处时所需的生活是不相适合的。因之，社会上必须有一套共同接受的办法，用社会力量来强制大家奉行。这些办法是文化。文化是社会创造出来使人类可以共同生活来满足个别需要的手段，文化是以社会力量来维持的生活方法。

维持社会的完整最基本的一个条件，就是要有足够数目的人口来担负分工结构所规定的各种工作。我在这本书里就想从这个条件来看人类怎样用社会的力量创造出种种文化设备来达到维持社会完整的目的。维持社会完整还有其他条件，譬如秩序的维持、环境变动的适应等。这些我将留待以后在别本书里再从长讨论。我充分知道在事实上社会的分工结构永远是在变动之中，可是在我们分析新陈代谢时，可以，也不能不，假定分工结构本身并不在变动中的状态。只有把这继替过程分析明白之后，我们才能再着手分析分工结构怎样变动。

从社会完整的观点上看生育制度，我曾说过几句似乎不合于常识的话：我说在人类中非得有活着的别人才能有活着的自己,我又说:人类有死才需要有生。我也说过:人类有孩子才有婚姻。这几句话,其实就是我在上文中反复申论的主题。我要读者从意义上去看前后,不要从事实程序中去看前后。普通见解总觉得生育是自然现象。孩子是上帝给的,不论是恩典还是刑罚。人只是被动地接受生物原则所定下的命运。孩子既来了,人就得设法把他养大,在社会里找一个地位给他。这是从每个人自己的经验来说的。人们生活在社会里,受着社会制度的陶冶,跟着规定的过程进行,但是这程序却并不是发生这社会制度的理由。我们若是只想描写这制度,我们确是可以依这规定的求偶、合婚、生孩子、孩子成年、独立生活的事实程序着手,若是我们要求了解每一节目的意义,却得把这个程序倒过来解释它。

我已经提到过并批评过不少理论犯着那种"将错就错"的文化观的弊病。依他们的看法,人既是被动地做了生育的机器,孩子们不断降世,社会就得给他们生活的地位;于是社会得因人设事,无从限制。果真如此,社会能不能有一个结构也就可以怀疑了。因为这种情形只在个体间没有分工合作体系的动植物中才能见到。它们在幼体能单独谋生时,就离开它们的母体,在广阔的天地间找寻它们生存的机会。新体固然是从旧体获得它们的生命,可是并不须从旧体获取它们的生活。它们在生活上所受到的限制,只是自然的吝啬,而不是同类的刻薄。它们在自然淘汰中决定存亡,也就形成生物界的自然秩序中的一部分。

在有分工合作体系的动物中，情形就不同。我们且看蜜蜂，幼虫成熟了，得跟随着新生的雌蜂分房自立。它们不能在老房里生活下去，为的是蜂房有它一定的结构，容不下两个雌蜂。人类社会也是有结构的，和任何分工的体系一样，既成体系就有一定的限制，在历史上我们也看见过有类似蜜蜂的分房，大规模成批的移民到未开发的新大陆上去建立他们的新社区。但是人类的世界却狭窄得很。我们绝不能希望一个永远开发不完的广阔天涯。何况人类和蜜蜂毕竟还有一点不同。蜜蜂能单靠生物机能来分工合作，而人类却靠累积的文化。历史上的大规模移殖不易常见，除非人类愿意活在极简单的程度上。在人类中，除了在一个因技术不断发展，经济也在不住扩大的期间，一般说来，一个新分子的生存空间，物质和社会的支配范围，还得在旧世界里寻觅，他得在原有社会分工体系中获取他的地位。社会结构不再扩张时，新分子入社的资格就得向旧分子手上去要过来，换一句话说，他一定要等社会结构中有人出缺，才能填补进去。这就是我所谓的社会继替。

社会容量和人口

我在第一章里已说过社会结构是有一定的人口容量。这其实是一切有结构的体系的通性。所谓结构，所谓体系，就是指各分子的存在依赖着别分子的存在。它们各自据有一定的地位，互相关联，互相维持。社会有结构，因为各个人的生活是互相依赖，所有的行为是须和别人的行为相配合的。一个结构所能容纳的分子必须有地位安置，不然就格格不入了。社会里的个人并不是堆积而是组合。因之社会的容量受着结构的限制。

社会有一定的容量在战时最为明显。战时的动员就是调动社会各部门人口数量的配合。战争是一件临时发生的社会大事，有关生死存亡。每一种战争都需要一种能担负这事务的社会结构。战争里要多少作战人员依着战争的性质、战场的广阔而决定。一定数目的作战部队必须多少补充的预备部队。这也决定了每一时期要训练多少壮丁。要维持这个数目的军队能在战场上依着计划作战，就得有一定数目的工人在工厂里制造军火和装备，有一定数目的农民在田地上耕种、生产粮食，有一定数目的矿丁在矿山里发掘原料，有一定数目的司机在公路上开汽车、在铁路上开火车、在海面上开轮船、在天空里开飞机。……现代的战争必需有详尽的统计和计划。人数的调遣是最高统帅部作战计划中最重要的一部分。战争结束就有所谓复员，这是要把社会结构改弦更张，各部门的人数必须加以重行分配。若是不预加计划，就很容易发生失业的恐慌。这里我们最容易看得明白每一个不同的社会结构有它适当的容量。人数过多或过少都会出毛病，所谓出毛病就是社会上有许多人不能得到工作，生活发生困难，或是人手不够，社会事业发生停滞。

以往论人口的学者很少注意到人口数量和社会结构的关系。早年的马尔萨斯就是个接受"将错就错"论的人。在他，生育是自然现象，人像苍蝇一样会不断地繁殖。人多了食料不够，吃不到饭的人因穷困营养不良而死去，为要争食料，大家抢饭吃，发生战争。他最后是主张积极性地限制人口，使大家能安居乐业，不必在饥荒战争中去解决人口问题。但是他理论的出发点是把人类看成和其他动物相同的，也就是说他忽略了人类生活所赖的社会结构。人口的消长并不是自然的生物现象，也不是食料的多寡，而是决定于社会结构的性质。马尔萨斯对于人口的预测没有实现。在19世纪人口增长极快，而到了20世纪，经济发达，食料日增的情形下，西欧各国反而闹人口降落。在中国和印度却始终保持着庞大人口，虽则他们的生活程度已近于生存线。依马尔萨斯的说法好像人口在可以得到食料的时候，必然会增加的，和苍蝇一样；因之人口必然在最低的生活程度上过日子。依我在本书中所提出的看法则不然。人口的数目是依当时当地的社会结构的需要而决定的。若是一个结构里需要的人数多、物资少，这结构中的人甚至可以在半蛰的状态中过着不得饱食的生活；相反，若是一个结构只需少数人口就能维持，尽管食料丰富，也不会依几何级数的速率去生孩子的。

我在《禄村农田》一书里曾特别重视农作里劳力的需要和分配。在以体力来耕种的技术下，在农忙的季节里即使动员全村的劳力还是不够。换一句话说，为了要维持农作的劳力的需要,虽则这需要只发生在一个很短的期间,农村里不能不养着大量的人口。在这种人口就是生产动力的经济结构中,地狭人众的现象是避免不了的。在以蒸汽、电气等作动力,以机械作工具的经济结构中,如现代的西洋,社会结构所需人口的数目降低了,人口渐减的趋势也日见显著。我在这里固然不能用数字来说明每种社会结构的容量有多少,但是若从这个观点去研究这问题是可以有结果的。

看法的不同,使得在人口问题的对策上,因之也有所差别。世界各国的政府因为不同的目的时常采取奖励和限制人口的政策,但是效果时常是并不太显著的。当然政府可以禁止出售节制生育的书籍和工具,但是在这方面官方所能做到的很有限。至于奖励则更不易见功。除非政府在经济上谋改革,否则人口消长的趋势是不会改变的。以中国的情形说,我是一向主张推广生育节制的。中国人口太多,资源不足是事实。依现有情形维持下去,中国人民的生活程度是无法提高的。但是现在我觉得单单推广生育节制的知识,并不见得能减少人口。人口众多是症候,而不是病源。除非中国农业里能采取别的动力,不依赖体力劳动,人口才能逐渐减少。

在这里我们还得注意到人口问题的另一方面。我在上面说每一个社会结构有它一定的容量,这是指在社会中有职位的人而说的。在人类社会结构中可以容许,而且必然有没有职位的人生活着。因之一社区的实际人数必须连这些人也算进去,所以实际人数和社会结构的关系也有了相当的伸缩性。没有职位的分子包括没有就业的孩子们和在结构变动中退伍的失业者，以及衰老的人。

这个社会结构的附属外围是人类社会所必需的。社会结构中有缺位时，不能临时去找一个填补的人，因为在社会上能担任工作的，在分工合作体系中能参加一分子的，必须先有一番训练。从个人说，他固然是生在社会里的，但是他必须经过一个学习时期才能在社会中得到正式的社员资格。在这一个预备时期，他要依靠成人给他生理的和社会的抚育。人类学习时期既然比其他动物都长，所以人类社会的整个结构中总有两个部分：一个是分工合作以谋维持社会生存的中心结构；一是培植社会分子的预备机构，也就是中心结构的附属外围。在这外围里有着大批等待加入中心结构的候补员。

在这里我还得进一步指出：以个人说，候补时期的长短并不是一定的；以社会说，预备机构的容量伸缩也相当大。我们知道，社会性的成年并不等于生理性的成熟。生理性的成熟有一定的年龄，社会性的成年则须依社会继替的速率而定。当社会中因衰老病死及其他原因退伍的速率增加，则预备下的候补员就得提早填上去，预备机构的容量因之缩小。当一个社会发生突然的改变，需要更多的服役分子，本来还在抚育过程中的孩子们，也得拉上前线。工业初起时童工的大量应用，战时学龄期的缩短都是明显的例子。反之，平均寿命的拉长，退休年龄的改迟，候补者授实的机会减少，在预备机构中等候的人数也就增加了。

若逢社会结构正在缩紧的时候，好像在大战方息之际，很多已经被征用到分工体系中去的人员，也可以被挤回预备机构中去，靠救济金过日子。社会继替既受需要的规定，个人的社会成年因之也颇有迟早的伸缩。我们所要分析的继替过程也因之并不是发生在生命的开始和结束的接界上，而是在入社和退伍的交代中。

在中国农村中，我们常见到农民们对于生育毫无限制，一个妇女可以生十几胎。有人认为那是出于中国伦理观念奖励生育的影响。在我看来那是因为死亡率太高，尤其是婴孩，所致。死亡的威胁下，要维持社会结构的容量，势不能不多多生育。农家尽管几年就有孩子出生，但是能长到成年的儿童为数并不太多。奖励生育并不一定是奖励人口，只是人口的维持没有把握，不能不出此多生一些的下策。我说是下策，那是因为这是最不经济的办法，别的投资多少可以有一些收获；投资在人身上而人一死，可以全功尽弃，还赔上一副棺木。一个已经穷困的社会，再有人的不断死亡去侵蚀它的余力，自是一件可悲的事。

继替的亲属原则

在一定的社会分工结构中，职位是有一定的，因之新分子要入社必须由旧分子把他的职位让出来，这是继替过程。继替过程若没有一定的规则，势必引起社会的混乱。为了避免社会的混乱，任何社会都有它的继替机构，按着一定的原则，使社会职位，包括对物和对人的各种义务和权利和所担任的工作，在规定和公认的方式中，一代一代地传递下去，使社会的新陈代谢，有条不紊地进行，不影响社会的完整和个人的生活。

可以用来规定继替方式的原则很多。可是总括起来不外两种性质：一是以机会来决定；一是以选择来决定。抽签即属前者，考试即属后者。这两类的原则正可以在一个社会中同时通行。譬如英国国会的下院是选举的而上院却有一部分是世袭的。我们可以从遗产获得财富，但也可从比赛中得到奖金。可是从整个人类的历史看来，据亨利·梅因（Henry Maine）说，社会继替的原则确乎似有一种趋势就是他所谓从 Status（身份）到 Contract（契约）。Status 是指一个人依其出生即得的身份，靠他入世在哪一人家，占着哪一个地位来决定他这一生应得什么样的权利和义务，应做什么样的事，这是全凭机会。Contract 是指自由订立的契约，按他自己的意志作出的选择所决定的。因之，这种趋势就是从机会和命运到选择和自主。梅因所以下这个结论的原因是在他看到古代社会和初民社会中的特权大多是世袭的，换一句话说，继替方式是根据亲属原则的；而现代社会中，世袭的特权，尤其是政治上的地位，已经大受攻击，因之，他觉得自由契约的兴起将根本改变社会继替的原则了。我们自可承认现代社会继替方式确已有一部分脱离了亲属原则，但是以亲属作为继替原则的还是十分普遍。因之，我们在这里不妨推敲一下，为什么亲属原则能这样有力地支配着人类社会的继替过程？

一个社会所以要规定继替原则的目的是在免除社会混乱。历史上，我们常可以见到即在一定的世袭规则下，偶因特殊原因，不能决定谁有继袭权利的时候，政局常因之发生骚扰。我们应该还记得欧洲大陆之幸免于被蒙古铁蹄全部蹂躏，不就是托福于元朝皇室继替作用中发生了问题么？在家庭里争夺遗产也常会闹得有声有色，令人啼笑皆非。我们可以想象一个对于继替作用没有清楚原则的社会，每逢一个人死亡或退位，他所占的地位都要成为一番争夺的目标时，这个社会的混乱，一定难以避免，一切日常生活都会无法进行。所以继替原则的规定其实是一种消极的保障，使社会秩序不致因社会分子的新陈代谢而趋于紊乱。至于一个社会想采取哪一个原则来规定它的继替作用则大有挑选的余地。从过去历史上看，似乎只要所采用的原则能把社会地位的授受规定得清清楚楚，易于记认，不生争执，就可合用。最理想的是限制到一个人的死亡或退位时只有一个人有资格来继替他。退求其次则即有争执，也要有一定的标准，使这种争执能最经济最有效地予以解决。至于继袭者在能力上、在天赋上，是否可以胜任所继的职务，却时常不是规定继替原则时最先考虑到的问题。

在初民社会中有许多重要职位如巫师、祭司等规定着许多在我们看来毫不相干的资格，譬如必须是孪生的、瞎眼、孕妇、白痴、反常心理的人。其实这不过是利用生理上不常有的特性来限制这些职位的竞争者罢了。也有地方利用人为的特性来规定资格的。有时看来简直是不近人情，强人所难，如不准婚嫁、毁伤体形、限制饮食等普通人所不愿接受的事。正因为一般人所不愿接受，所以竞争者的数目可以因之减少。也有地方用财富来规定资格，北美大草原印第安人中，一个人若想爬上一级年龄组时，必需用钱向上级的人购取资格。又像滇西的傣族要升作一个有地位的人，必得消耗大批财富做一次"摆"，请一次客。这是和我们现代社会中收取巨额学费以限制统治阶级人数和以时装挥霍来决定出进夜总会的资格，用意是相同的。

常被人们用来限制继替资格的是亲属体系。而且也可以说，亲属体系在一定意义上也有特别适宜于作继替原则的地方。每个社会都有一个通行的亲属体系，可是每一个人依这体系所认取的那些实际亲属却决不会和另外一个人在同一体系中所认取的亲属全部相同。譬如说，我们都有父母伯叔，但是你的父母伯叔却可以和我的不同；我们即使是兄弟，相同的亲属固然有很多，但是因为行序有差，你的妹妹很可能是我的姊姊。何况各有各的妻子，以及由妻和子所引伸出去的亲属也就完全不同。亲属结构的特性就是在每个人都是他所应用的亲属体系的中心，各人间有一相同体系，但没有一个相同的坐标。因之，它是富于特殊性和个别性的。若以亲属关系来作某项事的资格，可以免除很多发生竞争的纠纷。我们不妨设想一个例子，若是进入戏院的资格是付出一定的票价，则凡是有能力付这个价钱的，都可以购票入场了。若是人多票少，一定要在小窗口拼命挤才能买得着票，妇孺老弱固然取消了入场资格，但愿意出汗折腰的还是大有人在，把一个戏院门前闹得乱哄哄。现在假定戏院里立下一个被大家接受的规则，入场资格以亲属作原则，能入场的必须是上一场入场者的长子，戏院前必然秩序井然了。因为尽管你神通广大，所求必得，可是你却永远不能选择你的父母，随意认人作爸爸，除了冒充。这种冒充要检举时也比较容易。

亲属结构还有一个特点就是亲属间没有两个人和自己的关系在亲疏程度上完全相同的。亲疏程度不但不相等而且有着一定的层次，不易混淆。同是兄弟，有长幼之别；同是伯叔，有嫡堂之分。若是用亲属原则来规定继替作用不但清楚而且容易递补。一个人没有儿子也不致找不到继替者，因为他很容易依着亲属秩序去找一个仅次于儿子的近亲。继替作用仍可按部就班，不紊不乱，没有争执地进行下去了。

亲属体系甚至可以说是特地为了要用作有条不紊的继替原则而定下的。即使我们不采取这种说法，认为亲属体系另有造因，我们至少也得承认，因为它被利用了作继替原则，所以发生了很多特别适宜于继替秩序的特点：譬如世代排列、男女分殊、单系偏重、亲疏层次等。

我虽则说亲属体系有很多地方是十分适宜于用作继替原则，可是我并不是说这是个完善的原则。正如其他一切人为的制度一般，它满足了一方面的条件，在另一方面却又留下了漏洞。我在以后几章中就想逐一提出亲属体系被利用为继替原则后，在人们的心理上、社会关系上所引起的缺憾。这正可以作我所主张捉襟见肘文化观的例证。正因为人为的制度并不能尽善尽美，适合于全盘人性要求，所以人类的制度也永远在变动。继替作用，如梅因所说，业已发生脱离亲属原则的趋势。这种转变怎么会发生的呢？于是我要再进一步分析继替作用应用了亲属原则后所发生的结果怎样了。让我留着这些问题到以下几章去讨论罢。

第十二章

世代参差

世代是分别亲属的一种原则，根据生育的事实，把生者和被生者，也就是亲子，分成相衔接的两个世代。借用生物学的名词是 F_1-F_2，凡是从同一父母所生的同属于一代。人类的谱系上，和其他生物一般，从生育关系上，可以很清楚地划出一代又一代，不相混淆。但是亲属中还包括由婚姻关系所结合的姻亲。要维持世代的分划作为社会行为的根据，就得避免婚姻关系扰乱世代的分划。我在第四章里已说过为了避免引起社会的混乱所以人类社会大多采取外婚方式。严格的外婚固然可以减少因婚姻而引起世代的混淆，但是发生了婚姻关系之后，世代的分划也就推广及于姻亲范围（虽则有时在姻亲范围内世代原则应用得不太严格），所以社会总是要干涉到异代的婚姻，除非这社会的结构不注重亲属，或是亲属体系中不注重世代原则。

世代划分之所以被采用到亲属体系中去的原因和社会继替有很密切的关系。从大体上说来，继替过程是社会的新陈代谢作用，陈旧者退伍，新健者入社。世代的代字就是指这新旧的关系。但是亲属体系一般所采取划分世代的标准却是生物性的，等于生物学上的F，是生者和被生者的关系。用这标准来划分世代，再用世代的秩序来作继替原则时，不免缺乏弹性，竟可以和社会继替过程实际的交代方式不一定完全相符合。我在这里所用交代方式一词是指：一个人把他的社会地位交给代替他的人。若是继替过程按着世代秩序，交代的对手是亲子。我们现在要问的是在普通社会里，交代的对手是否必然是亲子两代之间。子女的成年是否必须父母的退伍，全部的或部分的？旧分子退伍新分子入社，一出一进，这继替过程在世代架格上可能搭配出多少样子？

我在上章说过：社会继替是发生在退伍和入社的交代上，社会分子的退伍和入社与生理的死亡和成熟可以不同，虽则生理上的变化确是决定退伍和入社的一个重要条件。个人的衰老病死使他不能担任所占职位的事务，于是他不能不退伍了。一个生理尚未成熟的孩子，有不少社会事务是无力担任的，于是他不能经营独立和负责的生活。但是一个没有死，甚至没有老的人，在社会的规律下，也可以交出他在社会上所有职位的一部分或全部。一个生理业已成熟的青年也可以被摈于社会分工体系之外，继续他的附属身份。因之退伍和入社会的实际年龄，并不是单独由生理来规定的，而是由社会来规定的。各个社会可以因不同情形，作不同的规定，同一社会在不同时期也可以有不同的规定。因之，继替过程在世代架格上所配搭起来的交代方式并不限于一代接一代的样子了。

让我们先看看比较简单社会中的情形。不妨以我们的农村为例：在农作活动中，个人入社和退休的年龄大体上是根据生理状态。一个生理成熟的青年，在16岁左右，他在农村社会中已具有结实的身体，足够的知识，可以有资格从事独立的工作了。三四十岁的壮年是农作的主要干才，一直要到他们的肌肉因年老而衰弱时，他们才不能担任农业中以体力为主的职务。一般讲来，大约是在60岁左右。我们若以16岁作入社年岁，以60岁作退伍年龄，大体上可以代表农业社会的一般情形。

一个孩子16岁入社，20岁很可以已做了父亲。当他的儿子长到16岁时，他还只有36岁，正是农作的主力，要他在这时退伍，把他的财产、权利、地位交给儿子是不合于农业社会的需要的。可是这些16岁的孩子们既要入社，从什么人手上去取得他们所必需的生活凭借呢？当他们入社时，已届退伍年龄正是他们祖父们一代的老头子，所以我们从这种交代方式看去，使我们想到了植物生殖作用的世代交替。农业社会的文化充满着植物性，连继替作用都会发生植物的特征。

农村及其他类似的社会中世代交替的事实和亲属体系的代代相承的原则是不相符合了，虽则亲属体系中确有着一种想吸收这种隔代相承原则的形迹。我们传统亲属词汇中世代的记号是：高、曾、祖、父、子、孙、曾、玄、来、昆、仍、云。我们若把这一串名词分为两组，每隔一代放在一组里，就会看见一件极有意思的事实。在甲组里是曾、来、仍，在乙组里是高、祖、玄、昆、云。甲组里的字意义是相通的，都是再生的意思；乙组里的字都是距离的意思。综合起来说，一组是相亲，一组是相疏；一组是相近，一组是相远，也正是包含着世代交替的原则，隔代是相同的，接代是相异的。孙字本身就明白说明了是自己的再生。古礼中，祭父时以祭者之子尸其位，那是以孙代祖；昭穆的排列也是隔代成组。我们虽不能确知这些习俗发生时的用心，但是若从世代交替原则上看去，这些习俗似乎可以给我们一种新的领悟。

可是我们尽管在亲属词汇上，或祭礼中，牵入了世代交替的原则，但在实际的继替过程对人和对物权利的传递中，我还没有找到任何异于世代交替的形式来。一旦采取了亲属体系作为继替原则，世代交替的事实也就被掩盖住了。世代交替的事实在代代相承的亲属体系中仍可以运行无阻。譬如甲代退伍时并不必直接把财产和地位交给刚入社的丙代，可以由乙代收领。丙代另在乙代手上获得一部分财产和地位。对于乙代可以说并无增损，他不过是甲丙两代交代的中间齿轮。可是这个办法却很可能引起乙丙两代的磨擦和冲突，这种磨擦和冲突就发生在亲子之间。

我们要知道乙代和丙代是同时在同一社会结构中从事工作的。当乙代接收甲代退伍时所遗下的财产和地位后，他的活动能力、经济收入、社会影响可以因之增加；可是他却要把一部分对于他生活尚有用处的财产和地位移交给丙代，他自不免会感觉到一种损失。其实在局外人看来，乙代本是甲代交代给丙代的齿轮，没有觉得吃亏的必要。可是正因为甲丙两代间的世代交替要用着乙代，使乙代发生了损失的感觉。这感觉可能使亲方在主观上发生自私的打算,而不愿,或不鼓励孩子们及时入社,造下了亲子间的矛盾心理。一方面社会用了种种方法去巩固亲子感情,而另一方面却又造下一种情境,使做父亲的感到子女的长成是对他们社会地位的威胁。两者不能兼有,于是扶得东来西又倒,使亲子关系中包含着不少窘态。

甲丙两代世代交替要乙代来做媒介,结果至少可以使那些自私的乙代可以得到延迟丙代成年的机会。在我们自己社会中就可以见到含有这种作用的大家庭组织。大家庭组织原则上是在维持家长的权力。但这份权力实在带有被家长霸占的性质,因为一个本来已经可以经营独立生活的小家庭单位,被家长把持下了一部分入社所必需的资格,使得他们不能不继续在附庸身份中过日子。从整个社会结构的继替过程上看,实在是把世代交替硬劲改成代代相承的方式,把退伍一直拖延到死亡的时候,结果是延迟了新分子入社的时期。更因为已长成的新分子不能完全处于未成熟的孩子的生活方式中,在不断的要求中,压迫着亲方一点一滴、部部分分,把社会身份转移到下一代去,使继替过程充分表现了渗透的性质。

在大家庭一类的组织中,到处潜伏着亲子冲突的暗潮。于是子方发生了厌恨亲方的心理,正如我在第八章里所提到的弗洛伊德的寓言所说的。这寓言虽则描写得过火了一些,但确实突出了人间一部分的悲剧。可是他所谓那种俄狄浦斯情结却并不是亲子间无法避免的基本矛盾,它只在特定的社会结构中发生。依我在本章的分析，亲方所以成为子方前途的碍路石，有一部分原因是出于继替过程中用了代代相承的原则，而事实因退伍和入社的年龄相差太大，继替作用已成了世代交替的性质，两者的矛盾引起了亲子间心理上的情结。若是入社年龄一旦拉迟，情形也就不同了。

一个人在比较复杂的社会中的成年期也比较晚，一方面因为工作的性质逐渐脱离体力劳动，延长了退伍的年龄，以及一般寿命的增加和死亡率的降低，使社会的继替过程发生了重要的变化。以我们做学术工作的人来作例，16 岁大都还是在高中里踢皮球、作弄老师的时期；20 左右中学毕业，25 岁上下大学毕业；20 岁若是能把做学问的工具预备好，已经算是个可畏的后生了。在学术上要有贡献，在学术界上想占一个地位，除了少数天才外，总得在 40 岁以上。在现代社会中从政的，和从事实业的情形也差不多，在一个正常的社会中，能负得起重要责任的决不容易低于 40 岁。

成年较晚，使一辈生理已经成熟的青年男女不能不在社会的预备机构中消磨他们的青春，实行晚婚，甚至可以晚到一个连结婚的兴致都丧失了的时候。学术界中成功的人物娶不着夫人的为数实在不少，如斯宾塞、如康德、如尼采，不都是独身终世的么？即使我们退一步而论，以三十而立作标准，一个人达到入社的时候，他的父母已经可以在 60 岁以上。一个老态龙钟的老翁在事业上总是已到了，或已近于退伍的时候了。即使孩子入社的资格得全部取之于父母，也不敢使父母发生孩子有篡逆之感，也不致使孩子觉得父母是人生道上的障碍了。亲子在这个情形下，并不是同一世界上事业的竞争者。假使作父母的对于子女的成年还要有些反感的话，这也不过是一种"叶落知秋深"的诗意的警觉而已，正如冯友兰先生说儒家觉得"结婚生子实与吾人之预备棺材同一可悲"的意味。可是我们得知道，棺材毕竟不是死亡的原因，子女成年也不是自己衰老消灭的促成者。可悲者自是死亡和消灭，不在所预备下的后事，更不是它们的标记。

在这类社会中，亲子并不易因继替作用而发生磨擦。若是还有问题发生，这问题的性质也和上述的绝不相同。亲子年龄相差太远，入社时期延迟得太久，世代间一线相承的方式有了困难。若是一个人在30岁之后才有儿女，很可能在儿女还没有成年的时候已经弃世，儿女的抚育尚不易完成，何况要儿女来继替呢？即使高寿，可是60多岁所经营的事业也不易由一个初出茅庐的小伙子来接手。于是亲子间世代相接的继替方式也就难于实行了。在两代之间必得另有一代中间人物以作过渡。若是代代相承的原则不加修正，则势必发生摄政式的过渡办法。这种办法对于社会效率并不是有利的。若是还要维持亲属原则，则很可能发生商代所采取的兄弟叔侄的继替方式了。也许正因为这个社会成年太迟的原因，使亲属体系逐渐不适宜于作为社会继替的原则，于是如我在上章所说的，在现代社会日趋复杂的过程中，社会继替至少亦不能不部分地脱离亲属原则了。

第十三章

单系偏重

人类的抚育是双系的,这是说父母共同向孩子的抚育负责,在家庭中父母是并重的。亲属体系既以家庭为中心,以父母为申引的基础,则从父亲方面推出去所记认的亲属自应和从母亲方面推出去所记认的亲属相等的亲密和相等的众多了。生物学者研究遗传时所记录的谱系是双系并重的,因为构成一个机体的生物本质是由父母双方平均贡献。从血统上说,外祖母的舅父和曾叔祖对我的贡献正相等。若是我们的亲属体系是根据血统来规定的话,它也应该是相同于那双枝并茂的谱系了。但是事实上却不然。亲属体系一出家庭立刻发生单系偏重的趋势。以我们自己来作例,就很少人能知道外祖母的舅父是姓什么,名字叫什么,他娶了谁,他的曾孙做什么事?反过来看,我们每逢节日很可能会对我们曾叔祖的神位磕头,他的尊容有时也会在过年时所张挂的神轴上见到。至于他的子孙,很有机会可以见面,称兄道弟,祭祠堂时一起行礼。他们结婚时还要破费我们一份贺仪。他们的父亲死时,在讣闻上会发现我们自己的名字。我们对父亲方面的亲属记认得很广很远,而对于母亲方面的亲属则很多就不认账了。当然，我们在这里应当先声明，这种单系偏重和所谓压迫女性是无关的，因为有很多别的民族里，好像特罗布里恩德岛的土人，母亲方面的亲属记认得很广很远，而父亲方面的亲属却记认得很狭很近。亲属的偏重可以在父亲方面也可以在母亲方面，可是在人类社会中还没有双系并重的亲属体系。

人类的生殖是两性的，进入生理抚育时是单系的，由母亲专任，但是为了社会抚育的需要又确立了双系的家庭；从家庭里引申出来的亲属却又成了单系偏重。从双到单，从单到双，又从双到单；生育制度中各段的形式一变再变，原因在什么地方呢？关于抚育方面的问题，我已经在前几章中说明过，现在将讨论到亲属的单系偏重了。

亲属体系为什么倾向于单系的偏重呢？马林诺夫斯基曾解释说："单系嗣续密切相关于世代间地位、权力、职位及财产传递的性质。在社会继替作用中，秩序和简明是维持社会团结的重要条件。"换一句话说，亲属体系一旦被利用来作继替的原则，它就不能不适合继替作用的需要而偏重于单系了，虽则这种偏重显然是一种把父母强分轻重、和事实不合、和人情相左的权宜办法。

假如继替过程采取了双系原则，我们就不但要从父亲手上获得社会地位和财产，而且还要在母亲手上获得社会地位和财产。母亲的社会地位和财产从哪里来的呢？我们要能从母亲方面继承地位和财产必须有一个前提，就是她得继承她父母的地位和财产。双系继替包含着男女平等继承的原则，因之，在双系原则下，我们不论男女都可向父母双系去继承，所继承到的却只是父母每人的一部分，因为有一部分得给我们异性的同胞带去给她或他的子女的。一个男子和他的姊妹分得了他们父母的财产和地位后，在结婚时，和他夫人从她父母那里得来的财产和地位合并起来组成一个生活的单位，他们的新家庭。等他们的子女长大了，他们各人所有的地位和财产分别分给儿子和女儿——这真如遗传学上的基因的分聚一般，可是连基因的显隐性都给取消了。

这种双系继替在事实上是可能的么？第一个困难是社会地位时常是不能分的。一国只有一个国王，怎能分成两半，一半传之子，一半传之女？这些权利即使可能分的，也不一定能和其他一半权利合并得拢，组成一个单位。若是父亲手上得到的是半个皇帝，母亲手上又得到半个臣子，加起来什么都不是了。这是双系继替无法实行的一个最明显的例子。

财产是都可以分的么？以住所来说，我可以从父亲手上继承得半个宅子，又在母亲手上得到半个宅子。两个半个宅子若是相离得远，使用时已有相当困难了。到了我的儿女手里，情形必然更糟，他们结婚后可以用四个四分之一的不同的住宅。再传几代，没有一个人有一间完整的房间可住了。田产也是这样，若是依双系原则来继替，经过儿女的分割，婚姻的凑合，每家的农场会零星细碎到不可设想的地步，甚至可以使农业无法进行。或者有人会说，他们不是可以互相买卖或交换，以避免上述的情形么？是的，这是一个办法，但是还相当麻烦，为便利起见，最好是由婚姻配偶一方面不必带财产过来，若是全社会都一律如此，不是等于大家分一半又受一半么？这个简单的办法就是继替中的单系原则。

要求男女平等继承的也明白所可以平均分割的不过是动产罢了。可是动产只是人的所有权对象的一部分罢了，虽则在现代都市中，还实行私有制的社会里，这种性质使财产逐渐重要了。我们若以为一切人对人和对物的权利都能随意分合，那就错了。正因为分合的不易，所以双系继替至今还只是一种设想，从来没有成为事实过。

社会结构中所规定下各种地位的权利和义务，就是我们常说的社会身份，多少是具有完整性的，于是采用亲属体系进行社会继替也就不能彻底的双系并重了。既然社会继替需要单系，被用来作继替原则的亲属体系也就因之发生了单系偏重的形式，不是父系就是母系。

我已经说过家庭组织中，因为要适合抚育作用的需要，所以是双系的，不但父母共同担负抚育孩子之责，而且子女在抚育上也是处于相同的地位。在双系抚育中所养成的感情联系是不分父母儿女的性别的。但是在继替中，因为单系的偏重，在这四个人中，只有两个进入直接的继替关系中。在父系社会中，女子的权利并不从抚育她的父母手上得来，而须向她的配偶的家中去承继。在母系社会中，男子也是这样。这实是使人为难的安排。若是感情的联系是抚育作用所必须的保障，则在家庭中自应奖励亲子间不发生性别的歧视；可是一旦不分性别的亲子感情太坚强了，当发生继替问题时，有一部分（不论是儿子或女儿）却不能得到父母所给的权利时，为父母的岂能不感到不平？

生育制度的两部分，抚育和继替，既包含着这种矛盾，双方都会因之蒙受不利。因为继替是单系偏重的，所以孩子在抚育上多少会因性别而受到差别的待遇。在我们这种父系社会中，女孩子被认为讨债鬼，不但在教育上受不到和她们兄弟同等的注意，甚至在出生时也有即被溺死，或很小时就被抛弃或被出卖的。女子在社会地位上的低落，无疑是导源于这种歧视的。可是我们也决不应认为父系社会中，父母对于女儿的感情是特别淡漠的。凡是能得到抚育机会的，多年相依的生活中，亲子感情的联系总是很强的。因之，即使在继替过程需要单系的条件下，因为抚育的双系性，单系继替的原则也总是不能贯彻，至多不过偏重于单系罢了。这也就是说，在继替过程中，时常依旧有双系性的部分存在。因为如此，所以社会的秩序和团结也永远受到继替作用的威胁，社会上许多纠纷就出于这个抚育和继替的矛盾上。

即以最富于单系性的姓氏嗣续来看，一贯地兼姓父母的原则固然为事实所不允许，但是偶然地把父母双姓联起来作一新姓的，还是不乏为例，我们有陆费、许邓一类的双姓，英国有皮特－里弗斯（Pitt-Rivers）、格兰特－达夫（Grant-Duff）等。此外还有把母姓列入名字中的，如捷克的国父。霍比（Hopi）人是从母姓的，但是名字却一定要由父系的女亲来提取，这和我们请舅父提名的习俗相同。这些例子就表示人们在维持继替的单系原则下，极力在迁就亲属的双系原则。

财产继承迁就双系原则更容易显露，我们注意一个新家庭的经济基础，就能见到这基础总是由夫妇双方合作形成的，虽则其比例则各地不同。以我们的家乡来说，不管女家穷到如何程度，实在没有能力来制妆奁，一条被却总是不能少的。在这种情形中虽则女家的贡献已少到只有象征作用，但是却充分表明了新家庭的经济基础决不是纯属单系。

在我们农村中固然很少有把土地陪嫁给女儿的，但是市镇上的离地地主，在不受土地经营的限制时，土地也时常是嫁奁的一部分。欧洲大陆上，贵族嫁女一定得有大批贵重的妆奁，以致青年男子常有以置产或还债为结婚的目的。在上层社会中，凡是没有妆奁的女子，可以出嫁的机会极少。我们一翻托尔斯泰的《战争与和平》，就不免惊异妆奁在欧洲社会经济结构中之重要了。妆奁是女子得自父系的财产，很明显是双系继替的一种方式。

在我们社会中，女儿过门之后，固然在名义上是和母家脱离了经济关系，但是在生孩子时，做外婆的还是得送大批礼物，包括孩子的衣服和首饰。这份礼物有些地方是认为必需的，相关于产妇的安全。平时，姑奶奶回娘家，常会引起嫂嫂的嫉妒，因为母女间私相传授的事，也是乡下家庭口舌中常常挂在牙齿上的题目。当父母逝世时，虽则女儿不能正式得到遗产，但是出嫁了的女儿也很少会空手回家的。

不论在父系或母系社会中，此类潜伏的双系继替常会引起法定承继人的嫉妒而发生纠纷。马林诺夫斯基曾很详细地记录在特罗布里恩德土人中所发生的悲剧。在这地方的土人中，一个男子所有的特权和财产，除了那些巫术和技术等小节目外，是不能传给从小由他抚育大的儿子，而得给住在别村里长大的外甥。这地方有个酋长，极爱他的儿子。这位酋长是德高望重、极有权力的，所以他的儿子虽则已经结了婚，却靠他父亲的声势，仍留在这村里。按当地习俗，他是该搬到他母亲原来的村子里去住的。老酋长为疼爱儿子，不甘心于单系继替的原则，人民慑于他的威势，也无可奈何他。但是有一次酋长的儿子发现了酋长的外甥——法定的酋长继承人——和他妻子有染，就向当地殖民地政府告发，结果酋长的外甥被判了一个多月的徒刑。这个消息传到了村里，群情激愤，全村人集合起来，借此题目，要酋长立刻把他的儿子轰走，因为他没有资格住在他父亲身边。第二天，酋长的儿子走了，酋长从此闭门谢客，酋长的夫人悲痛过度，不到一年就死了。

这位老酋长的伤心，正是一般做父母者免不了的遭遇。我看见过女儿出嫁时，母女抱头痛哭，当女儿回娘家哭诉她在婆家如何不好过日子时，做父母的那种爱莫能助的窘态，也正是在父系社会中常见的悲剧。

社会结构在此又露出了一个漏洞，于是又得设法打一个补丁了。一方面我们看见，社会常有种种观念来使做父母的人对于那些自小在身边长大，而又得不到继承权的儿女，在心里造下一些隔膜。我们自己有所谓"女子是泼出去的水","嫁鸡随鸡,嫁犬随犬"等说法,在特罗布里恩德岛土人中根本就否认了父子间的生理关系。

另一方面,我们也常见到利用婚姻配偶的选择,来补救生育制度中上述的矛盾。在江村通行一种中表婚姻,甲家把女儿嫁到乙家,等女儿生了女儿重又嫁到甲家去。甲家的财产和特权固然并没有传给他的女儿。可是却传给了他们女儿的女儿。这是隔代母系继替,在母系的特罗布里恩德岛土人中也有相同性质的办法。那就是娶姑母的女儿作妻子。姑母是父亲的妹妹,出嫁后虽则住到了她丈夫的村里去,但是她的女儿却又回到本乡来承继她兄弟的特权和财产。她若嫁给她舅父的儿子,她的丈夫就和她父亲的村子多了一重姻亲关系,可以时常往来,而且他们的儿子就有资格来接替她父亲的特权和财产了。简单地说来,表面上依旧维持着舅甥的母系继替,而实际上却成了隔代的父系继替了。我们从这两个例子中,可以见到双系抚育的基本事实,终究是不易全盘抹煞而成为单系继替的。

为了社会秩序和社会团结,社会继替不能不从单系,可是为了双系抚育中所养成的感情联系,单系继替也永不能彻底。因之,在我们亲属体系中虽不能抹煞父母的任何一系,但也永远不会是双系并重的,于是形成了单系偏重的形式。在财产私有制的社会里,这些是社会结构上的普遍特征。

第十四章

以多继少

我在以上两章中已讨论过了继替过程中世代和世系等问题,在讨论的时候,为了方便起见,曾假定继替过程中上一代和下一代双方数目上是相等的,一对夫妇有一个儿子和一个女儿,男婚女嫁之后,一个家庭继替另一个家庭单位,社会地位和财产可以原原本本地传下去。可是事实上并不常是这样简单的。人类对于生育还没有充分依着计划进行的把握。有时,夫妇可以不生孩子,生了又不一定长大;长大了,又因为单系继替原则,可能是依旧不能继替自己的父母。有时,孩子又生得太多,有资格继替的可能很多,继替时也就不免有种种困难发生。这两章我们就要讨论这些问题了。

人口的控制

我在上面曾说过,生育制度的功能是在维持社会结构的完整。每种形式的社会结构在容量上多少是有一定的;因之,在一固定的社会结构中,人口也常常是不能有太大的变动。若是社会结构不变，而人口增加，社会上各种活动也必然不能有最大的效率。譬如，一个人本来有能力可以耕种20亩田，技术不改变，而人数加了一倍，每一个人只有十亩田可以耕，这社区里的人就会浪费一半的劳力；若是他们生活单靠土地的收入，则他们的生活程度也会降低一半。为了社会结构的完整，人口不宜减少；为了社会的效率，人口也不宜增加。我这样说，并不是在描写事实，因为事实上，人口的消长还不能完全受人的控制。可是在事实层次里，这原则是存在的，人口太多或太少对社会上每个人的生活都会发生一些不良的结果。人口学者有人口适中点的理论，也就是指这社会结构的完整和效率的配合。

人口适中点是以整个社区的人口为对象而说的，似乎是一个理论问题，其实，当人口离开适中点时，在社区中生活的人所受到的不良结果就会表现在继替过程中，子息太多或太少的困难中。在一个生产固定的社区里，子息太多，立刻会发生怎样才能使子息得到足够的生活资源的问题。抚育本来就包括了给予后来者足以独立负责生活的社会地位和财产的责任。一个健全的社会不能容许负有抚育责任的人不能完成他们的任务。若是有一个社区，进入社区的许多分子大部得不到他们足以独立负责生活的条件时，这社区必然不能安定。它不是入于扰动不安，就必须改变社会结构，或扩大资源。换言之，社会多少要保证每个为父母的人不致因子女的长成而发愁。若发愁的话，那就表示这社会的结构还没有达到可以安定的程度。

从人口和社会结构的调适上看，以人口去迁就社会结构要比以社会结构去迁就人口为方便。因之，一个不在经济膨胀过程中的社区，多少总是在人口控制上下过一点工夫的。最明显的例子是广西的一些瑶族集团。在他们，每对夫妇只生两个孩子，不论男女。凡是有了两个孩子，继续受孕的胎儿就要被堕弃，即使没有被堕弃而出生了的婴孩，若没有别家认领，也不易逃避被溺死的运命。这样，他们使人口安定在不会增加的水准上。他们更以承认父母两系并用的办法去解决一家不一定有一男一女时的困难。他们限制人口的原因是在避免继替时的困难。在可耕地有限的山谷里，周围住着的都是比他们势力强大的汉人，资源的限制是显然的。若是一家有了两个以上的儿女，增多的人口既然不易到山外去谋生，势必分享这有限的资源，结果免不了沦入贫困的境地。所以他们实行了人口的控制，使人地的比例不会改变。

像瑶族一样有系统地限制人口除了实行计划生育的现代社会之外还不多见。在较为广阔的大社区里，人地的调适不致像山谷居民那样紧凑，因之，也不易见到这种明显地限制人口的规律。若是人口不加限制，或限制得不严，以每家说，很可能有较多的子息了。于是怎样以多继少，就成了问题。

长幼行序

我们尽管可以不承认母爱或父爱是人类的本能，事实上也尽管有堕胎和杀婴,孩子出生之后,在抚育过程中,亲子间总是会发生亲密的感情。家庭这个团体也终究是一个人类基本的合作团体,人和人的合作很可以说是最初从家庭中养成的。因之,若是一对父母生了一个以上的孩子。只要他们肯抚育,父母对于这些孩子,虽则可以因出生时间的不同,家庭环境有变迁,略有偏爱,但在常态中,总是都属自己的骨肉,为相等的亲密感情所系。而且同胞之间,因为很早在同一合作团体中养成,也是最方便、最可能的合作对手。可是亲子间的感情,以及同胞间的合作,却因继替过程走上了亲属路线而会发生可能的障碍。

父母对于所有的孩子在社会关系及感情联系上很可能是相等的,可是在继替过程中却不易对于孩子们维持相等的待遇。我在上章已经说过,因为单系偏重,使父母对于儿女之间不能一视同仁。在父系社会中女儿是泼出去的水,长大了还是不能享受父母的庇护,分担父母的责任,继续父母的事业。因之,父母对于儿子和女儿的感情也不易完全相同。这是我已经分析过的事实。相似的情形,虽则程度上有不同,也可以发现于长幼的儿子间。(为了叙述的方便起见,我们暂以父系社会为讨论对象。)

在以多继少的继替过程中,存在着一种矛盾。一方面,由于感情上的原因,有一种倾向要使继承者之间大家能有平等待遇;另一方面,由于地位的不同,继承者之间不能不发生差别的待遇。这个矛盾于是又引起了继替过程中种种错综纷纭的变化了。

在继替问题上闹得最凶的是在世袭方式中权力的继替。权力是建立在社会的集合性上的,若是社会不分裂,权力也不能分裂。握有权力的人不能因他子息的增加而把权力分成相等的部分分别传递给多个继袭者。权力的完整限定了以一继一的原则。所以在这个例子中,我们也最容易看得清楚继替过程中两代间数目不等所发生的困难。

我们自己的历史中就有各种不同的皇位继承方式。譬如商代所实行的是兄终弟及的方式。这是承认兄弟间有同样的承继权,可是因为同时不能有多数人同时坐上皇位,所以还得依了行序轮流担任。哥哥死了轮到弟弟,一代轮完再轮到第二代。可是到第二代情形却复杂了,因为第一代的兄弟们可能都有儿子。当第一代最后一个弟弟继袭了皇位之后,该轮到他长兄的长子呢,还是给他自己的长子呢?若是给了长房的长子,再依次传递,是否还要到次房、三房的儿子呢?他们依年龄作次序呢,还是依他们父亲的行序呢?事实上,兄终弟及的原则,若彻底执行,二三代之后,可以有无数的候补者等着,决不会全部轮到,其间的争执,亦难避免,对于统治本身是有害无益的。而且几代之后长房和幼房年龄相差逐渐增加,若是统筹,长辈的子孙年长而辈分小,幼辈的年小而辈分高;结果,实际承袭皇位的会被幼房包办,事实上成为幼子权。若是只认长房,长子的儿子有承继权,结果不过是扩大长子权罢了。兄弟平等继承原则,在两种情形下,还是不能实现。

周代所实行的宗法是承认长子权的。长子传长孙。所谓长子权是指宗主地位而言的。幼子们在这原则下固然被剥夺了继承皇位的权利，可是并不是说他什么都继承不到。在周代封建制度下，幼子们有采地。亲属结构化成一层层的权力结构。终因权力的分崩而形成列国的局面，破坏了权力的完整性。这里显明了继替过程如果迁就亲属的繁衍，对于社会结构的完整是有害无益的。

我用皇位的继袭做例子不过是因为在这个例子中比较容易看到继替过程中的困难。当然，天下本来没有多少人做皇帝的，在我们这种老百姓的生活里是否也会碰着这类问题呢？我们仔细一想，也不能说没有。最普通的家庭生活基础是农田。农田诚然不像权力那样不能分割，可是我在本章开始时就已说到了人口增加是对生活程度的威胁。以一家人说，若是有两三个儿子，即使父亲手上有相当可观的田产，一分家，各人所得就会小得甚至不易谋生了。我在禄村就见到过这情形。在上一代，该村还有200工田的人家，到这一代最多的只有85工田了。农场缩小的原因是分家。分家就是以多继少的结果。生活的贫困是一件极容易明白的事。田地少了，生活苦了。这是说农田是可以分的，可是分了之后，大家要受苦。继替过程中的平等原则的代价相当大。愿意不愿意付这笔价钱呢？各地方的情形不同，所以回答的方式也不相同。

若是客观条件可以放弃平等原则，农田以及房屋的承继时常会由若干儿子中的一个单独承继。客观条件是什么呢？那是说，不承继父母农田的儿子们同样可以得到生活的机会。这发生在两种情形之下：一是这地方的土地利用还在扩大之中，有很多荒地可以开垦；一是这地方在农业之外有其他谋生的机会。英国的末子继承制是实行幼子承继的，原因在此。得不到土地的孩子们到海外去，或是做手艺工人，或是入寺院修道。我们凡是遇着有长子权或幼子权的地方，并不应当就认为长子或幼子之外的儿子是被摈弃于继替过程之外的。一个常态的社会决不会使它准备加入社会的新分子得不到完全的抚育过程。换一句话说，一个孩子既已出生，不遭堕溺，常态的社会决不会在他长成之后，永远不给他独立生活的机会。所以实行长子或幼子权的地方，其他的儿子一定能在不同的路线中得到他们生活的机会。也因为有其他继替的办法，所以有一部分人可以放弃亲属继承的方式。

在采取独子继承的地方，哪个儿子能得到父亲的财产，又有各种规定。一般是长子或幼子。当然理论上也可以有其他的方式，甚至可以由父母的好恶来决定。但是我在社会继替一章中已说明继替原则选择标准是少生纠葛，避免混乱。继替过程之采取亲属原则的原因就在此，所以独子继替时，为了明白起见，长子或幼子就常被选为继承者了。

为什么有的选长子，有的选幼子呢？这问题我们是无法加以概括地回答的。里弗斯曾说，有些地方幼子单独承继父母的房屋，这是因为其他较长的儿子们，结了婚就自立门户去了，剩下只有幼子和父母一起住，不必另筑新屋。[1] 在

---

[1] R. H. 里弗斯：《社会组织》，商务印书馆，1940年，第116页。

开垦土地的地方,一个孩子长大了,要独立就得自己去垦一块土地。可是到最小一个孩子成年时,他的父母若是已经不能独立工作,他也可以不必再去垦新地了。土地不容易扩大的地方,父母若是一定依靠土地谋生的,长成的儿子也只有在其他职业中去求出路了。可是到最幼的一个,却可以留在土地上,继承父母的余业。这些例子告诉我们,所谓幼子权并不是因为父母特别偏心于幼子,所以给他特权,而是发生在具体的情境中的。

长子权的确立很可能发生于需要经验和领袖才干的事业中。权力的继替中长子时常是有特权的。那是因为他所得到实习的机会最长,他曾在父亲所主持的秩序中做长期的参预,由他去代替父亲,可以不致发生脱节之虞。长子因为年龄较长,在同胞中容易取得领导的地位,在凡是需要维持同胞间合作的团体中,譬如氏族等,长子的特权易于确立。我在这里不能列举一切发生幼子或长子权的情境,我所要提出的就是:凡是有这种规律的地方,我们必须在实际的情形中去解释为什么那一个儿子在继替过程中得到特殊的地位。

长子权或幼子权在表面上看来是破坏了继替过程中的平等原则。当然,我已指出,这不过是指某一种地位或财产的继替而言,并不是说有长子权或幼子权的地方,其他孩子就全部被排斥在继替过程之外,所以在不同权利的继替中,还可以——至少部分地,根据平等的原则行事。

不但如此,我们分析继替过程时还得注意到亲子间权利和义务的平衡。让我先举一个例子。在禄村,一家若有两个儿子，长子成家后要求独立时，这家财产将分成四部分：第一部分是留给父母的，称养老田；另外提出一部分来给长子，称长子田；余下来的平均分为两份，分给两个儿子。从表面上看去，这种分法似乎是偏待长子。我曾把这意思说给当地的人听。他们却并不承认，觉得这样才公平。他们的理由是这样：长子田的多少是看长子在家里的贡献多少而定。长子在年龄上自然较大，比了幼子工作得早，在没有分家的时期，他所出的力是全家共同享受的。若是他在分家时和他的弟弟得到相同的田地，不是否认了他以往的功劳了么？而且事实上，幼子还是和他父母一起住的，他供养他的父母，同时也就耕种他们的养老田。在长子已分了家之后，幼子和父母共同经管所挣得的田，长子也就无权过问了。在这时，长子有两份田——长子田和自己名分中的田；幼子也有两份田——父母的养老田和自己名分中的田。两人所有田的数目也不致相差太远。一直要到父母死的时候，养老田出卖了办理丧事，幼子所经营的田才比长子为少。可是，因为父母常和幼子住在一起，很多动产却会暗地里传递给在身边的幼子。这样实现了同胞间的平等原则。

我们在这个例子中可以见到，所谓平等原则并不一定指在同胞间分家时所立分单上所得到的是否相等，而是在很长的过程中，权利义务的平衡上是否公平。我们时常还可以见到，在事实上同胞间在继替上不能平等的时候，总是在义务上加重到在继替中占有特权的一方面去。父母生时的供养是一件具体的义务，就是父母死了，还可以以祭祀的责任来维持那象征性的义务。另一方面，还有种种理论来回避那不平等的继替。里弗斯曾提到美拉尼西亚地方以及其他的土人有一种信仰，认为长子是他祖父的重生，因之他可以有特殊的地位。❶ 这些理论其实也不过是用来维持长子的特权，同时也加重了他在家族团体中的责任。

我们这个分析说明了从抚育作用中所发生同胞间平等的事实总是会在各种方式中表现出来，虽则继替过程本身有着相反的需要。

萁豆相煎

文化虽则在这里又费了一番苦心要弥补因继替中不平等所可能引起的亲子和同胞间的裂痕。但是这裂痕的可能性还是存在，在合作的团体中安下了歧异的根苗。同胞本来应当是最能合作的伴侣，早年的共同生活，使他们在相同的教育和相似的经验中，获得相通的意义体系。一颦一笑，可以会意。我在第四章里已说明了合作生活的基础是在相互的了解，相互了解是靠了象征文化所启发相类的经验。从这条件上讲，在同一抚育团体中长成的人是最容易合作的。我也据此来分析婚姻关系中的矛盾性，可以密切合作的男女却偏偏不许结婚。在同性的同胞间，如兄弟或姊妹间，既没有回避

---

❶ R. H. 里弗斯：《社会组织》，商务印书馆，1940年，第116页。

的必要，在理论上说来，该是可以融洽无间了。事实上，大部分的情形确是如此，但是，不幸的，却是继替过程利用了亲属原则，把可以合作的同胞，安下了一个冲突的可能。

同胞冲突的原因之一是在以多继少的困难中。在不能彻底承认平等继承原则的情境中，同胞间发生了差别的待遇，特权独占的结果形成了有与无的对立。事实上当然不过是多与少的不平等，可是若限于某一种对象说，像是皇位、田地或是房屋，则没有承继权的兄弟，不免感觉到一种歧视。在利益上着眼，可能引起妒忌，甚至取而代之的篡逆心理。握有特权者，为了保护他的特权，也可能发生戒备之心，甚至引起消灭候补者的企图。"本是同根生，相煎何太急！"说出了同胞变成了仇敌的苦衷。同是文采风流的曹氏兄弟，若是合作同工，无疑地有着莫大的便利。知兄莫若弟，要求一个知己，丕植之外能与论文者有几？可是两人偏偏要弄得萁豆之煎，还不是只为了利益上的威胁？而这威胁又不明明是继替原则所惹起的？在釜中的尽管叹息悲啼，"何苦，何苦！"但是人间自造的陷阱又何止于这一端呢？

若是同胞平等承继的原则确立了，在利益上论，同胞间的冲突还是没有取消。多一个兄弟，少一份财产，是一个简单的算学命题。我在乡间常听见有人向孩子们开玩笑："你妈又要生个弟弟给你分家产了。"听来自是一种玩笑，可是谁能否认这不是决定一个人生活程度的重大事件？在云南自有50工田的人家，若是只有一个孩子，这孩子长大了可以有个小康之家；若有了四个孩子，这些孩子全得降为佃户。我在禄村就看见毗邻而居的王家兄弟。长房人口多，到第三代，十几岁的孩子已经下田了。而二房因为家主死得早，只留下一个独生子，到第三代，那孩子却在中学里读书。同是一个曾祖，孩子们的前途可以相差得这样远！我当时曾想：父亲早死竟会成为孩子们的幸福，这世界也太残酷了。在这种世界中，同胞兄弟却成了生存的威胁。阋墙之争怎能只说是世道的衰落？其间确有经济的基础，不容我们忽视的。我虽不愿把经济因素看得太重，但这生活在饥饿线附近的人，同胞的合作似乎很容易被资源的分割所掩没的。人口压力在继替过程中终于引起了同胞间的相煎。

家庭是个合作团体，合作不但可以促进人间的友情，也可以使生活丰富。人们并不愿意可能的合作对象变成冤家。在这里我们又见到各种不同的弥补办法：有的想根本抹煞以多继少的继替过程，控制人口；有的延宕继替过程，我们有反对分家的理论，以及几代同堂的事实，把亲属团体扩大。有的把继替过程脱离亲属原则。最后的办法固然最彻底，但是怎样去另立继替原则？这一点我不能在本书里多加讨论了。

第十五章

续　绝

"不孝有三，无后为大。"生孩子为了对得起祖宗，听来似乎是相当迂阔，除非我们相信死后在冥界的生活还得依赖人间的纸箔。可是，依我在本书里所提出来的理论说，所谓冥界原不过是我们现实的投影，无后所引起的不利，倒不一定是祖宗的羹饭无人照顾，这一点我们既无法否认，也无法证实。事实上会因无后发生缺憾的还是社会的完整，也就是我们个人在分工结构里生活的顺利进行。我充分承认，生孩子的社会意义确是比死后冥界生活上的维持更难使人明了。人们的想法多少是倾向于具体和个别的。生孩子以维持社会的新陈代谢是一句通盘的话。所谓通盘的话是因为这里并不指定谁得生孩子。社会完整只要人口数量不致减少到不能有效活动就能维持。有人多生几个孩子，就可以有人不必生孩子了。从具体的个别例子说，实在并没有一定要生孩子的道理，可是，生育既是一件损己利人的事，若是社会不把这件事作为通盘性的责任，社会完整也就缺乏了保障。谁不愿把这责任让别人去担负，自己优哉游哉地逍遥于为子女做犬马的劬劳之外？我们不应假定天下傻子多于聪明人，若是社会一旦放任了聪明人去占别人的光,聪明人的数目却会日增月累,结果招致聪明反被聪明误的下场。法国人口的下降之速,一方面固然可以表示他们潇洒脱俗的风格、巴黎咖啡馆里的文采,可是另一方面却不能不使一辈远见之士,忧心到他们社会完整的动摇。等到铁骑压境的时候,遭殃的却不分聪明人和傻子了。

社会奖励、督促,甚至命令每个人得负起社会完整的责任。在云南呈贡的一个村子里每年有一个聚会,凡是结了婚不生孩子的要罚酒敬神,若是罚了还不生效力,就得把不尽责的男子,按在地下打屁股。结婚不是私事,生孩子也是一项社会分子的天职。听来像是社会的多事,从我们看来,却是最率直的社会制裁了。可是,罚酒、打屁股所能做到的不过是防止自作聪明者的推卸责任,对于那些肯负责任而得不到负责机会的人却无能为力的。送子观音前磕头许愿的乡妇,回了家依旧可以生不出孩子。这里还有生理上的限制。人可以做得到的是拒绝孩子的入世,但是到现在为止,医学还不能使生理上有缺陷的人一定能生育。即使生了,在儿童死亡率这样高的地方,也不易保证孩子必能长大。乡下树上挂着夭折的小尸体,并不能阻挡这些讨命鬼的捣乱。事实上,没有地方没有"无后"的不孝者。

我在上章讲到了孩子生得太多在继替过程所发生的困难,在本章里我将分析没有亲生孩子,或是有孩子而因为性别的关系在单系继替中不能合格做继承者时,人们怎样对付这问题了。

继替过程若不采取亲属原则，这问题也不致太严重。社会上若能通盘筹算，只要总数相符，就可以等一人出缺，派一人进去，像是英国电影院门前的长蛇阵。门前排着一条长长的候补者的队伍，场内出一人，候补者在队伍前的进去一人，全队都走上一步。即使外边候补者数目太多，只要场内电影继续映下去，候补者总有入场的时候，除了他没有耐心，等不到头自己走了；场内也总可以保持客满，只要外边有人守候着。以多继少。以无继有的问题全不会发生。可是继替过程一旦采用了亲属原则，情形也就不同了。亲属原则规定了亲子继替，每家得个别打算，化整为零的结果自不能收通盘筹算的便利了。

在分工体系简单的社区中，情形比较简单。譬如在一个地方，每个家庭都是一个生活完整的集团，夫妇分工可以对付生活一切要求，家庭和家庭之间没有什么分工；若是一个家庭毁灭了，对于别家可以没有什么影响。这种情形下，没有儿女来继替，至多不过是这一个小单位的消灭罢了。从这单位讲，男的死了，女的不易维持生活，就得改嫁，或是附入别的单位、或是殉葬，换一句话说把原有的单位毁灭了，也就可以了事。事实上，这种情形在初民社会中是常常可以见到的。死者的财产可以一起葬在地下，或是抛在海里，完事。但是在分工体系比较复杂的社区里，一个人死了，社会上生活相关的其他人还想顺利活下去的话，就不能采取这种消极的办法了。

养　子

积极的办法是找一个人来顶替缺额。说来很简单，可是找谁呢？一种方式就是认领养子。我在第三章中曾讲到生物上的父母和社会上的父母并不一定相同。我也屡次指出，在社会学上所谓父母是偏重于社会性，而不太重视生物关系。这句话在这里还得补充申说一下。婚姻是为了确立抚育而发生的。亲子关系，亦即是抚育者和被抚育者间的关系，是以婚姻来确立的。所以在任何社区中，孩子必须生在婚姻关系中。说得更彻底一些，一个结了婚的女子才有生孩子的权利，因为这样才能保证出生的孩子有个父亲。在两性关系不十分严格限制在夫妇之间的社会里，在婚姻关系中出生的孩子，在生物上并不一定和他的父亲有生物关系的。可是母子之间的生物关系则比较清楚，所以所谓生物上的亲子关系和社会上的亲子关系不一定相同的情形，容易发生于父子之间，而不常发生于母子之间。以特罗布里恩德岛土人来说，他们可以否认男子在生殖过程中的贡献，但是并不否认女子在生殖过程中的贡献，因为后者是明显的事实，无从否认的。唯一否认生殖作用中母子关系的是《西游记》里的孙行者；甚至和性无涉的耶稣还是有母亲马利亚。

我也已经说过社会性的母亲并不是不能和生物性的母亲不同的，譬如贾探春之于王夫人就是一例。这种情形其实就是我们这里所说的领养了。没有生物关系的父子，只要这孩子的母亲是父亲的妻子，不必要特殊仪式和手续即可认为亲子，因为这孩子是出生于婚姻关系之中的；但不是从妻子身体里出生的孩子，即使确是和丈夫有生物关系的，即所谓私生子，因为不出生在社会所认可的婚姻关系中，若要确立亲子关系，必须经过领养的手续。因之，在他们辨别生物性的父母和社会性的父母时，我们必须考虑到婚姻关系。社会性父母的确立是以婚姻关系为前提的，在婚姻关系之外去确立社会性父母是领养。

在具体的情境中，能不能生育是很难预先决定的，除非配偶中死了一造，另一造没有续弦的意思，才能确定"无后"的事实。而且"无后"的并不一定是出于不能生育，大多是因为孩子先于父母死亡。于是领养在时间上成了问题。若是未雨绸缪，及早领养，自己却又生了孩子，又怎么办呢？若是到了配偶中有一造死了，再去领养，所领的养子在年龄上若是太幼，事实上并不能很快地接替死者的地位和财产。若是养子的年龄相当大，他的生活习惯已经养成，养父或养母是否能满意养子的行为就会成问题。何况，亲子的关系并不只是法律上的承袭，而且需要感情上的联系，因为亲子之间生活上的合作，若缺乏了感情，又会难于融洽。

我在第八章中曾分析过亲子之间的复杂关系。要做像一个父母必须要把孩子看成自我的一部分，任劳任怨，认真负责；他们要代表社会使用权力，把一个小畜牲变成一个社会分子。做儿子的在被管束之下必然会觉得不那么愉快。可是在不愉快的感觉下，还是愿意顺服，即使有仇父的心理，也得遏制到潜意识中去，那是因为另一方面，儿子从小是在母亲的怀里长大，在父亲的眼前过日子，亲密的接触中，发生了感情。在领养过程中，除非从小就领养过来，亲密的感情就不易发生，因之，社会抚育也不易顺利进行了。

领养还有一个困难是养子的选择。有孩子的人家有什么原因要把孩子给人呢？普通情形之下是出于经济的困难，养不活孩子的才想替孩子找一出路。可是要领养孩子的人是否愿意接受呢？假如是从小就领走的，考虑比较少，但也不是没有。比较穷苦的人家在比较富有的人看来，时常不只是社会和经济的较低，而带着一点骨子里的卑贱和生物性的弱劣。中意的不肯给，肯给的又不一定中意，这里不免又要费一番周折了。

这种种困难使自由领养不易成为应付"无后"的通行办法。

过 继

自由领养既然有困难，领养又走上亲属路线。社会在这方面又预备下一个办法，使任何人在没有亲生的孩子时，都可以得到一个法定的继承者。同时在继承者说这是一种义务，不能拒绝。这样续绝问题才能不致引起过分的麻烦和纠纷。

在我第十一章中已说过利用亲属推广的方法去规定继替的候补者是很方便的，因为这方便，我们也常看见大多数采取亲属原则来规定继替过程的地方，也有依亲疏次序规定过继的办法。我们自己的宗法就是一个例子。我在上章已提到宗法是以多继少的结果。它是依了单系的推广，按行序和辈分，把从一个宗主所出生的子孙排列成的一个亲疏距离的谱系秩序。根据这谱系里的距离，规定近亲过继的办法。譬如甲死了而没有亲生的承继者，他可以依这谱系秩序，按图推到比较最近的下一辈的人来接替。这人在我们社会中是甲的兄弟的儿子。所以每一个人都是他叔伯的候补继替者。在兄弟的儿子中还有更详细的规定。譬如甲是长兄，而没有儿子，次弟乙的长子就有过继的义务，乙没有儿子，再推到三弟丙的长子。若是乙没有儿子，而甲却有两个儿子，甲的次子就有过继的义务。这是因为宗法原则中包含有长子特权的成分在内，长子到长孙是正宗，不能移动的。我在这里并不能详述各种可能情形中的过继办法，这些细节各地可以不同，而且也有规定得不太清楚的地方。在我们乡下，为了过继而起的争执，还是时常发生的。

依了谱系秩序规定了继替的候补办法有很多方便之处。在自由领养中所发生的困难在这里可以不致发生了。从领养的时间上说，可以等到被继替者的死亡，不致再有儿子出生的时候，所以不会发生领了养子又生亲子的窘境。在抚育上，过继的儿子，虽则不是亲生的，但是他既是自己兄弟的儿子，即使不是很早就在一起生活，也是在相近的社会环境中教育出来的，生活方式不致太远，从这方面讲，自是最可能担任儿子的人物了，至少在没有其他比较更适宜的人时是如此。

暂时的改系

以过继的办法来解决续绝的问题，在单系原则下，固然是比较上最方便的办法，可是在续绝时，单系继替和双系抚育的矛盾更是显著。譬如在父系社会中，有女儿而没有儿子的夫妇，若维持单系原则，只有把自己抚育长大的女儿嫁出去，另外用领养或过继的办法去把别人所生的孩子作为自己的继替者。所有的财产，除了在妆奁和赠与的名义下传给女儿外，重要的部分还得给感情上并不像女儿一样亲密的承继者。为了社会继替过程的一贯性，自然只有这样办。可是在只有女儿而没有儿子的人家本身说，本来已不发生双系继替的问题。若是他嫁女之后另外过继儿子，那是因为要维持社会单系偏重的一贯性罢了。在这里我们可以考虑一下这个一贯性的问题。

我在第十三章里已说明在继替过程中，双系并重有事实上的行不通之处，所以在任何社会都得指定一系作为继替路线。所以我们有父系和母系之分。若说是父系社会，则指这社会都是以子继父的；若说是母系社会，则指这社会都是以女继母的。这是全社会共同遵守的法则。其实单系偏重并不一定要全社会实行共同的偏重方向，只要每家不把财产和地位分给儿子和女儿，就不致发生双系继替所引起的紊乱了。甲家若采取女系，只要有男子愿意入赘进来，和乙家采取父系，并不相冲突的，只要乙家娶得着媳妇。社会上不采取同一偏重所有的困难并不在继替上的不方便，而是在家庭内兄弟姊妹间容易引起纠纷罢了。留在家里的一方在生活的继续性上比较便利。若是每家都得临时决定儿子抑或女儿谁嫁出去或赘出去的问题，凡属出去的一方面就容易不甘心接受这不利的决定。所以，倒不如社会决定了之后，被歧视的一方面怪不得爹娘，只能自叹命薄。这是社会上单系偏重有一贯性的原因。

只有女儿的人家，即使是在父系社会中，也不会发生上述的纠纷。这时还是要求偏重的一贯性，实际上已没有意义。当然，一旦确立了一贯性之后，实行的人已不再考虑到实行的原因，可谓是为求一贯性而一贯了。若是遵守一贯性并不发生其他困难，固然没有不遵守的必要。可是在这里，遵守的结果使实行者在感情上发生冲突。为什么要剥夺自己女儿的继承权而把自己一生辛苦所得到的地位和财产送给并不是自己所生的孩子呢？这问题一发生之后，单系偏重的一贯性也不易维持了。同时，依我的分析，事实上也已经没有遵守这一贯性的必要，所以社会在这方面自没有坚持这原则的理由。

放弃这一贯性最极端的例子是我曾调查过的花蓝瑶。在瑶民中，我已提到过，因为他们土地的狭小，人口有严格的限制，每家只留两个孩子。人口数目要加以限制是容易做得到的，可是所留的两个孩子的性别却没有控制的可能。因之，很可能两个都是男的，或两个都是女的。我虽不知道他们在被赶到山谷里之前的情形是怎样，以目前说，他们男的和女的都可以嫁或赘出去，都可以娶或赘进来，没有分别。

只是在一男一女的人家则都是以女的嫁出去,留着男的在家娶媳妇,留一点偏重于父系的痕迹。男女都可以嫁娶,才能使每家每代都有一对夫妇。人口不增加,土地分配也可以维持不变。但结果却使母系和父系同时分别在各家通行了。若是我们根据一男一女的人家留男嫁女的通则,作为父系的表示,则可说这社会中因继绝的原因,尽量实行了临时改系的办法,推行了入赘的方式。

入赘在我们自己社会中,尤其是西南一带的农村中,是同样很通行的。我知道有一个村子里凡是有女无男的人家没有不是招赘的。而且这村中,有女无男的人家为数很多。在这村中,也有招了赘婿之后,父母又生儿子,姊弟一同留在家里的。还有,因为入赘的风气盛行,有特别能干的长女,即使早有弟弟的,也有招赘的。她所生的儿子有一个姓母姓,其余姓父姓,并不是兼从父母,所以在个别例子中,仍旧是单系的,虽则儿女都留在家,实行了暂时的双系。西南农村中所以发生这种现象,有一部分是出于边省人口流动较大,男子又比女子容易流动。外来男性的移民大量地进入这区域,他们本来已经脱离了自己的父母,不能希望留在家里承继父母的财产。他们入赘做女婿是有得无失。在边区男性的流动和死亡率似乎较高。定居的人家有女无子的可能性较多,这两个原因配合起来,可能使入赘的办法通行起来了。

入赘在中国法律上虽则有合法的地位,但是因为和单系的宗法体系相冲突,在财产较多的上层社会中,不易发生。宗法体系既已准备下过继的候补人，若是认可了入赘，候补人就丧失了承继的权利。财产较多的人家，承继权是早为大家所瞩目的对象。因之，宁可违反在抚育中所养成的亲子感情，也不得不接受宗法规定的过继办法。可是在这种情形中，人事的纠纷是不易避免的。我在这里只能保留给描写人性和制度冲突的小说家去发挥了。

第十六章

亲属扩展

我以上所讲的多少是集中在夫妇和亲子所构成的基本三角之内。当然,我把分析的对象限制在这三角形内是为了方便而已。我已在很多讨论中走到了这三角形的边缘:在论抚育作用时,我曾说,抚育的责任虽则大部分由父母担负,但并不限于父母。我又在论居处的离合,和说明母居和父居的意义时,更无法避免提到家庭和家庭之间的关系。在论社会性的断乳时,也涉及三角形的蜕化过程。继替过程本来就是在抚育作用完成时,上一代的家庭怎样交代给下一代的家庭的过程。讨论到这里,要给生育制度一个比较完全的了解,不能不把从抚育和继替各方面所发生亲属的扩展加以综合的叙述了。

亲属的建立

亲属是从生育和婚姻生发出来的社会关系。它和生物性的血统关系是不尽相同的。亲属关系的确立虽有一部分是根据血统的生物关系，但并不是必然的，因为在社会关系中"生育"也是社会性的。我已一再说过亲子关系是可以脱离生物关系的。而且，若是根据生物关系来确立亲属，亲属的范围一定是双枝并茂，父母双方一样重要，但是事实上很少有这样的例子。一般说亲属总是单系偏重的。这是说即使在有血统关系的亲属中，还是要加以选择，加以社会的记认。凡属虽有生物关系而没有社会记认的人并不能进入亲属的范围。再说，亲属关系确立的原则中包括婚姻的结合。夫妇是亲属的中心关系之一，配偶的父母兄弟以及他们的配偶，都包括在亲属范围之中。这些亲属显然是没有生物上血统关系的。因之，我们要分析亲属范围的构成，就不能从个人的生物基础出发，而应当以家庭这三角结构为起点，去追寻亲属关系扩展的社会因素。

我用"扩展"一词来形容亲属关系的发生过程，是想从动态上来看这现象。亲属的基础，在我看来，是抚育作用，而不是生育事实所引起的生物关系。从抚育作用来看，家庭并不常能包办这任务。家庭不过是完成这任务的基本单位。生活内容的增加，文化水准的提高，把抚育作用推出了家庭的范围。所以我在上文说抚育作用固然常以家庭为中心，但并不限于家庭。抚育作用推到家庭之外，而依生育及婚姻关系的路线时，就形成了亲属。亲属也就从家庭这三角结构中扩展了出去。

事实上，抚育作用的越出家庭这三角结构是很自然的，因为除了少数以家庭单位经营孤独生活的游牧民族外，共同或是密切生活的集团常常是大于家庭。这一点我在论居处的离合时已经说过。一个孩子日常接触的人决不会限于父母和同胞,抚育作用也就在这日常接触中伸长出去,有很多家外的人来分任这事务。

把父母的任务分散一部分给家庭之外的人去担负是事实所必需的。在普通情形中,做父母的可能有时候外出或生病,不能担任这任务,那时就需要有代替的人了。更严重的情形是父母可能死亡。社会上固然有续弦、再嫁等办法来应付这危机,但是在一个破裂了的家庭中,孩子的抚育不能中断,所以社会也得预备下随时可以接替,至少部分地接替这项任务的人,使一个社会中的孩子不致因为父母的丧失能力或死亡而得不到抚育的保证。我在上一章曾提到为了继替,社会上时常指定了继承的候补人;这里所提到的其实和这需要是相配合的,一件事的两方面,在抚育工作上父母之外也有候补的人。我们可以从日常生活和抚育危机中看到把父母的任务分给别人的需要,可是问题是在:怎样把这任务一层层分出去?谁来担负这些任务?根据什么?用什么方法来确立这些责任?

亲属是给抚育任务扩展的一个可利用的原则。当然,可以利用来扩展的原则不只限于亲属。譬如地域上的毗邻也可以引起抚育作用的扩展。可是一般说来,最普遍的确是亲属原则。为什么如此呢?要回答这问题,我又得重提上面已说过的许多话了。抚育是件损己利人的事,要人能接受这损己利人的任务必须有一个前提,就是把自我扩大到被抚育的人。换一句话说，必须具有一个团体性的感情基础。亲属一词就是包含着亲密的感情依恋，共属一体的意思。亲属体系的亲疏也时常就指感情的密切和淡薄。人和人的亲密感情是发生于长期的接触和深刻的了解。以过去和现在的社会说，有长期接触和深刻了解的是在经营共同生活的家庭之间。家庭不但在结构上是亲属的核心，在感情的造成上也是亲属的核心。家庭之间所孕育的感情，在三角结构的延伸中，散成了感情亲密的外围。譬如在一个新家庭形成时，夫妇两人都是来自另外两个家庭的，他们都有曾经共同生活过的父母和同胞。这些人既然一起生活过，虽则在结构上分裂了出来，在感情上还是维持着联系。这种感情的联系正适合于作分担这新家庭所发生的抚育事务的基础。于是亲属关系也成了抚育作用扩展的最方便的路线了。

在讨论到亲属体系之前，我应当先说明，我虽则认为亲属体系的形成基本上是抚育作用的扩展，但是亲属关系一旦确立，常常被利用来做很多其他事情去满足生活上其他的需要，也因为它被这样利用，它的形式也必然受到影响。在分析一个具体的亲属制度时，我们也必须顾到这一方面。

亲属的分类

亲属并不是血统的社会印版，而是为了生活的需要，在因生育及婚姻所联系的许多人中，划出一个范围来，认为是亲属。在亲属范围之内,再分若干类别,每一类规定着一套相互的权利和义务,和特定的态度和行为。每一类亲属都有一定的名称,譬如伯、叔、舅、姑等。我们可以问:甲和乙是什么亲属关系?回答可以是:他们是叔侄关系,意思是甲是乙的叔父,乙是甲的侄子。"叔""侄"是亲属分类的名词。人们用这些名词来记认甲乙两人间所具权利和义务,应有的态度和行为。当甲乙两人见面时,他们相互有一定的称呼,乙称甲作"叔叔",甲称乙作"某某"(乙的名字)。称呼是亲属间所规定的行为之一,可以和亲属分类的名词不相同的。

亲属分类有一定传统的体系,而且常是依谱系来规定的,譬如"叔"是指"父"的"弟","伯"是"父"的"兄"。"父"又有一定意义,是"母的丈夫"。每个名词都可以归结到生育和婚姻的基本关系上。称呼却不然,我们很可以为了某种原因有意不按亲属分类去称呼,"叫得亲热些"。譬如我的女孩子叫我的姊姊作"伯伯"。按亲属分类我的姊姊是我的孩子的"姑母",但是为了要表示不分男女性别,把我的姊姊叫作了"伯伯"。

再进一步说,亲属称呼甚至可用到没有亲属关系的人身上。我们写信给朋友时总是称兄道弟,见了父亲的朋友来时,恭恭敬敬叫声"老伯",原因其实是在"叫得亲热一些"。这是将来我要说明的"亲属的层次扩展"。这里我要指出的是亲属名词和亲属称呼是有分别的。称呼是从名词里派生出来的一种亲属间的行为,和礼貌等意义相同。我们在讨论亲属体系时决不应把这两者相混。

亲属名词是根据亲属关系、态度和行为的分类。不同关系用不同的名词来指示。各社会的亲属体系的分类可以有很大的差别。譬如说我们把父亲、父亲的哥哥、父亲的弟弟分为父、伯、叔三类，而英美却只分两类，Father 和 Uncle。在 Uncle 的一类里还包括其他在我们伯叔两类之外的亲属，母舅、姨丈等。舅字在我们传统的亲属体系中却包括着不能包括在英美 Uncle 一类里的亲属，如配偶的父亲，在英美用 Father-in-law 来特指这一类。这个例子说明了各社会亲属体系中分类的特异。

我刚刚说亲属分类是根据社会事实，人和人间彼此态度和行为的同异而决定的。这说法可以引起一种想法，就是被分在同一类里的亲属和自己相互间所具态度和行为应当是相同的。从理论上说这种想法是合理的。但是这里还有两点要注意。第一是：分类的根据是全部社会关系，还是某一方面的社会关系？譬如说我们若只从颜色来分类，红的布和红的纸可以归在一类里，但是这并不是指布和纸是相同的。第二是：把不同的亲属（依谱系上的秩序说是没有两个人所处的地位完全相同的）放在同一分类里是否想使这些亲属感觉到类似的地位，因而在某些方面发生类似的态度和行为？换一句话说：亲属分类是否系消极的既存事实的描写，还是积极的造成某种事实的作用？

最先对于这些问题加以深切兴趣的是刘易斯·摩尔根。他觉得奇怪的是为什么很多地方用了同一的称呼去称不同的亲属。这里所谓不同的亲属是根据谱系秩序而说的。谱系秩序中，父亲的弟弟和母亲的弟弟所处的地位是不同的，但在西洋却都称 Uncle。他觉得不顺从谱系秩序里的地位，硬把它们归入一类，必然有原因的。他进一步认为称呼（在没有文字的土人中，称呼和亲属名词权是不容易分的，而且以往的人类学家也不常注意到这分别）的相同表示了社会关系的相同，在社会关系中最重要的是婚姻关系。从这假定出发他发现很多有趣的情形了。在北美土人中有些亲属体系对于直系的和旁系的亲属是用同一称呼的，譬如：父亲和父亲的兄弟归入一类，用同一称呼。这种体系他称为类分体系（Classificatory System）。根据上述假定，父亲的兄弟等于父亲，他的配偶都是母亲，父亲和母亲是由婚姻结合的，所以所有称父亲的和所有称母亲的人都有着婚姻关系。这是一群男子和一群女子团体结婚的形式，简称群婚。我在第六章里已提到过摩尔根所订定的家庭形式的进化阶段。订定的根据就是各地搜集来的亲属分类方式。我也说过摩尔根事实上并没有发现过一个实行群婚的社会。所以他还得再提出一个假定：一种婚姻方式所形成的亲属分类可以在婚姻方式已经改变之后继续被人沿用，成为一种"遗留下来的风俗"。我们根据此种遗俗就可推见已经消灭的社会形式。

1871年摩尔根发表了这见解，过了六年，他出版了著名的 *Ancient Society*（已译成中文《古代社会》）一书之后，这种学说和历史方法曾风靡一时，但是摩尔根所推测的古代社会的形态，一直没有在现有的各地人民中看见过。我们虽则不能说古代一定没有群婚的情形，可是摩尔根所根据的假定在理论上却颇有问题。亲属称呼是否是婚姻关系的反映呢？1901年批评学派的克罗伯发表了一篇极端的论文，"亲属与社会组织"；认为亲属称呼不过是一种心理的表示，和婚姻、世系、个人间关系等社会组织并无直接关系。换一句话说，在语言上用同一名词来记认的亲属并不一定表示社会关系的同一性。随后，英国的里弗斯在答辩中认为摩尔根所虚构的进化阶段尽管可以有错误，但是亲属辞汇确是决定于社会组织，这一层道理，不必一定要求证于历史材料，人类学的调查记录有着许多证明（虽则不包括群婚）。

在我看来，两方面都有一部分理由。我已经说明了亲属体系中的四个层次：谱系秩序、亲属名词、亲属称呼、被用到没有亲属关系的人身上的亲属称呼。克罗伯是着眼于后面的两种。尤其是最后那一种亲属称呼的次层扩展，譬如我们见了长者称"老伯"，写信时写"仁兄大人"等。在这范围里克罗伯的心理表示论最能解释，就是一般所谓"叫得亲热些"的心理动机。可是为什么叫"老伯"是可以表示亲热，更确切一些说，表示尊敬和亲密呢？克罗伯的说法可以解释亲属称呼的扩展作用，但是并不能说明扩展作用的出发点和限界。所谓出发点就是指在用"老伯"来称一个长者之前，必然有一个用伯字来记认的亲属，有一套和这名词相关的态度和行为；我们在"初生情境"里学习到了对被称为"伯"的人尊敬和亲密，然后在需要表示尊敬和亲密的"后生情境"中用着老伯的称呼。而且有些人我们称"老伯"，有些人我们不称"老伯"而称"叔叔",每个亲属称呼的扩展都有着限界,这限界固然是表示推广某种态度的限界,但是划定这限界的还是社会关系。譬如,我们对于比父亲地位低、年龄小的客人,不称老伯而称叔叔。

若是我们着眼于亲属扩展作用的出发点,我们就遇着了亲属分类的本身问题了。在不同的社会中,扩展作用的基地有大小。譬如美洲土人可以只有家庭关系作基地,把家庭里所用的亲属名词扩展出来,一社区中凡是男性年长的都称作"父亲"。称作"父亲"并不是真成了父亲,只不过是把附着于"父亲"一词上的一部分态度借用来对付这部分人罢了。我们可以在这里问:扩展作用的基地的内容和范围,也就是亲属名词的本身,是怎样决定的?在这问题上,我们不能不采取摩尔根和里弗斯的见解,求之于社会结构的本身了,虽则我们不应当太偏重了婚姻这一项。亲属的分类并不是根据全部社会关系的差别。亲属体系的形成原则也不是单纯的。所以采取社会观点去解释亲属制度的人必须分别把每种个别体系加以分析,在社会结构中去求到解释。

亲属体系和社会结构

一个地方的社会结构有它构成的原则,这些原则也表现在亲属体系里,亲属体系本来是社会结构中的一部分。拉德克利夫-布朗曾在他《亲属制度研究》(*The Study of*

Kinship System）一文中详细说明这个理论。让我们从摩尔根所说的类分法说起。这种方式并不一定是群婚制的"遗俗"，也可以是同胞原则的表现。一个社会结构若偏重于同胞之间的合作和团结（这种合作和团结并不就是个别家庭的消灭），可以在各种社会制度中表现出来，直系和旁系亲属不在称呼上加以分别，用同一名词来记认的类分法，也就是这原则的一种表现。我们若分析采取类分法亲属体系的社会，一定可以在其他方面看到同一原则的表现。换一句话说，这并不像克罗伯所说的只是一种偶然的独立现象。

从社会结构原则入手来分析亲属体系可以了解很多以前人类学家认为奇异的称呼。我们再举几个例子来说明这种分析方法。摩尔根在《古代社会》中所称作马来式（Malayan）的亲属体系，就是父母一代的尊长全部依性别统用两个名称相呼，自己一代的也是这样有两个名称，换一句话说，亲属的分类只以性别及辈分作标准。摩尔根从这种分类方式又推想出一种原始的集体婚姻方式。但是后来经实地调查者的研究，认为我们并不必用想象的婚姻方式去解释这种亲属体系，用当地社会结构中辈分原则的重要性就可以加以说明了。

更有意思的是隔代亲属用同一亲属名词来记认的方式，譬如孙子称祖父作哥哥，这种世代交参的社会结构我在第十二章已经分析过。祖孙之间维持着类似兄弟间的亲密关系和亲子间的严肃关系正相对照，祖孙互称兄弟，就在反映这种结构的性质。

又譬如非洲东南部有些土人对于前一辈的长者维持着尊敬的态度，但同时对母亲的兄弟（舅）却是例外，他们可以随便向母舅开玩笑。在他们亲属体系中也特别把母舅列于前一辈的尊长中，归入祖父的一类。在马萨伊土人中，祖孙两代是维持亲密关系的。但是也有例外，祖父对于孙媳却要回避。在亲属体系中孙媳和子媳归入一类。

以上这些例子可以告诉我们亲属体系是和社会结构有密切关系的。但是这关系并不像摩尔根和里弗斯所想的那样只限于婚姻或两性关系。而且，我们也可以从上边例子中看见，这种说法和克罗伯的理论也并没有冲突之处，譬如把母舅称作祖父，或是把孙媳称作子媳，就表示了每一个名词附着类似的态度。在一个把社会中人物分成"可亲"和"可畏"的两辈时，凡是在可畏辈分中的例外，就不便用他同辈的称呼，所以得把这些例外提出来，和辈分原则相反的插入另一类里去了。这就是说，亲属名词是附着一定的感情意义。那是和克罗伯的主张相通的。

拉德克利夫－布朗虽则确立了亲属分类和社会结构的关系，但是并没有说明亲属名词的积极的社会作用。那就是我在上面所说的，我们怎样用亲属名词所包含的感情和权利义务，借语言的力量推广到别人身上，使被推及的人分得这种感情和权利义务。再换一句话说，拉德克利夫－布朗只指出了亲属体系在表现一种社会结构原则，并没有说明亲属名词的扩展有实现这社会原则的功能，譬如说，在一个社会中，同胞团结是一个基本结构上的原则，可是怎样使同胞间得到团结呢？为实现及维持这原则，这社会中一定有很多规定的行为，亲属称呼是达到这目的的一种手段。

我们这样的注重亲属名词的创造性，使我们可以更容易解释在同一类别的亲属对己并不一定有完全相同一致的社会关系。这一点在拉德克利夫－布朗的理论中也并没有指出。譬如说在同胞团结原则中所发生直系和旁系亲属不加区别的类分法称呼中，并不是说其他社会关系也同样地不加区别。在这种社会里，亲生的父亲对于儿女的责任可以比他兄弟对他子女的责任多得多。这是说家庭的三角结构并没有抹煞，虽在称呼上这三角形已埋没在同胞团结原则之下了。从我们看来，这正表示了语言的创造作用。这是想利用在家庭的亲密生活中所养成的称呼来扩展这亲密关系到同胞团体之间，以达到团结的目的。语言不只是事实的复本，而是生活的工具，用来创造人与物间，或人与人间新的关系。

马林诺夫斯基在《文化论》里说得很明白。对于美拉尼西亚一地的现行称呼加以语言学的分析结果，使我深信类分性的称呼法确有一重要及特具的功能。这功能是只有从个人的生命史中对所用称呼的意义的发展过程加以详细分析才能见到。这样称呼是在父母兄弟姊妹的关系中形成的。在家庭中所用的一切称呼都有一定的及个别的意义，而且都是这些称呼尚未推广于他人之前已学会的。父母的称呼第一步推广是及于父亲的兄弟及母亲的姊妹，但在推广到这些亲属时，很明白的是一种隐喻性质，而且称呼本身亦得到了新的意义和原有者不同，不会因之和原来所指的意义相混杂。但是为什么有这种推广呢？因为在初民社会中近亲有一种义务，在嫡亲父母死亡或不能履行其义务时，要代替他们履行，并且在其他情况下亦将分担他们一部分的责任。不过，除非等到正式收养手续完成之后，代行父母义务的近亲并不能取得父母的地位，他们是从来没有完全相混及视作相等的。他们不过是部分的同化。一人对于他人的称呼常是带着相当法律的性质，尤其是在初民社会中为然。……在这里我们用语言上的模拟来推广称呼于有部分相同的亲属。❶

又说："嫡亲父母和那些推广所及的人部分同化而被称作父母的亲属的区别，在具体情况中是很明显的；这部分的相似性，常为语言的称呼及隐喻的象征所夸张。推广类别性称呼的功能是在用推广亲属称呼的隐喻方式以确立各种父母责任的法律关系。"❷

马林诺夫斯基从语言的性质说明了亲属名词扩展作用的积极创造性。他并没有具体地说明亲属扩展时所走的不同路线和其原因。那是拉德克利夫－布朗所注意的问题了。每个社会因为不同的原因，采取了不同的结构原则，譬如同胞原则、辈分原则等；实现这些原则时，亲属扩展成了一个重要的工具。

总结起来说：为了生活的需要建立不同的社会关系，社会关系包括感情和行为的内容。家庭是最早也是最基本的生

---

❶ B. 马林诺夫斯基：《文化论》，费孝通译，商务印书馆，1940年，第26—37页。
❷ 同上。

活集团，因之它是社会关系的养成所。家庭生活中所养成的基本关系，在生活向外推广时，被利用到较广的社会场合上去。个人在家庭之外去建立社会关系最方便的路线是利用原有的家庭关系。这是亲属路线。根据生育和婚姻，每个人都生在一个谱系秩序里。在这秩序中，他因生活的需要分出亲疏，形成一个亲属范围。更因亲疏的程度分成若干基本类别。每个类别有一个亲属名词。有些社会中，家外的社会关系比较简单，所以亲属的基本类别可以只限于家内、父母、兄弟、姊妹等。他们可以直从这基地向外扩展。有些比较复杂的社会中，亲属基地较广，可以包括父母原有的家庭，因之他们基本的亲属名词也较多，在我们中国就有伯、叔、姑、姨、舅等词汇。整个词汇表示该社会所记认的亲属体系。从亲属基地出发依着谱系秩序扩展到较广的范围，譬如，父亲的哥哥是"伯父"，这是基本的亲属类别。这些基本类别向外扩展，凡是父系、父辈，年较父长的男性亲属（系、辈、年龄、性别均是谱系里的原则）都称作"伯父"时，这是亲属的初层扩展。

我曾分出亲属名词和亲属称呼。亲属名词是亲属关系的定名，而亲属称呼是亲属接触时所用的口头的称呼。这两者在没有扩展之前是相同的，但是在性质比较复杂的实际情境中，称呼的扩展却有更大的伸缩性，而且时常可以有意地弯曲客观的谱系秩序，以示好感，甚至包括毫无亲属关系的人。这是亲属的次层扩展。

笼统说来，初层扩展是权利和义务的扩展，即是马林诺夫斯基所谓法律关系的扩展；而次层扩展则是感情的扩展，近于克罗伯所谓心理的表示。亲属基本类别的建立依赖于社会生活基本团体的广狭而定，初层扩展是以该地社会结构所采取的原则为归依，这是拉德克利夫－布朗所分析的对象。次层扩充和永久性的社会结构的关系较小，它是依当时社会接触的具体情境所需的主观态度而定。

氏　族

我在第十章论社会性的断乳时曾指出家庭的三角结构是一种暂时的组织。家庭的基本功能既是抚育，抚育的目的就在使孩子们能自立，所以等到任务完成，这个结构也就失去了它的基本功能。但是在抚育过程中，在这团体里共同生活的分子间却结下了亲密的感情，以及很多合作的习惯。这些感情和习惯，一旦养成却并不因抚育作用的完成而消失。一个长成了的儿子或是女儿固然可以脱离原有三角结构而自己去建立一个新的三角，尽管这样独立成家，但是和原有的父母和同胞所具的社会关系总是存在的。凡是有需要合作的时候，这些现存的关系就很容易被利用上了。

我在上章又指出，从另一方面看，抚育孩子的任务时常需要家庭之外的人帮忙，最容易求助到的人就是在同一抚育单位中生活过的人，具有亲密感情和合作习惯的父母和同胞昆仲。这一个圈子就是从家庭扩展出来的第一层亲属。这一个圈子和家庭一般是双系的；父亲的父母和同胞以及母亲的父母和同胞是一样的。这也是亲属双系性的基础。我在第八章里曾说到母舅在抚育作用里的重要性，也就是说在这第一层的亲属里是包括父母双系的。

但是亲属的扩展还要顾到实际生活的情境。一群并不住在一起的人，在生活的互助上必然赶不上一群住在一起的人。我在第七章论亲属居处的离合时曾说到，除了很少例外，一个家庭并不能和夫妇双方原来的家庭同时住在一起的。在居处的联系上，必然会发生单系偏重的情形。亲属的扩展是建立在实际生活需要上的。住在一起，或相近的人容易往来，因之也成了亲属扩展的对象。居处联系上的单系偏重影响到了亲属扩展的方面，扩展到的范围也随着有了偏重。

在继替过程中，单系偏重的情形更为显著。为了免除社会的混乱，财产和地位最好是能完整地传下去，那就需要严格地走单系路线。这路线却又和双系抚育里所孕育的人情不合，至多只能做到偏重二字。一旦我们走出实际生活上的互助范围，用法律来维持的亲属关系，也可称为第二层的扩展，单系原则才充分地表现了出来。氏族是第二层的扩展中所组成的单系亲属团体。第一层的亲属关系是以从家庭生活中余留的感情，以及日常生活上的互助为基础，所以并没有法律性的联系和无形的组织。氏族却不然。这是一个经济和政治性的组织，有共同的利益要保护，有共同的目的要追求，所以有统治的机构，有规定的权利和义务。它可以视作邦国的原始形态，所不同的是氏族是利用亲属关系而邦国是利用乡土关系。

在人类学里有不同的看法。摩尔根在根据类分法亲属体系推测出集体婚姻的社会组织之后,更进一步,认为在人类进化史中,氏族的组织是先于家庭而出现。氏族组织发生的原因,在摩尔根看来是出于早期乱交引起了生物性的弊病,经人类发觉之后,才想出来矫正的方案。乱交可能发生血亲的交配。血亲交配,据当时很多学者的看法,是会使种族孱弱的,那等于中国古时"同姓相婚,其生不蕃"的理论。要避免血亲交配只有实行外婚。外婚的单位是氏族。依摩尔根的说法,氏族在早期是婚姻的单位,甲族的女子集体和甲族的男子发生婚姻关系(也就是性的关系)。后来,个别婚约代替了集体婚姻,才有个别家庭。

自从摩尔根提出了氏族先于家庭的问题之后,在人类学界中曾有很多的讨论,一直到现在还有人在辩论。洛伊在他的《初民社会》中对摩尔根在《古代社会》中所提理论的批评,在我看来是很周到的。[1]可是我觉得家庭、亲属、氏族并不必一定要分出历史上的先后来,它们尽可以同时发生,不但不冲突,而且是相成的;一直到现在还是可以并存不悖的。

亲属是一种社会关系,家庭和氏族是两种根据亲属而组成的团体。社会关系规定着人和人相互间一定的行为。社会团体是一群有一定社会关系的人为了某项事务发生分工合

---

[1] R. H. 洛伊:《初民社会》,第七章,上海:商务印书馆,1935年。

作的组织。家庭和氏族所同之点是在它们都是根据亲属关系而组成的,这是说组织的成员是有生育的或是婚姻的关系。但是这两种团体不但结构上有差别:家庭是双系的,氏族是单系的;而且各自做不同的事务:家庭是为了抚育,氏族是为了处理经济和政治的事务。

在生育制度里讲氏族,我们不免要偏重到它在监督、管理继替过程上的事务。我在第十一章里曾偶然说到"亲属体系可以说是特地为了要用来作有条不紊的继替原则而定下的"。我的意思就是在:若用了亲属原则来规划继替作用,我们必需要一个层次分明的单系亲属谱系。这一层意思我在第十四和第十五两章又加上了说明。若是抚育作用中不牵涉继替作用,在日常生活合作上扩展出来的亲属是双系的,这是我在本章中所谓第一层的亲属扩展。第二层的扩展走上单系的路线的原因是在适合继承作用的需要。

对于继替问题特别关心的就是这些可能继承的人。这些人要保护自己的权利,得监督着继替作用使它按着公认的原则进行,于是这些人有了共同的目的和共同的利益,产生了组织,发生了社会的裁制力来管理这事务,这是氏族。

我说我在这里讲生育制度时不免要偏重氏族的这项任务,因为我顾到氏族还有很多其他和生育制度并不发生直接关系的事务。洛伊叙述氏族组织时曾举西伯利亚的奥斯提雅克人的例子,他说:"氏族中的男子迁徙不相离,很讲义气。富人周济穷人认为当然之理。氏族不独是一个社会单位,而且是一个政治单位;每一氏族有一酋长,他的职位传给儿子或次一等的亲人，他的主要任务为排解争议。若干氏族结合为联盟，联盟之首长称王。奥斯提雅克氏族，除社会的及政治的性质以外，还有宗教的功能也很重要。每个氏族有其独有之神偈，有法师掌管，有祭祀及其他仪式，氏族中人都来参加。"❶

洛伊比较了许多不同地方的氏族所做事之后，发觉非但氏族的功能很复杂，而且各地方的变异性又很高。从这变异性引起了一源抑或多源的问题。我觉得这些事实的重要性是在说明氏族组织所可能做的事务很多，随各地的需要而决定。我在论家庭的功能时也说过，家庭虽则以抚育作用为主，但是时常有许多和抚育作用不相关的事也交给了它去担任。氏族也是如此。而且氏族所包括的人多，所能做的事情更多，结果氏族的功能中，政治的、经济的、宗教的事务远超过继替过程的监督者了。

还有一点应当注意的就是在财产和地位不太发展的社会中，继替过程比较简单，不必有一个管理的组织。在我们中国，有些地方氏族组织在农村里就不很发达；在市镇的地主阶层中，这种组织才较普遍。这表示氏族并不是一个普遍的组织，因为它所做的基本功能并不是普遍的。这和家庭不同，家庭所担任的抚育作用是基本而普通的，所以洛伊说："双系性的家庭是一个绝对普通的制度；反之，单系性的氏

---

❶ R. H. 洛伊:《初民社会》，第142页，上海：商务印书馆，1935年。

族分布虽广，毕竟有个限度。"❶

氏族的功能既然以政治、经济、宗教等为主，这些制度的发展也直接影响到了氏族的存在问题。洛伊也说："世界上许多文明民族，如希腊人，从前是经过一个有氏族组织的时期的。但这个事实也许只表示到了某一文明程度，氏族制就要衰颓。"❷家庭虽则也是曾吸收了很多政治、经济、宗教等功能，但是它有一个基本的抚育作用守得住，虽则其他的功能已经逐步移了出去，它还是能存在。氏族在生育制度中其实并不是一个必需及重要的组织。它是靠其他功能而得到发展机会的。一旦其他的功能不再利用亲属关系，氏族也就会像一朵花一般的萎谢了。至于氏族其他功能的内容，因为和生育制度没有太深的关系，所以我不想在这里讨论了。

---

❶ R. H. 洛伊：《初民社会》，第175页，上海：商务印书馆，1935年。
❷ 同上。

附 录

亲迎婚俗之研究

一、亲迎婚俗之定义

亲迎婚俗详载于《仪礼》。其文曰：

> 主人（郑注：婿也）爵弁，纁裳，缁袘。从者毕玄端，乘墨车，从车二乘，执烛前马，妇车亦如之，有裧。至于门外（郑注：妇家大门之外）主人（郑注：女父也）筵于户西。西上，右几。女次纯衣纁袡，立于房中南面。姆纚笄宵衣，在其右。女从者毕袗玄，纚笄被颡黼在其后。主人玄端迎于门外，西面再拜，宾（郑注：婿也）南面答拜。主人揖入，宾执雁从。至于庙门，揖入三揖，至于阶，三让，主入升西面，宾升北面，奠雁，再拜，稽首，降出，妇从，降自西阶，主人不降送。婿御妇车，授绥。姆辞，不受。妇乘以几。姆加景，乃驱，御者代。婿乘其车先俟于门外，妇至，主人揖妇以入。❶

---

❶ 《仪礼》，上海涵芬楼借长沙叶氏观古堂藏明徐氏仿宋本景行本第2卷"士昏礼第二"，第4—6页。

又曰:

> 父醴子,命之曰:"往迎,尔相承我宗事,勖帅以敬,先妣之嗣,若则有常。"子曰:"诺,惟恐弗堪,不敢忘命。"宾(郑注:婿也)至,摈者请。对曰:"吾子命某(郑注:婿父名)以兹初昏,使某将请承命。"对曰:"某固敬具以须。"父送女,命之曰:"戒之敬之,夙夜毋违命。"母施衿结帨曰:"勉之敬之,夙夜无违宫事。"庶母及门内施鞶申之父母之命,命之曰:"敬恭听宗尔父母之言,夙夜无愆视诸衿鞶。"婿授绥,姆辞曰:"未教不足与为礼也。"❶

最近定县之社会调查,关于亲迎婚俗之记载如下:

> 迎娶的那一天,男女两家都用白纸糊房,结灯挂彩,设席招待亲戚朋友,非常热闹。迎娶的时候,前边打灯笼的与放爆竹的引路,打灯笼的与放爆竹的后边,就是打旗的,打锣的打鼓的,吹喇叭的。打旗打锣的都在地上走着,作鼓乐的在车上奏着。鼓乐后边就是娶亲客人所乘的轿车,一个跟着一个,慢慢地走着,最后有两个彩轿,一个红轿,一个绿轿,新郎乘红轿到女家迎接新娘,叫做"迎娶"。新郎到了女家,

---

❶ 《仪礼》,第2卷"士昏礼第二",第15—16页。

女家送客人派人出去迎接，手托点心四碟，提酒一壶，酒盅三个，在新郎轿前奠酒三杯，请新郎下轿。新郎下轿以后，引新郎到客房入座。敬上香茶果点。休息休息。最后摆上筵席迎待新郎与娶客。有的时候，因为女家贫寒或工夫短促，就不预备筵席迎待，仅敬上茶点而已。吃完了酒饭以后，女家又献上"插花""披红"。把插花戴到新郎的帽子上，披红多挂在新郎的轿前。有的时候也把它披在新郎的身上的。插花披红献给新郎以后，新娘这就预备上轿了。新娘多半都是穿红缎子或是红绸子的衣裳，裙子，裤子，头上戴满红花，脸上擦着粉，嘴上点着大红唇，打扮成一个美人。这时候，锣鼓一敲，喇叭一吹，新娘就上轿了。这时新娘却坐红轿，并在新娘的轿后系一把铜壶里边盛满水，轿一边走着，水一边滴着，叫做"长流水"，取男女两家亲戚往来不断的意思。这个红轿，就是新郎迎娶坐来的，后来新郎换坐绿轿，伴着新娘的红轿了。迎娶回去，不顺原路，绕出多少里地，经过几个邻村，才回男家。女家有的用送车四辆，送客二人，送新娘到婆家，有的用陪轿一乘，女送客一人坐着，另外有两人骑马在新娘轿前走着，叫做"顶马"。新娘的轿前另有一人提茶壶的。扶着轿杆，预备新娘路上渴了，好喝茶水，虽然如此，新娘在路上喝水的极少，除非新娘渴得要死，她并不张口要水。至于新娘的妆奁，

另有女家人预先抬送，不跟轿子一齐送走。❶

吾人可于上引两节文字中，得一亲迎婚俗之原则：即所谓亲迎者，乃男子于举行婚礼之前，亲身至女家迎接其新妇同归其家是也。凡与此原则相合者，其详细节文虽有变异，均属亲迎婚俗。

二、亲迎婚俗近代之地理分布

亲迎，在近代，是否系全国通行之婚俗？

于本文立论之初，首将此问题提出者，以其可用直接调查方法解答，及可根据现有事实加以考核之故。立论之根据既可征信于事实，所论者自易受科学之批判。

但本文所用之材料，并非作者亲自调查之记录，多采自各地方志书。所载是否可信，固属疑问。如修志者每喜谓其俗近古，以取悦于治者；即非有意篡改，传闻失实，以少例多之弊，无实地调查训练之修志者，自不易免。常有一地之志，编修时日相距至近，而记载竟相抵触者。风俗之为物，决非短时间可以尽易。故此种相抵触之记载，适足为其错误之明证。❷

---

❶ 李景汉：《定县社会概况调查》，下册，第380—381页。

❷ 例如《盐城县志》云："程志云，婚礼必亲迎。府志则云，婿不亲迎，请人代往。阅六七年，而风俗奢纵有如此，宜归咎于人事，而气运（转下页）

虽然，若舍地方志而他求，则即此不可尽信之材料亦无矣。至于走遍全国，实地调查，又非作者个人能力之所能及。今集陋成章，自无于乖误中获得真理之奢望。然不辞旷废时日，做此研究者，盖在激发国人对于风俗研究之兴趣，及阐明之文化研究之地理方法耳。

即以地方志为根据矣，而正尽搜全国之志书，亦为目前不可能之事。且志书中有是俗之记载者，三不及一。详备者，更属难得。本文之作，适在燕京大学提倡搜集地方志之时，故得于其图书馆尽量应用。阅二载，所摘录者始足分类划区。更以《古今图书集成》中"方舆汇编"、"职方典"所汇刻之府志，加以补充，遂成近代亲迎婚俗地理分布图（附图1）。

所用志书，编修时日并不皆同，最早为西历1672年，即清康熙十一年[1]。最近者为西历1920年，即民国九年[2]。计包括248年。唯在1860年至1890年，30年中者，占总数44%，在此期中风俗之变动实所不免。将不同时日之现象，融于一图，方法上自多可议之处。唯风俗变迁并不急速，所用材料相差之时，就其大概论，尚不过远。故此图或尚可予吾人一近代该俗地理分布之大概情形也。然作者于此愿郑重声明，以地方志为根据，及合不同时日之现象于一图等，均属不得已之举。尚幸凡因此等方法上之缺陷，而引起之错

（接上页）不为之任过者也。"（第2卷，第26页）作者认为两志记载之别，归于风俗奢纵，不若归于记载有误为近理。

[1] 《栾城县志》。
[2] 《解县志》及《虞乡县志》。

附图 1 亲迎婚俗地理分布图

黑点代表亲迎区　黑圈代表半亲迎区　黑×代表不亲迎区

误,均可有客观事实足以纠正。故能有以实地调查,或个人经验见告,均为作者所深望而感激者也。为便利考核参阅起见,故将所摘录条文编为附录,附本文之末。

近代亲迎婚俗地理分布图,及附录均用三分法编置。易言之,即将各地依其婚俗分为三类:一、全社会人民俱行亲迎者，简称"亲迎区"；二、社会中一部分人行亲迎者，简称"半亲迎区"；三、全社会人民俱不亲迎者，简称"不亲迎区"。

图中因欲使读者醒目起见，将中原之亲迎区与半亲迎区及不亲迎区接界处，划一界线。此线因材料尚不足，故多作者主观臆度之处。东三省及四川或有亲迎，但因无可据之材料，故亦未划及亲迎区中。幸读者勿固执是线也。

亲迎婚俗分布情形可略述如下：

一、亲迎婚俗并未普及全国。

二、亲迎区，半亲迎区，及不亲迎区同时存在。

三、亲迎区除少数零星区域外，俱相衔接形成一中原亲迎区。位置于直隶、山东、山西、河南、湖北、安徽诸省之全部或一部。不相衔接之零星区域，则散布于江苏、浙江、福建、广东、江西、广西、及云南诸省，杂处于半亲迎及不亲迎区间。

四、半亲迎区多麇集于中原亲迎区之西北及分散于长江以南。

五、不亲迎区包括长江以南诸省，唯时有亲迎区及半亲迎区杂处其间。

三、亲迎区域之形成及其与移民之关系

亲迎婚俗在近代并未通行全国，该俗在地理上之分布

状态已如上述，然则古代何如？此种分布状态何由形成乎？此乃亲迎婚俗之历史问题也。

据《尚书·大传》所载，亲迎始于周。其文曰："夏后氏迎于庭廷，殷人迎于堂，周人迎于户。"❶ 足以佐证周人亲迎者除前引《仪礼》之文外，《诗经》有："文定厥祥，亲迎于渭；造舟为梁，不显其光。"❷《列女传》据此云："太似者武王之母禹后，有莘氏之女，仁而明道，文王嘉之，亲迎于渭。"❸

论者每以夏、商、周，为历史上之三时代而不以其为同时并存，政治势力相消长之三族，实为研究中国社会史易有之错误。考当时各族文化不同，所居地域不同，某族强盛之时，虽可驱他族而占其地，但决不能尽灭其族人。虽可于政治上统治他族，但决不能于短时期中尽改其文化。故上所谓亲迎始于周者，并非谓夏，商势盛之时，绝无亲迎婚俗；亦非谓周族一旦克商，亲迎婚俗即行普遍于周族势力范围所及之地。亲迎乃周族之风俗，夏、商势盛之时，周族业已存在，故此俗亦已存在。周族得势，夏、商诸族亦未顿然消灭，不行亲迎之俗，亦依然存在也。

周代各地人民不行亲迎之俗见于《诗》及《春秋》，《诗》云：❹

---

❶ 上海涵芬楼藏《左海文集》本，景行本，第4卷，第13页。
❷ 《诗经·大雅·文王之什》，中华《四部备要》本，第16卷，第3—4页。
❸ 上海涵芬楼借长沙叶氏观古堂藏明刊有图本景行本卷之一，第9页。
❹ 《诗经·国风·齐》第5卷，第2页。

俟我于著乎而，充耳以素乎而，尚之以琼华乎而；
俟我于庭乎而，充耳以青乎而，尚之以琼莹乎而；
俟我于堂乎而，充耳以黄乎而，尚之以琼英乎而。

郑氏笺谓："著，刺时也，时不亲迎也。"❶《春秋》关于不亲迎之记载可分为四类：

一、帝王不亲迎以大夫代者：❷

桓公八年，祭公来，遂逆王后于纪。❸
襄公十五年，刘夏逆王后于齐。❹

二、诸侯不亲迎以大夫代者：

---

❶ 《诗经·国风·齐》第5卷，第2页。
❷ 或谓天子按周制不亲迎，故以大夫代。关于此俗是否及于帝皇，聚讼颇烈，可引《通典》之综论以说明之：

公羊说天子至庶人皆亲迎。石氏说王者至尊无敌体，义不亲迎，郑元（玄）驳之曰："文王亲迎于渭则天子亲迎也。天子虽尊，其于后，夫妇也，夫妇无判，礼同一体，所谓无敌岂施于此哉？《礼记·哀公问》'冕而亲迎不已重乎？'孔子对曰：'合二姓之好以继先圣之后，以为天地宗庙社稷之主，君何谓已重焉？'此言继先圣之后为天。地之主非天子则谁乎？"是郑以天子当亲迎也（礼十八，嘉三）。

作者以为周之帝王娶于纪，齐而不亲迎不足为周制帝王不亲迎之证。盖齐纪俱非姬姓，齐之不亲迎，有诗可证。娶于无亲迎婚俗之国，以大夫代迎，自理之常也。
❸ 《春秋经传集解》，上海涵芬楼借玉田蒋氏藏宋刊巾箱本景印本第2卷，第9页。
❹ 《春秋经传集解》，第15卷，第17页。

隐公二年九月纪裂繻来逆女。❶

桓公三年，秋，公子翚如齐逆女。❷

文公四年，夏，逆妇姜于齐。❸

宣公元年，公子遂如齐逆女。❹

成公十有四年，秋，叔孙侨如如齐逆女。❺

三、由姑代迎者：

僖公二十有五年，宋荡伯姬来逆妇。❻

僖公三十有一年，杞伯女姬来求妇。❼

四、无人迎者：

成公九年，二月伯姬归于宋。❽

春秋所载不亲迎者，婚姻二造必有一非周族姬姓者。故与亲迎系周族婚俗之说，并无冲突；且足证当时周族以外

---

❶ 《春秋经传集解》，第1卷，第4页。
❷ 同上书，第2卷，第4页。
❸ 同上书，第8卷，第6页。
❹ 同上书，第10卷，第1页。
❺ 同上书，第13卷，第6页。
❻ 同上书，第6卷，第15页。
❼ 同上书，第7卷，第11页。
❽ 同上书，第12卷，第18页。

之人民，犹多不亲迎也。然此说与近代亲迎婚俗地理分布情形相符合乎？请先论商族及周族之地域。

商为东方民族，发祥于山东。《尚书·序》谓："自契至于成汤八迁。"王静安先生考八迁之经过，允为信确：

> 《尚书·序》自契至于成汤八迁。正义仅举其三，今考之古籍则《世本·居篇》云："契居蕃。"（见《水经注·渭水篇》《通鉴地理通释》引《世本》作番，疑即汉志鲁国之蕃县。观相土之都，在东岳下可知）契本帝喾之子实本居亳，今居于蕃，是一迁也。《世本》又云："昭明居砥石。"（书正义引）由蕃迁于砥石，是二迁也。《荀子·成相篇》云："契玄王生昭明居于砥石，迁于商"，是昭明又由砥石迁商，是三迁也。左氏襄九年传云："陶唐氏之火正阏伯居商邱，祀大火，而火纪时焉。相土因之，故商主大火。"是以商邱为昭明子相土所迁。又，定九年传，祝鮀论周封康叔曰："取于相土之东都，以会王之东蒐。"则相土之时曾有二都，康叔取其东都以会王之东蒐，则当在东岳之下，盖如泰山之祊，为郑有者，此为东都，则商邱及其西都矣。疑昭明迁商后，相土又东徙泰山下，后复归商邱是四迁，五迁也。今本《竹书纪年》云："帝芬三十三年，商侯迁于殷（《山海经》郭璞注引真本纪年有殷王子亥殷主甲微，称殷不称商，则今本纪年此事或可信）"，是六迁也。又孔甲九年，殷侯复归于商丘，是七迁也。

至汤始居亳从先王居，则八迁。❶

古地以亳名者甚多，故契及汤所居之亳究在何地，常成问题。静安先生以三证确定亳即汉山阳郡薄县地，今山东曹县南20余里。❷ 商地名据《括地志》为"周东八十里商洛县，本商邑，古之商国，帝喾之子契所封也。商洛县金废，今为商州。地属陕西，西安府。"❸ 误也。静安先生以杜预《春秋释地》以商邱为梁国睢阳为是。梁国睢阳今河南商邱县。❹ 故契至成汤八迁乃在山东南部及河南东部一带。汤至盘庚五迁，仲丁迁于隞，今河南荥泽县西南17里。河亶甲居相，今河南内黄县东南13里。祖乙迁于耿。耿据静安先生考证为古邢邱。杜注在河内平皋县，❺ 即今河南温县。盘庚迁于殷，今河南安阳县。商族由东逐渐向西移，入居中原，移民路线颇为显然。

周为西方民族，由西而东入居中土，适与商族异向，周之起源可溯至古公亶父。《大雅·绵》云：

绵绵瓜瓞。民之初生，自土沮漆。古公亶父，陶复陶穴，未有家室。古公亶父，来朝走马。率西水浒，

---

❶ 王国维：《观堂集》，第12卷，第1页。
❷ 王国维：《观堂集》，第12卷，第3—4页。
❸ 蒋廷锡：《尚书地理今释》引《昭代丛书》丁集第3卷，第13页。
❹ 王国维：《观堂集》，第12卷，第1—2页。
❺ 王国维：《观堂集》，第12卷，第5页。

至于岐下。爰及姜女，聿来胥宇。周原膴膴，堇荼如饴。爰始爰谋，爰契我龟；曰止曰时，筑室于兹。乃慰乃止，乃左乃右；乃疆乃理，乃宣乃亩。自西徂东，周爰执事。❶

岐山在今陕西岐山县。据此可知商系山东民族，向西入于河南。周本陕西民族，向东入于河南。若与亲迎婚俗近代地理分布之状态相对照，而谓亲迎系周俗，不免发生下列二问题：

一、山东近代全部通行亲迎婚俗，何以知其非殷俗？

二、陕西行亲迎者多限于社会上一部分人士，何以谓亲迎系周俗？

苟欲维持亲迎系周俗之说，必须证明二事：

一、山东之亲迎婚俗系后起者。

二、陕西之成为半亲迎区系由于是俗之衰失。

今之山东即周代之齐，鲁。齐俗不亲迎，诗已言之。该地当时本非周族人民所据。余永梁先生论商周两民族文化之关系时，曾谓："我们看伯禽封鲁，要'变其俗'，就是想以周的礼俗代商的礼俗。所以'三年后报政'。齐太公封齐，则'简其君臣礼，从其俗'，所以'五月而报政'。"❷ 当时山

---

❶《毛诗》，上引本第16卷，第5页。

❷ 余永梁：《易卦爻辞的时代及其作者》，民国十七年十月中央研究院历史语言研究所集刊第1本第1份，重载于顾颉刚《古史辨》第3册上编，第146页。

东不从周俗，可以见矣。故齐有"俟我于著"之诗，鲁有大夫逆女之文。

山东之有亲迎婚俗，实由周族移民该地所致。周族之东迁，李峻之先生有详论，见"周代西方民族之东殖姬姓篇"。❶ 其"东殖图"示周族移居山东之潮流颇明。至于移民之结果可于李济先生之筑城区域图中见之。李先生以筑城为华族 we-group 之特征。筑城区域足以代表华族势力及人民所及之地。山东于 A 期（鲁隐公元年或西历纪元前 722 年以前）并不属于筑城区域之内，易言之，即犹为异族 you-group 所居。B 期（鲁隐公元年至汉高祖元年或西历纪元前 206 年）顿成筑城之中心区域矣。李先生之所谓华族虽未明指周族，但既谓筑城为华族之特征，不筑城者为异族，则居于山东而不筑城之商族为异族无疑。西历纪元前 722 年之前，西方民族之侵入山东犹不多，至纪元前 206 年已没盖全境，所移入者自多。周族带有亲迎婚俗，借政治势力压迫异族，降至今日，致有山东全境俱行亲迎之现象。史禄国教授 Prof. Shirokogoroff 研究亚洲古代民族曾有三图示其变迁，与上文颇有印证之处，读者可参考该氏所著之 *Social Organization of the Northern Tungus*，第 146—147 页。

陕西，山西一带之丧失亲迎婚俗而沦为半亲迎区者，亦由于华族之东移及南迁，与北部异族之侵入。此种势力于周代之初，业已开始，于姬姓氏族东殖图中已见端倪，降至

---

❶《清华周刊》，第 37 卷第 9、10 合期，第 41—61 页。

晋代异族南侵益亟，李济先生曾依当时人口之增殖率，断定华族向东南迁移之激速。❶

区　域	280 A. D.	464 A. D.	590 A. D.
中部东区	733865 口	1545063 口	3602698 户
中部西北区	365920 口	354712 口	1634314 户
南　部	605400 口	2970883 口	703485 户 ❷

自 280 年至 464 年，中部西北区人口反见减少，而南部人口增加五倍，其消长之原因，李先生认为在于移民。人口数字之变迁或由于登记及调查之勤惰及严废，固不足即认为移民之证。唯西北华族人口因异族之侵入而内移，实为历史上尚可征信之事实。可引江统《徙戎论》（西历 299 年）文为例：

> 始皇之并天下也，南兼百越，北走匈奴，五岭长城，戎卒亿计。虽师役烦殷，寇贼横暴，然一世之功，戎虏奔却，当时中国无复四夷也。汉兴而都长安，关中之郡号曰三辅。"禹贡"雍州，宗周丰、镐之旧也。及至王莽之败，赤眉因之，西都荒毁，百姓流亡。建武中，以马援领陇西太守，讨叛羌，徙其余种于关中，

---

❶ Li Chih, *The Formation of the Chinese People*, 第 233 页。
❷ 中部东区为黄河之南，长江之北，西至今河南、山西、陕西之交界处，即今山东、河南及湖北、安徽、江苏之大部。
中部西北区为黄河之南，中部东区之西，长江之北，即今山西、甘肃、陕西之大部。南部为长江以南。

居冯翊、河东空地，而与华人杂处。数岁之后，族类蕃息，既恃其肥强，且苦汉人……关中之人百余万口，率其少多，戎狄居半……

并州之胡，本实匈奴……今五部之众，户至数万，人口之盛，过于西戎……

荥阳句骊本居辽东塞外，正始中，幽州刺史田丘俭伐其叛者，徙其余种。始徙之时，户落百数。子孙孳息，今以千计，数世之后，必至殷炽。❶

西北人口，于西历299年时，已戎狄居半。亲迎婚俗果系周族所有，夷狄无之，则昔日之亲迎区，受移民之影响，自为半亲迎区矣。是则历史上民族之移动与亲迎婚俗近代地理分布状态之关系，非特不与亲迎系周族之说相冲突，抑且相佐证矣。

然则江南零星亲迎区，岂亦周族移民所构成者欤？解决此问题最直接之方法，即调查零星亲迎区域之人口是否系中原之移民。但搜集人种学及谱系学之材料目前犹属不易，故不得已，唯有以间接方法推论之矣。

李济先生曾选十姓，做华族之代表，以视其各期迁移之状况，为图以明之。十姓中陈郭刘吴及杨俱出自周族。读者可参考李氏 *The Formation of the Chinese People* 自169页至213页之图（图略）。

---

❶ 《晋书》，第56卷，列传26。

根据该图吾人可见：

一、若此五姓能代表当时周族后裔，则可谓周族后裔向南移民之中心，偏于沿海诸省，以浙闽赣为最盛。

二、江南零星亲迎区域自江苏，至浙江、福建、江西、广东，所处地位与五姓南迁之路径颇相符合。二者之关系固当分别证明，但于未得充分材料时，提出江南零星亲迎区为中原移民所致之假设，亦未始不可。且与已有人种学上之材料论，亦无冲突，详见下章。

依吾人之推测，于周族后裔南迁之前，江南一带均属不亲迎区。带有亲迎风俗之中原人口，不论其为周族或已受周族同化者，侵入长江以南，有自成社会保存其中原风俗者，则为亲迎区；有杂居当地人民之间，仍维持其原有风俗者，则为半亲迎区；有受当地人民之同化者，则仍为不亲迎区。

四、亲迎区域之地理及社会限制

苟吾人承认文化传播与移民有密切关系，凡限制移民之种种自然的及社会的环境，亦必影响于文化之传播。是以文化区域之界限，可自其地理及社会背景与移民之关系加以解释。请先论亲迎区域之地理限制。

史禄国教授曾将中国人种移动与地理关系，详加叙述，兹译其原文如下：

江苏，浙江，安徽，三省占有两种不同之地理区域。江苏与安徽除后者之南部外，俱处于长江下游。浙江与安徽以山为界，自成一海岸省区。惟其杭州湾一带即亦可视为长江下游区，其余各地与福建广东同半为山岭，隔绝于长江流域。南岭山脉及西部诸山横贯于广东与湖南，江西，浙江，与江西，安徽，及福建与江西之间。此等山区人口稀少，禽兽出没其间。岭南与长江流域之交通惟有著名之五口。长江流域之中部与黄河流域亦有乖隔之山脉，为逐鹿中原者用武之地，至今犹为群盗麇集之渊薮。但此区并不十分荒凉，且通路亦多，近代由北南下及西向之移民多由铁路经此至湖北之汉口，以达长江水运。黄河近代出口于山东山区之北。不及百年前，黄河口与长江口相距颇近，惟隔一湖泽纵横之平原耳。故简言之，中部之平原实黄河与长江共同构成。大陆在海边之增长，即于史籍中亦可稽考，例如长江口现有之陆地，犹属有史之后之产物。近世尚有足以殖民之地涨成。因黄河出口之迁移，江苏北部现为一荒沙硗瘠之区，极难耕植，为昔日黄河之旧道。

　　长江有两大支流，江西之赣江，湖南之湘江是也。彼等俱导源于南部，故为由北向南移民的孔道。此外移民之重要路线则为海道。由海道，北部人民移殖于南部滨海之区。移民之第三路线即为上述之山地。因民族流

动之压力，移民依山势作保障，沿山而进入内地。❶

请依移民之观点论长江之下游。北部为南下移民之孔道，沿江东下，亦为移民之捷径。由此二途进入此区，自昔已然，且江苏近古以来，久为著名可航之海岸。高丽，山东，直隶，辽东，江苏，浙江，日本南部，及台湾环拱于中国海边，使移民便于沿海往来。故于其地时有此等海道移入人民之遗留，吾人不应忽视者也。诸省中尤以福建，广东为然。彼等与西北诸省有崇山峻岭之隔。于五口外，南北人民不易往来。广东之西江流入广西，及广西以西南诸地，亦为一移民之孔道也。❷

吾人可注意者：

一、江苏北部黄河旧道为移民南下之阻，黄河多沙。沿河之地，一经泛滥即荒瘠难耕，尤以改道之后旧槽几成废地。而亲迎区域即以此为界。

二、长江与黄河之间，虽亦有山岭，然并不难通，故中原向南移民多取道于此，湖北自成移民之总站，而亲迎区域亦越过河南湖北之界而南抵于长江。

三、海道移民，自古已然。而沿海省区亦多零星之亲迎区。

---

❶ S. M. Shirokogoroff, *Anthropology of Eastern China and Kwangtung Province*，第8—10页。
❷ 同上书。

四、沿海诸省与江西，湖南诸省有南岭横隔，移民不易通过。一方阻止长江流域人民之南移，一方阻止海道移民之深入内地，而亲迎区域几绝迹于江西及湖南。

由地理背景以论亲迎区域有一难决之问题：带有亲迎风俗之移民何故止于湖北而不复南下乎？自地理言，湘赣两江俱极便利，何故亲迎区域不能越长江而更南乎？于是吾人不能不求之于社会之环境矣。

移民之社会限制莫甚于人口密度。考人口之移动，原因虽不一，然能吸收移民，使其安居者有一必要之条件，其地必须能供给彼等维持生活之机会。是故荒沙横前，移民裹足。今若有一地土地虽肥美，而人口已密，外来人口，势必见拒，盖彼等之进入，将直接影响于本地人之生计也，近代美国之限制移民即为一例。故中原人口向南迁移时，南部人口之密度，实为吾人所欲知者。因南部人口之密度，即南下移民限制之程度也。

中原人口向南迁移始于何时，乃吾人之先决问题也。依李氏筑城区域之推测，华族势力及于江苏，湖北始于纪元前722年至纪元前206年，约当周末及秦代。及于安徽、江西、湖南、四川，则为纪元前206年至264年，约当汉代。❶筑城区域所示者实为华族之政治势力，并不足以确定其有大批移民也。谭其骧先生研究中国内地移民史，曾将各时期客

---

❶ S. M. Shirokogoroff, *Anthropology of Eastern China and Kwangtung Province*，第9页。

民移入湖南之人数比数,其结论如下:❶

区域	县数	户数	口数	每县平均户数	每县平均口数
中部东区	427	4354922	21603172	10199	50593
中部西南区	107	870213	4248037	8133	39701
中部北区	312	2716068	11380157	8705	36475
中部南区	142	910168	4290491	6410	30215
南部	55	215448	1372290	3917	24951
中部西北区	265	1530143	6297010	5774	23762
西北部	85	71270	6288211	838	73979

分区见图 2

东汉	晋	唐	五代	北宋	南宋	元	明	清
0.6	0.2	0.2	4.3	6.6	9.8	15.1	58.8	3.8

---

❶ 谭其骧:《中国内地移民史——湖南篇》,燕京大学《史学年报》,第80—81页。

是表所指客民乃包括一切湖南省以外之人，非专指中原之移民。但据此亦可见汉代移民于长江以南者，为数甚少。吴景超先生论两汉人口移动亦得类似之结论："第一，两汉时自动移殖的人很少；第二，两汉被动移殖的可分两种，第一种为移民实都，第二种为移民实边。"❶而边境又多指西北方面及四川。故吾人可以汉代人口代表中原人口向南迁移前中国之人口分布状态。然论中国人口分布状态，即近代者犹属困难，何论乎汉代？但其大概情形，则就《汉书·地理志》所载各郡之户口统计，略可窥见一二。

中部南区即长江流域汉代之人口与中部东区为60与100之比。此种分布不均之状态下，向南移民固为不可免之结果。据上述李氏之推测在280年（晋武帝太康元年）至464年（宋孝武帝大明八年）曾有大批西北人口移至南部。然则此大批移民入居何处乎？中原移民之数目及其中心地带，现虽尚无材料可以断定，但据谭其骧先生研究湖南移民原籍之分配，其结果如下：❷

江西	63.1	江苏	7.6	河南	4.3	福建	2.7
安徽	2.5	河北	1.6	山东	1.2	广西	1.0
浙江	0.8	四川	0.6	山西	0.2	陕西	0.2
湖北	3.5	湖南	10.7				

中原移民唯占总数之9.5耳，余多来自长江流域。可见中原移民多麇集于沿海诸省，未能越长江而深入腹地

---

❶《社会学刊》，2卷4期，《两汉的人口移动与文化》，第11—12页。
❷ 谭其骧：《中国内地移民史——湖南篇》，第63页。

也。考其故，盖由于：一、海道移民，故择沿海诸地而居；二、长江下游地土肥腴人口尚稀，容纳移民之力较大，故多趋之。及一旦人口繁殖，受生活程度之压迫，始扩大移民区域，西入江西及湖南。为时约在明代（1368—1643年）。入居湖南，江西者既多南部人口，故亲迎区几绝迹于该两省。

人口之密度，不唯足以决定移民之方向，且可限制文化之传播。汉代南部人口虽不及中部之密，然每县户数已有3917，且其文化程度已与中原齐趋。移民入内，决不能如周秦之际移入山东一带时之扫尽土著，横行无阻。彼等移入文化程度相等，人口颇密之人民中，如不另立新村，而欲与土著相处，则不能不谋于土著固有之社会中，得一相当之地位。势不宜自别于土著致受歧视，凡有使土著引以为奇之风俗，自不愿斤斤保守矣。此种同化于土著之事实，即在以保持中原风俗著名之"客家"中，亦能见之。《崇正同人系谱》（第4卷，第7页）谓客家以前，履行亲迎，近已无之。浙江之硖石亦然。❶数十年前，率皆亲迎，近已寥寥。此皆文化传播所受社会之限制也。

若亲迎区域之形成，果以移民为其主要原因，则亲迎区域与中国人种分布，必有相当之相关性存在矣。易言之，若人种之分布与亲迎区域有印合之处，则亲迎区域形成之主要原因出于移民，又得一佐证矣。

---

❶《海宁县志》，第40卷，第3页。

中华民族实包括各类不同之人种而成。史禄国教授自体质之差异，将中华民族分为六或七类，其最重要者：为A类B类及△类，B类为华东，尤以江浙两省、广东及高丽为基本种类。但于黑龙江、日本、蒙古，以及西伯利亚一带，俱有此类人种。现代彼等所操之语言，虽有绝不同者，但以其体质论，则似出于一源。故史氏认为此类即为古代亚细亚之土著。所以有现代之分布状态者，乃由于A类人种之侵入。❶A类为现代华北之基本人种，尤以河南、河北、山东为最，仅略见于安徽及浙江、江苏及广东，则更少。发现于沿海诸省者常呈零星之殖民地状态，及杂居于重要之城市中。❷侵入华东最有力者非A类而系△类。关于△类之材料现尚不多。但依史氏推测或系起源于亚洲中部由长江南下早期曾集于湖北一带者，或系起于华东者。❸

定论虽嫌过早，但可断言其非黄河流域之中原人种也。

即此极简单之叙述，已足予吾人一极深之印象：即A人种与亲迎婚俗似有密切之关系也。然欲证实此言则舍实地调查将具有此种风俗之人种加以考察外，固无他法，但姑悬一说于此亦非无益也。

---

❶ S. M. Shirokogoroff, *Anthropology of Eastern China and Kwangtung Province*，第130—133页。
❷ 同上。
❸ 同上。

五、亲迎婚俗之传播

据上所论，一若文化区域之扩张必赖移民，非也。乙地之民本无甲地之文化，后因发生接触，取法甲地之民，将甲地之文化采为己有，于是甲地之民并未迁入乙地，而甲地之文化已传至乙地，文化区域因之扩张矣。此种现象吾人称之为文化传播。上章所论限于亲迎区域与移民之关系，而未及传播者，实因移民与文化区域之关系，较为简单而明显，且较重要也。

今请进而论亲迎婚俗之传播及其与该俗近代地理分布之关系。然传播现象较为复杂，愿于入论之前，将文化传播之性质，加以申述。

一地之文化并非为一堆不相关涉而独立之文化特质所聚成，乃一错综交杂，有整体性之结构也。任何文化特质欲存在于一地文化结构中，必须与其他特质维持相当关系。如笔，如墨，二文化特质也。欲其发生效用，必须有石砚为其媒介。三者具矣，犹需有纸，始能书写。欲有纸，又必须有人有造纸之知识。依此推衍，即可见一物之微，常牵连整个文化结构，各特质间，俱有不能相离之关系存在也。

文化之所以有整体性者，因其本身即系生活之方式，不能离各个人之人生而独立，而人之生活乃一不能分之整流故也。文化特质之关系，存在于应用此特质之个人生活中，如上述之例，笔、墨、砚、纸，所以发生关系乃由于人之欲书写也。

是故欲于一文化结构中，引入一新文化特质实非易事。以个人言，凡对于自己毫无功用者，或虽有功用，与固有之生活方式不相调适者，多不加以注意，不愿学习。个人如此，社会亦然。一风俗一习惯，欲于甲族、甲地，传入乙族、乙地，必须其对于乙族、乙地之民，有相当功用。且须与乙族、乙地固有之文化，能相调适者。盖文化特质本身并不能发展及活动。其发展其活动俱有赖于人之应用及授受。而应用，授受又视其对于应用者，接受者有无功用，能否与固有生活方式相调适为断。故论文化传播者不能脱离人性及文化背景而立论审矣。今请论亲迎婚俗之传播。

在已有亲迎婚俗之区域中，其人民奉行亲迎，乃由于习俗。我祖行之，我父行之，我亲戚邻里俱行之，我岂可不行？此为奉行习俗之唯一理由。在不亲迎区域中，其人民不亲迎之理由亦如之。此即所谓文化之惰性也。故欲改变一风俗，必须于改变之后，在生活上能得到满足，非前此所可得拟者。如中原移民杂居江南土著中，放弃亲迎婚俗，以免歧视，生活可较舒适，故该俗日渐消失，前已论及。然则不亲迎区域中人，何以效法亲迎乎？回答此问题前，必先解决是否有此种传播之现象？此种现象发生于何处？是何情形？

若否人详审半亲迎区之情形，常可见一种特殊现象，即一社会中行亲迎者与不行亲迎者之分别，常与身分及财富之分别相符合。易言之，士大夫、缙绅、富家多亲迎；而平民不行。考之中国社会结构身分之流动性颇大，不若印度之有遗传的身分阶级所谓 caste 者。故以移民解释半亲迎区中之特殊现象，似颇不易，于是当求之于传播矣。可先一述亲迎婚俗自周以后发展之历史。

亲迎婚俗发展之历史，可划分为两时代：一为风俗时代，一为礼教时代。风俗之别于礼教，在其无伦理教义之附会，人民奉行风俗之唯一理由为："我祖行之，我父行之，我邻里亲戚皆行之，我岂可不行？"是为社会之习惯。礼教乃伦理化之风俗，奉行之理由，为维持个人之道德及执行社会之义务。故非只为习惯，而为社会之行为规范，善恶之标准矣。

亲迎婚俗之由风俗成为礼教，约在周末汉初，表现于儒家之文字中。周族之亲迎乃风俗也，无一定须奉行之道德责任。故不亲迎亦为社会所许。《仪礼》载有不亲迎之文：

> 若不亲迎则妇入三月然后婿见，曰："某以得为外婚姻，请觌主人。"对曰："某以得为外婚姻之数，某之子未得濯溉于祭祀，是以未敢见。今吾子辱命，请吾子之就宫，某将走见。"对曰："某以非他故，不足以辱命，请终赐见。"对曰："某得为婚姻之故，不敢固辞，敢不从。"主人出门左，西面，婿入门，东面，奠挚再拜出，摈者以挚出请受婿礼，辞，许受，挚入，主人再拜受，婿再拜。送出，见主妇，围扉立于其门。婿立于门外，东面，主妇一拜，婿答，再拜，主妇又拜，婿出，主人请醴，及揖让入。醴以一献之礼。主妇荐

奠酬，无币。婿出，主人送之，再拜。❶

儒家提倡周族风俗制度，以制礼教，婚礼中尤重亲迎。《礼记》关于亲迎之文有：

> 父亲醮子，而命之迎，男先于女也。子承命以迎，主人筵几于庙，而拜迎于门外，婿执雁入，揖让升堂，再拜奠雁，盖亲受之于父母也。降，出御妇车，而婿授绥，御轮三周，先俟于门外。妇至，婿揖妇以入，共牢而食，合卺而酳，所以合体同尊卑以亲之也。❷

> 男子亲迎，男先于女，刚柔之义也。天先乎地，君先乎臣，其义一也。执挚以相见，敬章别也。男女有别，然后父子亲，父子亲然后义生，义生，然后礼作，礼作，然后万物安。无别无义，禽兽之道也。婿亲御授绥，亲之也。亲之也者，亲之也。敬而亲之，先王之所以得天下也。出乎大门而先，男帅女，女从男，夫妇之义由此始也。妇人从人者也。幼从父兄，嫁从夫，夫死从子。夫也者夫也，夫也者，以知帅人者也。❸

> 孔子侍坐于哀公。哀公曰："敢问人道，谁为

---

❶《仪礼》，第2卷，"士昏礼第二"，第16—17页。
❷《礼记·昏仪》，中华据相台岳氏家塾本校刊聚珍仿宋本第20卷，第2页。
❸《礼记·昏仪》，中华据相台岳氏家塾本校刊聚珍仿宋本第20卷，《郊特牲》，第8卷，第10页。

大?"孔子愀然作色而对曰:"君之及此言也,百姓之德也,固臣敢无辞而对?人道政为大。"公曰:"敢问何谓为政?"孔子对曰:"政者正也。君为正,则百姓从政矣。君之所为,百姓之所从也。君所不为,百姓何从?"公曰:"敢问为政如之何?"……孔子对曰:"古之为政,爱人为大,所以治爱人,礼为大,所以治礼,敬为大,敬之至矣。大昏为大,大昏至矣。昏既至,冕而亲迎,亲之也。亲之也者,亲之也。是故君子与敬为亲,舍敬是遗亲也。弗爱不亲,弗敬不正。爱与敬,其政之本欤?"公曰:"寡人愿有言,然冕而亲迎,不已重乎?"孔子愀然作色而对曰:"合二姓之好,以继先圣之后,以为天地宗庙社稷之主,君何谓已重乎?"公曰:"寡人固,不固焉得闻此言也!寡人欲问,不得其词,请少进。"……孔子遂言曰:"内以治宗庙之礼,足以配天地之神明;出以治直言之礼,足以立上下之敬。物耻足以振之,国耻足以兴之。为政先礼,礼其政之本欤!"孔子遂言曰:"昔三代明王之政,必敬其妻子也有道。妻也者,亲之主也,敢不敬欤?子也者,亲之后也,敢不敬欤?君子无不敬也,敬身为大。身也者,亲之枝也,敢不敬欤?不能敬其身,是伤其亲,伤其亲,是伤其本。伤其本,枝从而亡,三者百姓之象也。身以及身,子以及子,妃以及妃,君行此三者,则忾乎天下矣。大王之道也,如此

则国家顺矣。"❶

自儒家得帝皇之任用,依其所标榜之周俗著为法令,亲迎遂成为礼制。唯当时礼不下庶人,故自汉及唐,无强制庶人亲迎之令。宋朱熹等儒家发挥以礼设教之意,将礼法推行于民间。故明有定《朱子家礼》为庶人礼法之令。于边境推行尤烈。兹将列代情形之可稽者,择要列后:

汉:

> 时叔孙通定礼:以天子无亲迎之义,皇太子以奉常亲迎也。❷

> 元始三年春诏有司为皇帝纳安汉公女,及诏光禄大夫刘歆等杂定婚礼。四辅、公卿、大夫、博士、郎、吏家属皆以礼娶,亲迎,立轺并马。❸

晋:

> 太康八年,有司奏:诸侯婚礼,加纳采、告期、亲迎,各帛五匹。❹

---

❶ 《礼记·昏仪》,中华据相台岳氏家塾本校刊聚珍仿宋本第20卷,《哀公问》,第15卷,第4—6页。
❷ 杜佑:《通典》十八,嘉三"皇太子纳妃"注。
❸ 《前汉书·平帝本纪》,涵芬楼影印本,第12卷,第3页。
❹ 《晋书·礼志下》,中华聚珍仿宋本,第21卷,第1页。

唐：

太极元年左司郎中唐绍上表曰："士庶迎亲之礼，备诸六礼，所以承宗庙，事舅姑。当须昏以为期，诘朝谒见。往者下里庸鄙，时有障车邀其酒食，以为戏乐，近日此风转盛，上及五公。乃广奏音乐，多集徒侣，遮拥道路，留滞淹时，邀财物，动逾万计，遂使障车礼贶，过于聘财，歌舞喧哗，殊非助感，既亏名教，又蠹风猷，违紊礼经，须加节制。望请敕令禁制。"❶

宋：

品官婚礼：纳采，问名，纳吉，纳成，请期，迎亲，同牢，庙见。见舅姑，姑醴妇，盥馈飨妇，送者，并如诸王以下婚。四品以下不用盥馈飨妇礼。

庶人婚礼并问名于纳采，并请期于纳成。❷

明：

洪武元年令凡民间嫁娶并依朱文公家礼行。❸
洪武三年定品官庶人婚娶注……婿具迎亲……媒

---

❶《唐会要》，第83卷，第3页。
❷《续通典》第58卷，《士大夫婚礼》及《庶人婚礼》。
❸《大明会典》。

氏导婿至女家……庶人有故，听以媒氏往迎。❶

正统十一年令云南，四川，贵州，所属宣慰抚，安抚，长官，官司，并边夷，府，州，县，土官衙门，不分官吏，军民，其男女婚姻，皆依朝廷礼法，违者罪之。❷

嘉靖八年题准士庶婚礼如问名，纳成，不行已久，止仿《家礼》，纳采，纳币，亲迎等行之，所有仪物二字俱毋过求。❸

亲迎婚礼一旦成为儒家所提倡之礼教，亲迎之文载入经典及法令，于是亲迎获得新的功用及媒介而得以传播矣。其新功用即亲迎之足以表示社会身分是也。婿往亲迎，乃一手续问题，而非经济问题。故在亲迎区中，不论贫富并行亲迎，未闻因贫而无力亲迎者。有之唯在半亲迎区中。亲迎之所以成为经济问题，乃起于社会中一部分人用以表示其身分之故。在一本无亲迎婚俗之地，特殊阶级之士大夫及富者，借亲迎以示其身分之高贵，必设法保持此俗，不使其普遍通行；否则，人人亲迎，即失此功用矣。是故务求其繁费难举，使贫者不能效尤。于是吾人常见富者亲迎，贫者不亲迎之现象矣。

此种新功用乃亲迎婚俗传播之一大原因。且因其媒介乃文字之记载，故能超越地域之限制，而产生不相联接之半亲迎区。

---

❶ 《大明会典》。
❷ 同上。
❸ 同上。

六、亲迎婚俗起源之假设

严格而论,根据上述论证,吾人只能谓周族曾有此俗,或中原之有此俗,始于周族耳。至于此俗是否起源于周族,则尚属未解决之问题也。风俗之起源,实为民俗学上最困难之问题。因此问题乃属于历史范围,苟无征信之史料无从揣测。臆度所得,不能谓其有历史之价值。风俗之起源,常可远溯于文学发明之前,又不若器物之可以久埋不灭,故关于任何风俗之起源,几皆有分歧之意见。无客观标准足以取决,实非科学之知识。若舍此而不论,似若未全,人情难许。故作者就鄙见所及,立一假设。附于篇末者,以其性质偏于推测,未敢谓为定论,只有参考之价值耳。

此俗是否起源于周族?欲解答此问题,势必将当时与周族接触之诸民族之婚俗,加以考察,有无传播之痕迹。然此等史料无可征信者矣。除夏,商二族,依吾人于上文之推测,或可认为无此俗外,其他则不可知也。于是不能不退而求诸现代亚洲诸民族之婚俗矣。

南方之苗族据以下记载,似无此俗:

> 苗族择定婚期,女戚送新人上门。❶
> 亲迎者非婿,而婿之姑婶姊妹。❷

---

❶ 夏敬渠:《野叟曝言》,第95页。
❷ 刘介苗:《荒小记》,第6章。

俗以三月三放野，又名跳月，未婚者悉盛服往野外，环山箕踞坐，男女各成列，更番歌，截竹为筒，吹以和，音动山谷，女先唱以诱马郎，马郎苗未婚号也。歌毕，男以次赓之，讴未毕，男遂歌，且行以就女。相距二尺许即止……女起曳其臂，促膝坐，顷之歌又作，迭相唱和，极往复循环之妙。大抵道异日彼此不相弃意也。抵暮负女去，诘旦偕妻诣丈家。❶

瑶族亦然，广西凌云之俗：

红头瑶：吉期之日男家遣媒人二人携聘礼至女家迎娶，媒人持伞着鞋，村中亲友及青年女子俱与往迎。新妇戴花包头着彩衣，穿花鞋亦有仍以青布裹头穿青布衣裙与草鞋者，俱持伞或戴笠，由女家媒人二人送至男家。❷

蓝靛瑶：男家遣媒人二迎娶……女家亦遣媒人二人伴送新妇。❸

盘古瑶：新妇由女家遣男女家属及亲友二三十人护送至男家。❹

---

❶ 魏祝亭：《荆南苗俗记》，《旧小说》已集第199页转载。
❷ 颜复礼，商承祖：《广西凌云瑶人调查报告》。
❸ 同上。
❹ 同上。

魏祝亭记两粤瑶俗谓：

> 冬仲既望，群集狗头五庙，报赛宴会男女杂遝，凡一切金帛珠玉，悉佩诸左右，竞相夸耀，其不尽者，贯以彩绳而悬诸身之前后。宴毕，瑶目踞应旁，命男女年十七八以上者，分左右席地坐。竟夕唱歌，歌声彻旦，率以狎媟语相赠答。男意惬。惟睨其女而歌，挑以求凤意。女悦男则就男坐所，促膝而坐，坐既并，执柯者将男若女襟带絜其短长如相若，俾男挟女去。越三日，女之父母，操豚蹄一笾，清酎一觚，往婿家，使之共牢合卺。否则互易其鞶，各系其腰以归，以为聘字征。逾一再岁，衣之短长同，则敦媒以导。山官婚嫁则不然，先数月，嫁女家购香木芳草，构屋于中涂名曰寮。届期，男与女均集鼓角鸣铙，人声与笙声迭作，雅乐共俗乐并陈。日将脯，鼓吹导之入营房，环四面，集豺手，狼手，豹手，虎手千人供宿卫。豺狼虎豹手，瑶兵也。居阅月六，婿始率妇归，前后以童男女于马上演角抵鱼龙戏。日出寮舞，将届里闬，婿先骋马归。❶

北部之满洲及通古斯民族史禄国教授曾有详细之调查。所述满洲民族及驯鹿通古斯 Reindeer Tungus 人民之婚俗颇

---

❶ 见《旧小说》已集第 202 页转载。

类于本文所谓亲迎。❶ 其俗男子于婚前一日至女家宿，翌日迎女妇。婚前一日行亲迎，在中国不多见，有之唯山东之城武，但亦不明言宿女家事（附录）。直隶之永年，顺德，广平，有所谓通路者，亦于婚前一日举行。婿至妇家翌日重往亲迎（附录）。江苏之宝山据当地人为作者言，新郎于婚前一日至女家行迎娶礼，但不与新妇偕归，翌日，新郎不行亲迎。唯普通情形亲迎俱于婚之日举行，婿不宿女家。《仪礼》所载亦然。

中国之亲迎与满洲及驯鹿通古斯之俗，虽有不同，但二者之关系，实不容忽视，其关系究若何，亦为吾人所亟愿知者。

史禄国教授讨论驯鹿通古斯之俗时，曾列举他族之风俗相比较。Khingan Tungus 之俗，订婚之后，男子即可常往女家。Udehe 之俗，凡男子非富有者，婚礼常于女家行之，当晚即宿女家。Goldi 婚俗中有谓 sarin 者，亦在女家行之。当晚婿宿女家与未婚妻同床。翌日，偕归完婚。满洲俗婿虽宿妇家，唯不得与妇同床。史氏更考满洲之历史，发现在 Mu-ki 人中，约当西历第 6 世纪，男子是夜亦宿于未婚妻之室。在 Yih-len，约当西历第 3 世纪，男子宿于女家常不止一夜。故史氏疑此种种不同形态可表现此俗屡次变化之方式。其变化方式大略可谓：最初男子举行婚礼于女家，宿于

---

❶ 满洲婚俗见其 *Social Organization of the Manchus*，第 77—84 页。驯鹿通古斯婚俗见其 *Social Organization of the Northern Tungus*，第 229—230 页。

女家。其后宿于女家之时间减短，且将最后之婚礼留于男家举行，最后之婚礼未举行前，男女不得同床。吾人若依此变化之趋向再推一步，即可得中国之亲迎婚俗，即男子不宿于女家，当晚迎女回家举行婚礼。

此乃一完全由于逻辑上之推论也。中国之周族与满洲及通古斯民族历史上之关系，未阐明前，此种推论更不易与事实谋合，因吾人知文化进化并无一定之阶级存在也。但由满洲之史上可见满洲并非有如周族之亲迎婚俗，故周族之俗非由彼等传来，似或可信。

北方之民族固不限于满洲及通古斯，但因材料关系，吾人无法论列矣。故于此且假定其为周族自己发生之风俗，然则此俗发生之前，岂亦有如满洲及通古斯人民之母方制度之时期乎？易言之，亲迎婚俗岂即母方制度之遗俗乎？欲解决此问题，势必求之与亲迎相关之其他风俗，以视其是否亦带有母方制度遗俗之嫌疑。

山东之招远、登州、蓬莱、谷城，婿于亲迎之时，并非单迎其妇，须遍礼妇之亲族尊长（附录）。

城武则进而须祭女之祖先，礼长，祭先，俱为重要之礼仪而先于女家行之，实与父权、父系、父方家属之原则不相谋合者也。

鲁北（指黄河以北津浦路以东，以惠民、商河、乐陵、阳信四县为中心）有一种风俗称"衍家礼"者。

> 亲迎的前夕，有必须举行的一个家礼。俗名"衍

家礼"。男家这晚上悬灯结彩，鼓乐喧天的吹打起来，由司仪人（雇用的）领导新郎到村中各家行三叩礼（不分异姓）。虽是一种告别的意思，门户较多的村子，真也是一种苦事。这个礼乡间非常重视。❶

男子于婚前须至同乡告别，在父方制度下，斯不易解释者也。

成婚之后新夫妇，甚至其翁姑所需食料，仍由女家供给若干日，谓之馈馈。此字颇早，见于《博雅·玉篇》，及《博雅·集韵》。近代各地有此俗者颇多，见于志书者有：

登州："女家仍设酒肴，馈翁姑，谓之馈饭。" ❷

永年："邀女眷经婿家曰馈饭。" ❸

菏泽："婿至家，亲友竞以盒酒相贺，至晚后，以鼓乐送婿，陪至婿家，宴饮相欢而罢，谓之馈婿。" ❹

河间："妇之母及诸姑母伯姊咸备礼来婿家曰完饭。" ❺

盐山："妇家馈饷，馈筵三日代庖。" ❻

庆云："女氏具汤饼为馈曰送小饭，越日送肴馔曰大饭。" ❼

---

❶ 王香月：《鲁北风俗之一——婚》，《大公报》"社会问题未刊稿"。
❷ 《登州志》第6卷，第3页。
❸ 《永年县志》第17卷，第2页。
❹ 《菏泽县志》第6卷，第2页。
❺ 《河间县志》第3卷，第2页。
❻ 《盐山县志》第5卷，第2页。
❼ 《庆云县志》第3卷，第8页。

晋州:"是日'合卺后'亲戚皆馈娶嫁家……食物曰馈。"❶
平原:"女家送饭三日。"❷

此种风俗,与亲迎相同,均能引人揣想在女子嫁后依丈夫之父母而居之前,曾有与夫同依己之父母而居之制度。易言之,即于父方制度确立前,曾有母方制度之存在。

作者固不承认家族制度之进化必由母方而父方。然亦不敢概论父方之前,必无母方。故提出亲迎为母方转变为父方时之遗俗一假设。此假设之能否成立,则尚有待于其他之发现,今姑存一说而已。

---

❶ 《晋州志》第1卷,《风俗志》第3页。
❷ 《平原县志》第1卷,第13页。

近代亲迎婚俗地理分布图所根据之材料

一、亲迎区

直隶省,即今河北省及察哈尔之一部。

固安:临期男子亲迎,陈设灯烛鼓吹至女家,女家备酒醴敬迎谓之喜筵。宴毕……女至婿家。——陈崇砥修,《固安县志》,咸丰九年(1859),第1卷,第23页。

易:娶亲以彩轿,纱灯,吹手,行亲迎礼——胡作炳修,《易州志》,乾隆十二年(1747),第10卷,第2页。

定兴:及期亲迎,女家设宴曰"喜筵"。女乘彩舆,婿前导。及门,以马鞍置地,扶女跨之,曰"平安"。——张谐之修,《定兴县志》,光绪十三年(1887),第13卷,第3页。

五十年前亲迎以车,有力者乃用轿,近数十年来,即贫无立锥,率用彩轿。其用车者,已不概见矣(同上,第12卷,第2页)。

清苑:士大夫家子女及婿行六礼,请期,纳采,告庙,亲迎,奠雁,庙见。庶人贫者多不能备,惟纳采亲迎不废。——李逢源修,《清苑县志》,同治十二年(1873),第

12卷，第4页。

河间：至日，婿往妇家亲迎。出行不数武，婿独返。再拜岳父母曰"谢亲"。——吴山凤修，《河间县志》，乾隆二十四年（1759），第3卷，第2页。

献：俗尚亲迎，鼓吹灯烛彩舆以往。女帕首，男引，出登舆。男先女后。——万廷兰修，《献县志》，乾隆二十六年（1761），第4卷，第33页。

盐山：及期，婿亲迎。昇彩舆，导以鼓乐仪从。女家有伴婆，曰"送女客"。男家或用伴郎。婿至女家，行奠雁礼。女家设筵款婿。婿领新妇升舆，至婿门。延女宾二人接迎。——潘震乙修，《盐山县志》，同治六年（1867），第5卷，第2页。

庆云：及期婿亲迎，同伴一人，俗曰"娶女客"。士族用女仆，农家以亲邻之老妪为之。女氏送女亦同，俗曰"送女客"。女氏设酒筵款婿。既迎归，及门置鞍新妇舆前。新妇降舆，履鞍，手捧甑，义取平安。——戴绚孙修，《庆云县志》，咸丰五年（1855），第3卷，第8—9页。

东光：娶日，婿亲迎，即时谢婚。——白为玑修，《东光县志》，康熙三十二年（1693），第3卷，第25页。

故城：若夫婚娶之礼，称家有无。独亲迎一节，贫富皆然。——王埻德修，《故城县志》，光绪十一年（1885），第4卷，第38页。

当日，无贵贱皆亲迎。同上第4卷，第39页。

晋：至亲迎朝，男家择仆妇中有夫有子，及属象无犯者二人曰"娶女客",从新女婿,昧爽,往新妇家,彩结肩舆,导以鼓吹。肩舆后以铜锡瓶,注水,塞其口,而倒系之,使水可滴下,曰"长流水",义取亲戚往来不绝也。又以杞柳为圆,"下缺十八字"纸置肩舆口,新妇至,使抱而进,义取"发夫蚕生子而多男"也。亲迎醴用雁或以苍鹅代之。俗多用鸡,曰长命鸡。新婿至妇家,主人设酒馔。以盂著私授从者,令携归,曰"带妇"。妇家于女子于归之前一夕,亲属皆酌以酒曰"送行"。亦择仆妇二人如婿家曰"送女客"。新妇出阁,蒙以红绵,曰"盖头"以避凶煞。由阁门至舆,所历借以氍毹,义取"不践贫地",平贫音近也。新妇升舆,下舆皆先令阴阳家择所向以趋吉。新妇至男家。以马鞍横于中门,使跨而过,义取"安"也。入门,即以织机中所云胜子者,授之新妇,意取"盛"也。新妇所历亦借以氍毹,柱碥石台皆剪红纸贴其上,曰避"白虎"。——全世德修,《晋州志》,咸丰十年(1860),第1卷《风俗志》,第3—5页。

栾城:婚必亲迎。——赵炯修,《栾城县志》,康熙十一年(1672),第2卷,第27页。

云寿:云寿县于亲迎前,戚友多遗以帽,曰可以冠矣。——刘赓年修,《云寿县志》,同治十二年(1873),第1卷,《风俗》第1页。

井陉:娶必亲迎。——钟文英修,《井陉县志》,雍正八年(1730),第1卷,第15页。

钜鹿:届期亲迎,鼓乐前导。轿用彩结,娶女客加笄。——凌燮修,《钜鹿县志》,光绪十二年(1886),第6卷,第3页。

永年：迎婚前一日，婿具酒果隶乐往女家，曰通道路。明晨，盛张鼓乐亲迎。——夏诒钰修，《永年县志》，光绪三年（1877），第17卷，第2页。

肥乡：亲迎日，婿马前导，妇舆后随，大张鼓乐至门。——李鹏屏修，《肥乡县志》，同治六年（1867），第16卷，第1页。

磁：婚礼亲迎。——李国亮修，《磁州志》，康熙四十二年（1703），第9卷，第2页。

顺德：婚之前一日，婿具醴果往，曰通道路。男家邀眷属妇具妇绤冠簪至女家，梳剃加并结。辰往娶。婿先行，鼓乐前导。轿用彩结，娶女客即居轿后。——徐景曾修，《顺德府志》，乾隆十五年（1750），第6卷，第11—12页。

广平：同上文。——朱叔权修，《广平府志》，乾隆十年（1745），第11卷，第30页。

山东省

登州：娶之日，婿亲迎。备彩舆以灯烛鼓乐导之女家。徧礼亲族尊长毕，乃饮宴，俟女升舆，同归至家。——周悦让修，《登州志》，光绪七年（1881），第6卷，第3页。

蓬莱：娶之日，婿往亲迎。乘彩轿，外备轿二乘：一迎新妇，一为迎客。迎客以婿之女尊长为之。灯烛鼓乐于前。至妇家迎。婿入，婿奠于妇之祖堂，即遍拜其族姓亲长。宴少顷，婿先出，乘舆。女以红绢蒙面，谓云上头节。随婿出乘舆于归。鼓乐前导，至婿门。先入以待妇。入门，先以彩系宝瓶，令新妇拖持。婿执其二端，牵引而行。谓之牵红。——王文焘修，《蓬莱县志》，道光十九年（1839），第3卷，第17页。

黄：婚礼亲迎。——尹继美修，《黄县志》，同治十年（1871），第2卷，第14页。

平度：亲迎，牢馈，庙见，礼文皆备。亦无官庶之别。——李图修，《平度州志》，道光二十九年（1849），第10卷，第2页。

昌邑：婚娶不论赀财，依《家礼》亲迎。——周来邵修，《昌邑县志》，乾隆七年（1742），第2卷，第57页。

即墨：婚礼士大夫不计赀财，婿必亲迎。六礼具备，惟不行奠雁耳。——林溥修，《即墨县志》，同治十二年（1873），第1卷，第29页。

胶：亲迎乘肩舆，则饰幼童，乘女舆曰押轿。——李图修，《胶州志》，道光二十五年（1845），第15卷，第2页。

诸城：其婚姻则问名，请期，亲迎，合卺，仪节略备。无复俟堂之讥。——李文藻修，《诸城县志》，乾隆二十五年（1760），志11，第1页。

蒲台：婚礼仪节多遵古制，旧志谓婿不亲迎，犹仍齐俗，今行之者久矣。——严文典修，《蒲台县志》，乾隆二十八年（1763），第2卷，第30页。

长山：请期，纳采，亲迎，丰俭称家。——钟廷瑛修，《长山县志》，嘉庆六年（1801），第1卷，第19页。

武定：问名，纳采，亲迎，合卺，诸仪多遵古制。——

李熙龄修,《武定府志》,咸丰九年(1859),第4卷,第9页。

青城:至日亲迎。——周珹修,《青城县志》,乾隆二十四年(1759),卷之一,第10页。

惠民:及期,婿入门亲迎。——李勖修,《惠民县志》,光绪二十五年(1899),第16卷,第2页。

利津:同上。——盛赞熙修,《利津县志》,光绪九年(1883),第16卷,第73页。

章邱:及期亲迎。——曹楙坚修,《章邱县志》,道光十三年(1833),第6卷,第5页。

肥城:亲迎用彩舆,仪仗等物,较古礼过繁。然犹阳去阴来之义不至与齐俗同讥。——曾冠英修,《肥城县志》,嘉庆二十年(1815),第8卷,第1页。

临邑:委禽,亲迎,犹有古道。——翟招庆修,《临邑县志》,同治十三年(1874),第1卷,第34页。

济宁:婚礼亲迎一节,尚为近古云。——徐志干修,《济宁县志》,咸丰八年(1858),第30卷,第24页。

荏平:婿重亲迎。——孙光绪修,《荏平县志》,康熙四十七年(1708),第1卷,第9页。

东阿:至期,婿备仪仗,肩舆鼓乐,张灯往妇家亲迎。及旦妇至。——吴怡修,《东阿县志》,道光九年(1829),第2卷,第29页。

莘:婚礼问名纳采亲迎。——孔广海修,《莘县志》,光绪十三年(1887),第1卷,第27页。

鱼台：必往亲迎，不醮不御，代雁以鸩。——冯振鸿修，《鱼台县志》，乾隆二十九年（1764），第1卷，第10页。

菏泽：亲迎日，诸姻内眷，皆具筵往馈，尽三日，女眷以鼓乐迎婿。至家亲友竞以盒酒相贺，至晚，复以鼓乐送婿，友陪至婿家，宴饮相欢而罢。谓之馈婿。——凌寿柏修，《菏泽县志》，光绪六年（1880），第6卷，第2页。

城武：前一日，男家备轿二，鼓乐亲迎。用雄鹅一，代雁。至则设祭于女之先祖，谓之祭先。次日黎明缚鹅于棹。男行一叩首礼，奠酒名奠雁礼，宴毕，男有随行老妪名"娶女客"于先为女冠笄作乐名"上头"。女徐上轿。男至后宅。一叩首，谢亲。女家配以鹅，亦以老妪送之，名"送女客"。女之兄弟亦送之。——刘士瀛修，《城武县志》，道光十年（1830），第1卷，第17页。

单：亲迎以夜。奠雁以鹅，或鸡代之。妇至婿家。预于天井设案，上置斗，秤，铜镜。夫妇同拜曰拜天地。——普尔泰修，《单县志》，乾隆二十四年（1759），第2卷，第27页。

邹：必于亲迎，不醮不御，奠雁以雉。——娄一均修，《邹县志》，康熙五十四年（1715），第3卷，第4页。

河南省

林：吉期既届，婿家用娶女客二人，随新郎往迎，妇家亦用送女客二人款接。男宴于外，女宴于内。新人红袍，红裙，红帕罩面，登舆就途，娶女客导于前，新郎前马，送女客随于后。弟兄把轿入门。——杨潮观修，《林县志》，乾隆十七年（1752），第5卷，第13页。

滑：亲迎动遵古礼。——徐光弟修，《滑县志》，同治六年（1867），第5卷，第2页。

辉：婿亲迎必用长者一人前导，名曰"引礼"。亲迎礼毕，御轮先归。——周际华修，《辉县志》，道光十五年（1835），第4卷，第31页。

获嘉：亲迎，婿至妇家。父亲为披红簪花。婿先归。妇入门，以红毡藉地，无毡易以布，俗云新妇不踏土也。下轿抱瓶，贮五谷金银。——李栋修，《获嘉县志》，乾隆二十一年（1756），第9卷，第3页。

原武：届期之前，馈币及酒具于女氏，男家率婿至女家，祭其祖谓之行礼。即奠雁纳币之意……娶必亲迎。——吴文炘修，《原武县志》，乾隆十二年（1747），第2卷，第28页。

修武：及婚期亲迎归。——戈云锦修，《修武县志》，乾隆三十一年（1766），第3卷，第57页。

武陟：武邑风俗不问贵贱贫富，靡不亲迎矣。——方履篯修，《武陟县志》，道光九年（1829），第10卷，第6页。

武安：娶则亲迎，馈饭仍遵古制。——夏兆丰修，《武安县志》，乾隆四年（1739），第10卷，第1页。

泌阳：婚之日，婿亲迎。——栗郢修，《泌阳县志》，道光八年（1828），第4卷，第38页。

登封：婚礼，亲迎——洪亮吉修，《登封县志》，乾隆五十二年（1787），第9卷，第7页。

巩：婚礼迎亲，犹行古道。——《古今图书集成》中的"方舆汇编"、"职方典"，第420卷。

禹州：纳采，纳币，亲迎，皆有宴会，以君卿党亲友，视古六礼为约。——姚椿修，《禹州志》，道光十五年（1835），第9卷，第15页。

新郑：其亲迎也，女至婿门，有人授宝瓶，令女抱之。宝瓶中贮五谷，金银，近多用斗粟，中植以秤，悬镜一具，亦宝瓶之类也。——黄本诚修，《新郑县志》，乾隆四十一年（1776），第4卷，第4页。

中牟：娶必亲迎。——吴若烺修，《中牟县志》，同治九年（1870），第2卷，第35页。

长葛：亲迎车马颇盛修。——阮景咸修，《长葛县志》，乾隆十二年（1747），第1卷，第15页。

杞：亲迎，庙见，拜堂，尤彬彬有古风焉。——周玑修，《杞县志》，乾隆五十四年（1789），第8卷，第1页。

睢：婚礼问名，纳彩，及亲迎，皆遵朱子所定家礼。——王枚修，《睢州志》，光绪十八年（1892），第3卷，第65页。

遂平：奠雁，亲迎，尚用古礼。——祝赐修，《遂平县志》，乾隆二十四年（1759），第3卷，第13页。

郾城：至期，婿亲迎以昼。士大夫家具灯烛。女家设酒席宴婿。——傅豫修，《郾城县志》，乾隆十九年（1754），第1卷，第19页。

确山：奠雁亲迎，俱用古制。——周之瑚修，《确山县志》，乾隆十年（1745），第2卷，第64页。

光州：娶时，婿必亲迎。则贫富皆由之。视南北方独为近古。——杨修田修，《光州志》，光绪十二年至十三年（1886—1887），第1卷，第52页。

陕州：娶时必亲迎，以鼓吹前导。——龚崧林修，《陕州志》，同治六年（1867），第4卷，第1页。

阌乡：亲迎他邑间发，阌邑犹古。择婿亲戚中表年相若者，相婿诣妇家拜祖庙，暨外父母，曰亲迎。族戚妇二人，往送曰娶女客，婿家亦择二妇，送之婿家曰送女客。——王维国修，《阌首县志》，光绪二十年（1894），第8卷，第1页。

山西省

浑源：亲迎，婿同伴客往之女家，行御轮礼。——桂敬顺修，《浑源州志》，乾隆二十八年（1763），第7卷，第13页。

榆次：凡婚必亲迎，主婚者率婿至妇家。或婿不暇往，则伯叔或亲友代之。主人延入。酒馔之外，饷婿以薄饼。婿必窃十余饼，及箸与酒器谓之得富贵。婿之往也，先使人送礼盒，内装酒肉。及婿之红花，妇之簪髻，簪用红骨或黄铜，髻用红纸糊，或以昭俭朴。——王平格修，《榆次县志》，同治元年（1862），第7卷，第2页。

太谷：亲迎乘轿，仪卫随，宜笼灯艺炬前后乐从，助婚成礼之义。择亲友中知礼者，为相，谓之伴客。女家送妇，亦如之。谓之送客。——王效尊修，《太谷县志》，光绪十二年（1886），第3卷，第3页。

平遥：亲迎无所谓奠雁，御轮，合卺，诸仪。及期以羊酒彩轿，轿夫皆红衣，大帽，彩旗，鼓吹，火炮，骑铭，二对或四对，盛装男女各二人。名曰"娶客"亲迎。女家设筵，请内亲。宴至昏与婿花红，亦盛装男女各二人，名曰"送客"兼致金银首饰衣服等物。新妇父兄抱新妇上轿，至婿门，用相礼入，撒帐以五谷，门傍设草二束，覆之以红帛，燃火以袚除不祥，新妇背镜，步则藉以红布或生绢。新婿执弓矢至垣中天井，翁姑拜祖先，新郎新妇皆却立不拜。寝门限，置马鞍，取平安也。床头预设柳斗，将男女所执物，皆纳其中。食新妇以拌面汤，夜灯不息忌三日不扫除。——林拱枢修，《平遥县志》，光绪八年（1882），第1卷，第15页。

介休：至期，婿或乘马，或坐肩舆，备彩仗鼓吹，亲迎于女氏之门。主人揖入，待以宾礼，新妇则载凤冠衣，袆衣，上彩舆，随婿而归。门之左右先设草二束，罩以朱帛，取束焚在户之义。童子捧盘盛五谷，青钱之类，迎面掷之，履黄绢而入诣香案。前案设元斗，盛五谷插弓矢，秤箴，车辐。又以彩线系小花瓶，饰盒。施于车辐之端。男拜女立，拜毕，男持弓矢，持者随捧元斗入洞房，置床上。洞房阈间，设马鞍，下置粉茧诸品，入后，妇女取之以为喜饼。床角树白矢纳枣桃等果于座下，新妇坐其上。——徐品山修，《介休县志》，嘉庆十九年（1814），第4卷，第18—19页。

稷山：婚礼六者仅存其四，问名，纳彩，请期，亲迎而已。——沈凤翔修，《稷山县志》，同治四年（1865），第1卷，第25页。

解：娶时，亲迎，奠雁，御轮，秩然有序。——曲乃锐修，《解县志》，民国九年（1920），第4卷，第12页。

长子：婚之日，婿必亲迎。——樊兑修，《长子县志》，嘉庆二十年（1815），第1卷，第12页。

湖北省

黄梅：亲迎，婿往妇家，奠雁迎归——宛名昌修，《黄梅县志》，光绪三年（1877），第6卷，第2页。

蕲州：此日婿乘舆鼓吹亲迎。——陈廷扬修，《蕲州县志》，光绪八年（1882），第3卷，第6页。

黄冈：其纳彩，请期，亲迎，必遵礼制。——戴昌言修，《黄冈县志》，光绪八年（1882），第2卷，第2页。

孝感：亲迎妇舆以杂色嗛缀其上，曰花花轿。婿御轮先归，俟于门。舆至，祝以黄冠，夫揖于外，妇拜于内。舆回旋，乃入，名曰回车马。——沈用增修，《孝感县志》，光绪九年（1883），第5卷，第3页。

随州：至期媒导婿亲迎，奠雁。先归俟于门外，设香案醴。女轿至，婿揖轿周回，然后入，谓之回车马。——史策先修，《随州志》，同治八年（1869），第12卷，第1页。

枣阳：媒导婿亲迎行奠雁礼。女家款宴毕，婿先归。——史策先修，《枣阳县志》，同治四年（1865），第2卷，第22页。

光化：婚晨，父醮子亲迎。请二老妇鼓乐彩轿至女门。主人迎婿入，三揖三让，登堂以鹅代雁。酒行乐作，婿辞出升舆。女家亦请二老妇，送女偕至婿家。——段映斗修，《光化县志》，光绪十年（1884），第1卷，第4页。

襄阳：同上文。——李士彬修，《襄阳县志》，同治十二年（1873），第1卷，第70页。

谷城：媒导婿亲迎，行奠雁礼。——蒋海澄修，《谷城县志》，同治六年（1867），第2卷，第19页。

兴山：至期婿至女家，执雁于堂中。拜毕，出坐小厅，俟女拜毕，启行，乃揖女登舆，鼓乐以行。至门，婿立中堂。俟彩舆至，预有秀才通轿击米，三揖，谓之拦车马。——范德炜修，《兴山县志》，同治四年（1865），第1卷，第51页。

宜昌：亲迎之日，盛设鼓乐灯彩。庶人亦乘舆，赞雁以彩帛锦女轿。——王柏心修，《宜昌府志》，同治五年（1866），第11卷，第8页。

荆州：行纳币礼，亲迎先一日，设筵。——顾嘉蘅修，《荆州志》，光绪六年（1880），第5卷，第1页。

江陵：同上文。——胡九皋修，《江陵县志》，光绪二年（1876年），第31卷，第2页。

长阳：亲迎日，婿家具彩轿仪仗，鼓乐，抱家雁，婿全体摄盛服往女家曰娶亲……主人预请秀才一人穿公服，设香案灯烛量米一升。婿立秀才后。主人请彩舆，男送亲者，遣人持名帖，具仪物送秀才，示相请意。彩舆至，秀才对彩轿撒米三揖，婿随揖曰"拦车马"，又曰"回神"。——谭大勋修，《长阳县志》，同治五年（1866），第1卷，第2页。

宜城：婿必自往求婚是亲迎也……舆前设高照，提灯，明婚以为期也。鸣锣声炮……携家雁拜见。——张炳钟修，《宜城县志》，同治五年（1866），第1卷，《风俗》，第2页。

监利：亲迎先一日，设筵邀宾，即醮子遗意。——王柏心修，《监利县志》，同治十一年（1872），第1卷，第1页。

郧：纳彩，请期，亲迎。——贾洪诏修，《郧县志》，同治五年（1866），第2卷，第55页。

麻城：亲迎悉遵古礼。——余士珩修，《麻城县志》，光绪八年（1882），第10卷，第11页。

通城：亲迎前一日，仍鞍马请媒至家，鼓乐霄宴。媒率新婿鼓乐偕女家。款宴毕，保姆掖女幛面盛饰，出房，婿迎，向揖，名曰"见面"，保姆掖女同婿拜谒祖先，旋拜父母族戚，此女家受授之始也……男女交拜毕，保姆掖女登轿，男备服赠服，挂红，亲锁轿门，随轿鼓乐归至门，复亲用钥开锁。——胡洪鼎修，《通城县志》，同治六年（1867），第6卷，第5页。

江西省

九江：婚重亲迎。——黄凤楼修，《九江府志》，同治十二年（1873），第8卷，第1页。

德化：娶则亲迎。——黄凤楼修，《九江府志》，同治十二年（1873），第8卷，第3页。

建昌：婚行亲迎。——鲁琪光修，《建昌县志》，同治十一年（1872），第1卷，第5页。

雩都：亲迎之礼雩都独存。他邑间有一二行之者。——

褚景昕修，《赣县志》，同治十一年（1872），第20卷，第3页。

彭泽：亲迎之礼，有俭有奢，随其土俗。亲迎，婿往妇家，奠雁。母往送之婿家设席以待父兄。亲戚望门而止。——《古今图书集成》中的"方舆汇编"、"职方典"，第875卷。

南安：至期女氏备奁仪，鼓乐送至男家。迟明，男子摄盛服用鼓乐导至女家。奠雁，亲至女轿前，如古御轮，亲迎成婚。——同上，第927卷。

湖南省

舆定：冠，婚，丧祭，咸导古制。——同上，第1223卷。

安徽省

安庆："怀宁，桐城，潜山，太湖，宿松，望江"亲迎，多遵古礼。——同上，第778卷。

福建省

漳州：自文公过化后，冠，婚，丧，祭，多依《家礼》。——同上，第1101卷。

永定：婚必亲迎。——同上，第1014卷。

广西省

柳州：冠，婚，丧，祭，一遵古礼。——同上，第1410卷。

兴安：婚，姻，丧，祭，悉遵文公《家礼》。——同上，第1402卷。

江苏省

沛：届期婿往亲迎。——于书云修，《沛县志》，民国七年（1918），第3卷，第6页。

常熟：婚礼亦重亲迎。——庞鸿文修，《常昭合志稿》，光绪三十年（1904），第6卷，第12页。

宝应：婚礼重委禽亲迎。——孟毓兰修，《宝应县志》，道光二十年（1840），第9卷，第11页。

萧：乡城嫁娶必亲迎。——潘镕修，《萧县志》，嘉庆二十年（1815），第2卷，第5页。

扬州：委禽是敦亲迎是尚。——《古今图书集成》760卷（此条与《江都县志》记载不合，见第209页）。

兴化：亲迎存古礼。——同上，第708卷。

溧水：纳彩，纳币，请期，及亲迎，庙见皆遵古礼。——《溧水县志》，第2卷，第67页。

武进：亲迎，奠雁，曰拜雁。——杨成烈修，《武进阳湖县志》，光绪五年（1879），第1卷，第52页（与《古今图书集成》记载不合）。

高邮：婚礼多用亲迎礼。——冯馨修，《高邮县志》，嘉庆十八年（1813），第6卷，第16页。

浙江省

嘉兴：及期亲迎，奠雁于女家，以彩舆迎妇至门，鼓乐导入。——吴仰贤修，《嘉兴府志》，光绪三年至四年（1877—1878），第30卷，第9页。

湖州：婿于婚时亲迎谓之"发迎"，亲朋继之，谓之"陪娶"，亦谓之"陪迎"。先论财，然后行礼，贫富皆然。婿至，主人使亲族子弟迎入，升堂并拜，谓之"拜厅"。主人以茶果款婿谓之"作菜",既毕,婿于彩舆前奠雁而拜,谓之"拜花轿",还舆北向,女父若兄弟掖女入舆,谓之"抱嫁"。女舆出门,婿于堂前请参谒外舅姑,谓之"请见"(外舅姑必辞,无相见者)。(奠雁一礼最为近古。婿摄盛用命服,庶人用儒服,行奠雁礼。毕婿揖新人行,女从之。婿举轿帘以俟女登轿,婿先行,轿随之。按亲迎惟东乡行之,他处不尽然。)——周学濬修,《湖州府志》,同治十一年至十三年(1872—1874),第29卷,第9页。

淳安:娶之日,必亲迎,盛张鼓乐。——李诗修,《淳安县志》,光绪十年(1884),第1卷,第41页。

广东省

惠州:婚礼俗用槟榔为聘,亲迎于女家。——《古今图书集成》,第1329卷。

电白:亲迎。——同上,第1357卷。

肇庆:亲迎,同辈阶行以旗鼓谓之伴郎。——同上,第1349卷。

琼州:士多怀骑,尚实曰礼,宗吴进士锜,遵文公家礼及丘文庄濬著为仪节。乡落之间,吉凶往来不辍。郡城之中,尤多近古。——同上,第1380卷。

韶州:朱晦庵云,韶故名都愿悫少浮华,可与进于道者。盖有张九龄余靖之遗风也……行亲迎礼。——同上,第1317卷。

云南省

曲靖:婚娶仍行六礼。——同上,第1495卷。

楚雄：娶则请期，纳币而后亲迎也。——同上，第1482卷。

云南：同上文，同上，第1464卷。

二、半亲迎区

直隶省

天津：亲迎士衿行之。——李卫修，《天津府志》，乾隆四年（1739），第5卷，第5页。

宁河：临期男请伴郎，轿马鼓吹，陪新郎至女家。升堂再拜，御轮授绥，谓之迎亲。亦有从简者，或用轿，或用车迎至婿门。——丁符九修，《宁河县志》，光绪六年（1880），第15卷，第3页。

丰润：世族间行亲迎礼。——牛昶熙修，《丰润县志》，光绪十四年（1888），第9卷，第7页。

滦州：届期嫁娶，率用日中。夫家先备五彩肩舆，及鼓吹仪仗以逆女。并敦亲族中男妇偕往各为娶客。女家亦请男妇偕往各为送客，间亦有亲迎者。——孙学恒修，《滦州志》，嘉庆十五年（1810），第1卷，第52页。

安次：及期男家具彩舆，婿往女家，谓之亲迎。女至婿门者，谓之就亲。——刘钟英修，《安次县志》，民国三年（1914），第1卷，第24页。

新乐：娶之日，习礼之家，或富家，行亲迎礼。插花红,先归,俟妇至,各在堂行拜跪叩首礼。亦有不亲迎惟内屏以俟者。——赵文濂修,《新乐县志》,光绪十一年(1885),第4卷,第28页。

河南省

扶沟:纳采,问名,纳征,请期,亲迎诸礼多有行者。——熙灿修,《扶沟县志》,光绪十九年(1893),第10卷,第1页。

渑池:无论贫富,皆乘肩舆,饰以彩俗名衣轿。迎送者,皆乘马,间乘肩舆。亦间有亲迎者。——甘杨声修,《渑池县志》,嘉庆十五年(1810),第7卷,第12页。

邓州:亲迎之属,士大夫家多依家礼行之。小民亦仿其意,秘能尽合也。——蒋光祖修,《邓州志》,乾隆二十年(1755),第9卷,第2页。

尉氏:亲迎之仪,一遵文公家礼。惟贫家间有不亲迎者,谓之送亲。——王观潮修,《尉氏县志》,道光十一年(1831),第3卷,第49页。

伊阳:亲迎久废,绅士秉礼者间行之。余惟具鼓乐乘轿延族戚妇往迎,名为娶女客。女家亦筵戚妇送之,曰为送女客。至婿家。——张道超修,《伊阳县志》,道光十八年(1838),第1卷,第32页。

山西省

虞乡:及期而娶亲迎者百之一二。——李无逸修,《虞乡县志》,民国九年(1920),第3卷,第52页。

泽州:纳吉,纳征,亲迎,则士夫行之(亲迎择年貌相若者，饰之偕行名曰陪婿)。——朱樟修，《泽州志》，雍正十三年（1735），第11卷，第6页。

阳曲：及期，婚家备彩舆，鼓吹二烛前导。请女眷中年少者二人，盛服往迎。女家亦请女眷中老者二人盛服伴送……亲迎之礼，惟一二缙绅家行之。余皆安于习俗。——闫士镶修，《阳曲县志》，道光二十三年（1843），第2卷，第47页。

大同：同上文。——黎中辅修，《大同县志》，道光十年（1830），第8卷，第3页。

长治：富者多亲迎，贫者不能。两家各挽一妇，盛服乘舆，先后新婚，谓之娶送女客。——蔡履豫修，《长治县志》，乾隆二十八年（1763），第8卷，第47页。

翼城：至日，结彩张灯鼓乐导行。而婿亲迎。一循《家礼》。若贫不能者，但使鼓迎之而已。——龚履坦修，《翼城县志》，光绪七年（1881），第21卷，第12页。

凤台：纳吉纳征，亲迎，则士夫行之。——姚学甲修，《凤台县志》，乾隆四十八年（1783），第3卷，第36页。

定襄：同上文。——王会隆修，《定襄县志》，雍正五年（1727），第1卷，第20页。

湖北省

崇阳：或男家亲迎，或女家具妆奁自送。——傅燮鼎修，《崇阳县志》，同治五年（1866），第1卷，第19页。

鹤峰：亲迎之礼，有行有不行。——徐澍楷修，《鹤峰州志》，同治六年（1867），第6卷，第2页。

江西省

武宁：亲迎间有行者。——何庆朝修，《武宁县志》，同治九年（1870），第8卷，第5页。

南康：亲迎礼行于士大夫家。《古今图书集成》，第870卷。

赣：亲迎婿自迎其妇也。接嫁则遣子弟代之矣。亲迎之礼雩都独存。他邑间有一二行之者。——魏瀛修，《赣州志》，同治十二年（1873），第20卷，第3页。

石城：亲迎不常行。——《古今图书集成》第1357卷。

湖南省

衡州：冠婚丧祭之礼明万历庚辛间李斗野太守，曾刻《四礼简仪》以驯衡民。一时翕然从之，久之寖忘其故。遇更乱丧冠祭礼，少有讲习之者，惟婚礼尚存其略……新婚之日，旭旦婿家饰彩舆，鼓吹，笼家鹅代雁以行。婿御轮至妇家，先归以一舆，至门，巫者一人引婿入。——《古今图书集成》，第1249卷。

长沙：亲迎，奠雁，士大夫家皆行之。——刘采邦修，《长沙县志》，同治十年（1871），第16卷，第20页。

江苏省

东台：彩舆花灯，声乐前导，媒妁先往，间有亲迎者尚存古礼。——《东台县志》，道光年间，《风俗》，第11页。

通州：亲迎礼诸村镇偶有行之，士大夫家概不举行，惟鼓乐从彩舆华灯辉煌井里而已。——王继祖修，《通州志》，乾隆二十年（1755），第17卷，第4页。

古泉：妇家送女至婿家，间有委禽亲迎者。——舒霖修，《古泉县志》，光绪三十三年（1907），第4卷，第6页。

陕西省

南郑：迎妇多女宾代迎。士族间有亲迎者。——王行俭修，《南郑县志》，乾隆五十九年（1794），第5卷，第2页。

永寿：士大夫家间用亲迎礼。庶民则否。——郑德枢修，《永寿县志》，光绪十四年（1888），第4卷，第4页。

富平：亲迎者多士宦。——胡文铨修，《富平县志》，乾隆四十三年（1778），第1卷，第19页。

白水：婚礼首重亲迎，乡民富厚者，间行之。贫家惟用一肩舆及三五役夫往娶而已。——梁善长修，《白水县志》，乾隆十九年（1754），第1卷，第19页。

华阳：届期媒女子往迎曰授亲。士大夫间有亲迎者。

蒲城：婚丧渐用《朱子家礼》。——刘域修，《华州县志》，光绪八年（1882），第7卷，第3页。

兴安：士大夫家行亲迎礼。——《古今图书集成》，第538卷。

广东省

雷州：士大夫行《朱子家礼》。同上，第1370卷。

信宜：婚礼以槟榔为定然后行聘。娶妻之日，富家行亲迎礼。——同上，第1357卷。

广西省

贺：亲迎惟士大夫家行之。——同上，第1426卷。

三、不亲迎区

直隶省

延庆：不论士庶，咸不亲迎，惟用一亲眷女子往娶，入门设香案于中堂，置斗粟插弓矢于中，令丈夫拜谓之拜天地，新妇立于旁。——李钟俾修，《延庆县志》，乾隆七年（1742），第3卷，第36页。

宣化：不论士庶咸不亲迎，惟用一亲眷女子往娶而已。——陈坦修，《宣化县志》，康熙五十年（1711），第15卷，第3页。

怀来：同上文——许际远修，《怀来县志》，康熙五十一年（1712），第5卷，第3页。

临榆：婚罔亲迎。——游春开修，《临榆县志》，光绪四年（1878），第8卷，第3页，引《山海书志》文。

怀安：择期用鼓乐迎娶，男不亲迎，止央亲眷女。——荫禄修，《怀安县志》，光绪二年（1876），第3卷。

江苏省

江阴：独亲迎一节，无论城乡士民，则概未有行之者。——季念诒修，《江阴县志》，光绪四年（1878），第9卷，第8页。

邳：婚不亲迎。——鲁一同修，《邳州志》，光绪十八年（1892），第1卷，第4页。

太仓：婿不亲迎，媒为先容。——洪锡范修，《太仓州志》，民国七年（1918），第3卷，第1页。

江宁：婚之亲迎者绝少，惟姑自往迎之。女家稍款以菜果。妇登舆，则女之母随送。至婿家舅姑设宴款女之母。——姚鼐修，《江宁府志》，嘉庆十六年（1811），第11卷，第4页。

盐城：程志云，婚礼必亲迎。府志则云，婚不亲迎，请人代往。阅六七年，而风俗奢纵有如此，宜归咎于人事，而气运不为之任过者也。——陈玉树修，《盐城县志》，光绪二十一年（1895），第2卷，第28页。

苏州：吴江亲迎奠雁，余处不复行。——李铭皖修，《苏州府志》，光绪七年（1881），第3卷，第16页。

靖江：奠雁亲迎皆废。——褚翔修，《靖江县志》，光绪年间，第5卷，第15页。

六合：亲迎俗废已久。——贺延寿修，《六合县志》，光绪九年（1883），附录，第1卷。

江都：婚日亦不亲迎。婿家用彩舆鼓乐以导妇归。——王格修，《江都县志》，乾隆八年（1743），光绪七年重刊，第10卷，第1页（与《古今图书集成》及《扬州府志》不合，见第202页）。

浙江省

建德：娶之日男不亲迎。专昪彩舆鼓乐往导。——王报修，《建德县志》，民国八年（1919），第3卷，第4页。

钱塘：婚六礼中如问名纳彩等随俗行之，犹不大悖于古。独亲迎大典竟废不行。——魏厚修，《钱塘县志》，康熙五十七年（1718），第7卷，第6页。

鄞：婿不亲迎，命使者赍名帖导彩舆至女家。——董沛修，《鄞县志》，光绪二年（1876），第2卷，第7—8页。

河南省

鹿邑：通俗之礼大都无异。惟不亲迎。世族崇礼亦只令婿俟诸门外新妇至，揖以入而已。——于沧澜修，《鹿邑县志》，光绪二十二年（1896），第9卷，第3页。

嵩：其婚姻亲迎礼废。——龚文明修，《嵩县志》光绪三十二年（1906），第9卷，第4页。

江西省

南昌：婿不亲迎，及里，夫先诣轿所携簪插妇首，还取妇簪自簪，谓之换簪。——燕毅修，《南昌县志》，同治九年（1870），第1卷，第48页。

庐陵：婚嫁不行亲迎礼。——刘绎修，《吉安府志》，光绪元年（1875），第1卷，第39页。

永新：亲迎礼无行者，第彩舆迎新妇，男女家密亲相送迎，中道合饮而别。——同上，第1卷，第42页。

袁州：男不亲迎，到门割鸡洒血以断煞，男绕舆三匝，择夫妇元配多子孙者，揭舆罩男女交一拜。——萧玉铨修，《袁州府志》，同治十二年（1873），第1—2卷，第45页。

广信：婚礼不亲迎，无以为非者，然吾国江西诸郡尚有婿摄盛服，迎于中道者。——蒋继珠修，《广信府志》，同治十一年（1872），第1—2卷，第92页。

遗嫁日，以亲子弟送女中涂。娶者以亲子弟来接女，两家相揖之饮而退，谓之接路酒。——同上，第93页。

湖南省

衡山：逆女之日，备马送厚媒，先告女氏，随以彩轿往迎。——文岳英修，《衡山县志》，光绪元年（1875），第20卷，第11页。

零陵：往常有锁轿之说，谓婿至女家视女升舆而自锁其轿门也。此礼犹存，却不亲迎。——宗绩辰修，《永州府志》，道光八年（1828），第5卷上，第22页。

黔阳：亲迎鲜有行者。——易夔尧修，《黔阳县志》，同治十三年（1874），第16卷，第3页。

桃源：嫁娶不亲迎。——《古今图书集成》，第1259卷。

龙阳：亲迎礼废。——同上。

祁阳：亲迎久废。——宗绩辰修，《永州府志》，道光八年（1828），第5卷上，第23页。

道州：前夕，迎轿有催妆启，以二鹅代奠，惟婿不亲至。——同上，第5卷上，第25页。

酃：婚期，婿家饰彩舆行奠雁礼。导鼓吹，陈花烛酒醴。亲迎虽废，而遗意犹存。——杨岳方修，《酃县志》，同治十二年（1873），第7卷，第15页。

安徽省

徽州："休宁，婺源，祁门，黟"亲迎不行。——《古今图书集成》，第792卷。

凤阳："临淮，怀远，定远，王河，虹，寿州"，婚礼六礼，止通名，纳彩，余礼皆不行。——同上，第883卷。

颍上：亲迎之礼旷焉不讲。——同上，第883卷。

宁国：无亲迎礼。——同上，第799卷。
广东省
南雄：男无亲迎。——同上，第1323卷。
始兴：婚礼无纳彩，纳币，亲迎。——同上。
广西省
南宁：婚礼罔行亲迎。——同上，第8443卷。

1933 年

出版后记

《生育制度》是费孝通先生1946年根据他在西南联大和云南大学任教时的讲义整理而成，围绕"家庭三角"这一核心议题，讨论中国乡土社会组织的基本原则及其拓展，其中描述社会新陈代谢的"社会继替""世代参差"等概念影响深远。潘光旦先生为该书撰写长篇序言《派与汇》，指出功能主义处理文化适应问题缺乏对文化交流和历史过程的关注，并提出"新人文思想"。对此，费孝通在晚年的《个人·群体·社会》一文中做了深入的回应。

本书收入吴文藻先生主编的"社会学丛刊"，1947年由商务印书馆刊行。1981年经过作者精心校订后由天津人民出版社再版。本次的编辑工作即以1981年版为底本。

《亲迎婚俗之研究》一文，系作者1933年在燕京大学毕业时完成的本科学位论文。该文主要是从社会史和历史地理学的角度对周代到汉初亲迎婚俗发展的两个阶段——风俗时代和礼教时代进行分析。现将该文收录于此，不只是内容上的相关性，也方便读者看出费孝通青年时期学术思想的延续与转变。

生活·讀書·新知 三联书店

2020年9月

费孝通作品精选

（12种）

《茧》 费孝通20世纪30年代末用英文写作的中篇小说，存放于作者曾经就读的伦敦经济学院图书馆的"弗思档案"中，2016年被国内学者发现。这是该作品首次被翻译成中文。

小说叙写了上个世纪30年代苏南乡村一家新兴制丝企业的种种遭际。这家制丝企业通过实验乡村工业的现代转型，希望实现改善民生、实业救国的社会理想，但在内外交困中举步维艰。作者以文学的方式来思考正在发生现代化变迁的乡村、城镇与城市，其中乡土中国的价值观念、社会结构与经济模式都在经历激烈而艰难的转型，而充满社会改革理想的知识分子及其启蒙对象——农民，有的经历了个人的蜕变与成长，有的则迷失在历史的巨变中。

《江村经济》 原稿出自费孝通1938年向英国伦敦经济学院人类学系提交的博士论文，著名人类学家马林诺夫斯基在为本书撰写的序文中预言，该书"将被认为是人类学实地调查和理论工作发展中的一个里程碑"。1981年，英国皇家人类学会亦因此书在学术上的成就授予费孝通"赫胥黎奖章"。

本书围绕社区组织、"土地的利用"和"农户家庭中再生产的过程"等，描述了中国农民的消费、生产、分配和交易等生活和经济体系；同时着重介绍了费达生的乡土工业改革实验。费孝通后来多次重访江村，积累了一系列关于江村的书写。江村作为他在汉人社会研究方面最成熟的个案，为他的理论思考如差序格局、村落共同体、绅权与皇权等提供了主要的经验来源。

《禄村农田》 作为《江村经济》的姊妹篇，《禄村农田》是费孝通"魁阁"时期的学术代表作，作者将研究焦点由东南沿海转移到云南内地乡村，探寻在现代工商业发展的过程中，农村土地制度和社会结构所发生的变迁。

作者用类型比较方法，将江村与禄村分别作为深受现代工商业影响和基本以农业为主的不同农村社区的代表，考察农民如何以土地为生，分析其土地所有权、传统手工业和社会结构的异同与变迁，目的是想论证，农村的经济问题不能只当作农村问题来处理；农村经济问题症结在于土地，而土地问题的最终解决与中国的工业化紧密联系在一起。这一探寻中国乡村现代化转型的理想与实践贯穿了费孝通一生。

《生育制度》 费孝通1946年根据他在西南联大和云南大学任教时的讲义整理而成，围绕"家庭三角"这一核心议题，讨论了中国乡土社会组织的基本原则及其拓展，其中描述社会新陈代谢的"社会继替""世代参差"等概念影响深远。本书是费孝通的早期代表作，也是他一生最为看重的著作之一。

《乡土中国·乡土重建》 20世纪40年代中后期，费孝通的学术工作由实地的"社区研究"转向探索中国社会结构的整体形态。他认为自己对"差序格局"和"乡土中国"的论述，是这一时期的主要成就。

《乡土中国》尝试回答的问题是:"作为中国基层社会的乡土社会究竟是个什么样的社会。"它不是对具体社会的描写,而是从中提炼一些"理想型"概念,如"差序格局""礼治秩序""长老统治"等,以期构建长期影响、支配着中国乡土社会的独特运转体系,并由此来理解具体的乡土社会。

《乡土重建》则以"差序格局"和"皇权与绅权"的关系为中国社会的基本结构原则,在此基础上分析现实中国基层社会的问题与困境,探寻乡土工业的新形式和以乡土重建进行现代社会转型的可能。这一系列的写作代表了费孝通40年代后期对中国历史、传统和当代现实的整体性关照,是其学术生命第一阶段最重要的思考成果。

《中国士绅》 由七篇专论组成,集中体现了费孝通40年代中后期对中国社会结构及其运作机制的深刻洞察,尤其聚焦于士绅阶层在中国传统社会的地位与功能,及其在现代化进程中逐渐走向解体的过程,与《乡土中国》《乡土重建》等作品在思想上一脉相承。他实际上借助这个机会将自己关于中国乡村的基本权力结构、城乡关系、"双轨政治""社会损蚀"等思考介绍给英语世界。

《留英记》 费孝通关于英国的札记和随笔选编,时间跨度从20世纪40年代到80年代。作为留英归来的学者,费孝通学术思想和人生经历有很重要的一部分与英国密切相关。

这些札记和随笔广泛记录了一个非西方的知识分子对英国社会、人情、风物、政治的观察,其中不乏人类学比较的眼光。比如1946年底,费孝通应邀去英国讲学,其间,以"重返英伦"为名写下系列文章,开头的一句话"这是痛苦的,麻痹了的躯体里活着个骄傲的灵魂",浓缩了他对二战后英帝国瓦解时刻的体察与速写。作者以有英国"essay"之风的随笔形式观察大英帝国的历史命运、英国工党的社会主义实验、工业组织的式微、英国人民精神的坚韧、乡村重建希望的萌芽,以及君主立宪、议会政治和文官制度等,尤其敏锐地洞察了英美两大帝国的世纪轮替和"美国世纪"的诞生,今日读来,尤让人叹服作者的宏阔视野和历史预见力。

《美国与美国人》 20世纪40年代中后期,费孝通写作了大量有关美国的系列文章,这些文章以游记、杂感、政论等形式比较美国和欧洲,美国与中国。其中,《美国人的性格》被费孝通称为《乡土中国》的姊妹篇,作者透过一般性的社会文化现象,洞察到美国的科学和民主之间的紧张,认为科学迫使人服从于大工业的合作,而民主要求个体主义,二者必然产生冲突;并进一步认为基督教是同时培养个体主义和"自我牺牲信念"的温床,是美国社会生活以及民主和科学特有的根源。美国二战以来在全球政治经济格局中越来越突出的霸权地位,实际是费孝通关注美国的一个重要背景。他晚年有关全球化问题的思考,与他对美国、英国等西方社会的系列观察密不可分。

《行行重行行:1983—1996》(合编本) 20世纪80年代到90年代中期,费孝通接续其早年对城—镇—乡结构关系的思考和"乡土重建"的理想,走遍祖国的大江南北,对乡镇企业、小城镇建设、城乡和东西部区域协同发展进行实地考察和调研,先后提出了苏南模式、温州模式和珠江模式等不同的乡镇发展类型,以及长三角、港珠澳、京津冀、亚欧大陆桥经济走廊、中西部经济协作区等多种区域发展战略，其中还包含了他对中西部城市发展类型的思考。

本书汇集了费孝通十余年中所写的近六十篇考察随记，大致按时间线索排列，不仅呈现了晚年费孝通"从实求知"的所思所想；某种意义上也记录了改革开放以来中国发展黄金时期的历史进程。

《中华民族的多元一体格局：民族学文选》 费孝通是中国民族学的奠基人之一，从1935年进入广西大瑶山展开实地调查开始，对民族问题不同层面的关注与研究贯穿其整个学术生涯。如果说《花蓝瑶社会组织》是用人类学田野调查的方法对民族志研究的初步尝试，那么1950—1951年参加"中央访问团"负责贵州和广西的访问工作，则是他进行民族研究真正的开始，其后还部分参与了"民族识别"和"少数民族社会历史调查"，这些工作不止体现于对边疆社会的组织结构和变迁过程进行研究，对新中国民族政策和民族工作的建言献策，更体现在他对建基于中国历史与现实的"民族"定义和民族理论的探索与构建中。1988年发表的长文《中华民族的多元一体格局》，即是其长期思考的结晶，费孝通在其中以民族学的视角概述中国历史，并提出一种民族认同意识的多层次论，认为中华民族是既一体又多元的复合体。这一对中国作为一个多民族国家在理论层面的高度把握，是迄今为止影响最为深远的中国文明论述。

《孔林片思：论文化自觉》 20世纪80年代末，费孝通进入了他一生学术思想的新阶段，即由"志在富民"走向"文化自觉"，开始思考针对世界性的文明冲突，如何进行"文化"之间的沟通与解释。到90年代，这些思考落实为"文化自觉"的十六字表述，即：各美其美，美人之美，美美与共，天下大同。

晚年费孝通从儒家思想获得极大启迪，贯穿这一阶段思考的大问题是：面对信息化和经济一体化的全新世界格局，21世纪将会上演"文明的冲突"，还是实现"多元一体"的全球化？不同的文化和文明之间应该如何和平共处、并肩前行？中国如何从自己的传统思想中获得文化转型的自主能力，从中国文明本位出发，建构自己的文明论与文化观？

本书收录了费孝通从1989—2004年的文章，集中呈现了费孝通晚年对人与人、人与自然、国与国、文明与文明之间关系的重新思考。

《师承·补课·治学》（增订本） 从1930年进入燕京大学社会学系开始，在长达七十余年的学术生涯中，费孝通在人类学、社会学和民族学领域开疆拓土，成就斐然。他一生的学术历程与民族国家的命运、与时代的起伏变换密切相关。本书汇编了晚年费孝通对自己一生从学历程的回顾与反思的文章，其中既有长篇的思想自述；也有对影响终身的五位老师——吴文藻、潘光旦、派克、史禄国、马林诺夫斯基——的追忆与重读，他名之曰"补课"；更有对社会学与人类学在学科和理论层面的不断思考。

本书还收录了费孝通"第一次学术生命"阶段的四篇文章，其中《新教教义与资本主义精神之关系》一文为近年发现的费孝通佚稿，也是国内最早关于韦伯社会学的述评之一。